삼성처럼 리셋하라

삼성리셋처럼하라

권강현 지음

종이와
나무

폭풍우 몰아치는
리셋의 바다로 나가라

언론이나 평론가, 경쟁사들은 삼성을 흔히 '패스트 팔로어(Fast Follower)'라고 정의한다. 굳이 틀린 말은 아닐 것이다. 엄마의 말을 따라하는 아이와 같이, 따라하기를 먼저 한 후 새로움을 만들어내는 과정이 교육이라면, 패스트 팔로잉(Fast Following) 전략은 인류가 찾아낸 가장 좋은 학습법이다. 하지만 삼성을 패스트 팔로어로만 정의하면 풀리지 않는 숙제가 많다. 어느 경영학자는 삼성의 경쟁력을 한마디로 설명할 수 없는 '패러독스 경영', 즉 모순경영이라고 정의하기도 했다. 얼마나 답답했으면 모순경영이라고 했을까.

삼성이 패스트 팔로어라는 정의에 관해서는 다음과 같은 몇 가지 질문을 던져봄으로써 사실 여부를 판단할 수 있을 것이다. 우선 따라하기로만 오랫동안 지속경영을 하는 팔로어가 삼성 외에 또 있을까? IMF 금융위기 뿐만 아니라 소니나 노키아의 몰락, 그리고 최근의 애플쇼크 등이 일어날 때마다 망할 듯 망할 듯 하면서도 여전히 건재한, 아니 더 튼튼해져서 돌아오는 삼성의 저력은 과연 무엇일까? 그리고 그동안 삼성에서 일어난 흔치 않은 혁신의 흔적들은 무엇으로 설명할 수 있을까? 황금 알을 낳던 브라운관 사업을 버리고 평판 TV 사업을 시작하면서 소니를 앞지르고, 4인치의 틀을 깨고 6인치 액정을 시장에 도입하는 등의 작지만 의미 있는 혁신들은 단순한 패스트 팔로어가 할 수 있는 일이 아니다.

삼성이든 누구든 특정 인물이나 기업을 따라해서는 절대로 상대를 추월할 수 없다. 개인과 기업이 아닌 자연의 창조 원리를 따라하고, 인류 문명의 변천하는 역사를 벤치마크 하는 것이 답이다. 그러기 위해서는 사람의 욕구와 욕망의 저변을 미리 파악하고 준비해야 한다. 초등학교 시절 나는 아침에 학교에 가면서 길가 풀섶에 고구마를 숨겨두곤 했다. 그리고 하굣길에 그 고구마를 다시 찾아서 점심을 해결하곤 했다. 기업 역시 마찬가지다. 각종 혁신과 솔루션을 미래의 길에 묻어두어 세상과 경쟁자들의 변화와 혁신에 대비하는 일종의 매복 전략이 필요하다.

패스트 팔로어(Fast Follower)는 절대로 퍼스트 무버(First Mover)를 따라할 수 없지만, 영원한 퍼스트 무버 또한 존재하지 않는다. 일일이 거론할 필요도 없이, 그동안 우리가 따르고 벤치마크 했던 훌륭한 퍼스트 무버 기업들과 영웅들은 지금 어디로 갔는가? 바둑에서도 정석대로만 해서는 절대로 상대를 이길 수 없다고 한다. 이세돌과 알파고를 따라한다고 그들을 이길 수는 없는 것이다. 그렇다고 정석이나 선배들의 방식을 무시하라는 것이 아니다. 무조건 새로운 방식으로만 둔다고 해서 이길 확률이 높아지는 것도 아니기 때문이다.

그렇다면 어떻게 해야 할까?

스타트업(Start-up)이나 벤처기업은 성공 확률이 극히 낮더라도 무조건 퍼스트 무버 전략으로 가야 한다. 그렇지 않으면 절대로 새로운 길을 만들 수 없다. 또 실패해도 크게 손해 볼 것이 없다. 잃은 이상으로 얻은 경험이 미래 성공의 밑거름이 된다. 작은 조직으로 나누어 여러 가지를 시도하는 테스팅 퍼스트 무버(Testing First Mover)들을 무수히 만들고 실험해야 한다.

하지만 삼성과 같은 경우에는 사정이 다르다. 삼성은 더 이상 패스트 팔로어가 아니다. 그렇다고 퍼스트 무버가 되기에는 몸집이나 위상이 너무 크다. 어느 전쟁을 보더라도 본진을 선발대로 내보내는 경우는 없다.

사실 삼성 내외부에는 잘 알려지지 않은 퍼스트 무버 선발대들이 무수히 있었다. 기업 비밀에 해당할 수도 있어서 일일이 거론하기는 어렵지만, 이미 알려진 사례로는 우선 내부의 MVP센터와 30년 가까이 운영해온 소프트웨어 멤버십이 있었다. 외부에는 MIT미디어랩에서 연구하는 파견 직원들이 있고, 무수한 지역전문가나 학술 파견자들이 있었다. 이들은 호수 아래에서 잠시도 발놀림을 멈추지 않는 백조의 발과 같은 존재다. 물 위의 백조는 한없이 여유롭고 한가하게 보이지만, 사실 물속에 가려진 백조의 다리는 잠시도 쉴 틈이 없다.

이런 전략은 다른 사람들이 보기에는 답답하고 지루한 일종의 웨이팅(Waiting) 전략이다. 하지만 감나무 아래에서 익은 감이 떨어지기를 기다리는 단순한 웨이팅 전략과는 차원이 다르다. 보이지 않는 곳에서 쉬지 않고 준비하는 액티브(Active) 전략이고, 이른바 매복 전략이다. 풀숲에 몸을 숨긴 채 먹잇감을 향해 낮은 포복으로 나아가는 사자의 전략과 흡사하다. 나는 이러한 삼성의 전략을 액티브 웨이팅 앰부셔(Active Waiting Ambusher) 전략이라 부른다. 이른바 매복형 퍼스트 무버 전략이다.

한 기업이 아이디어 발굴에서부터 연구와 개발, 제조, 그리고 판매와 콘텐츠서비스 등 모든 과정에서 성공을 거두어 놀라운 성과를 이루더라도, 머지않아 그 성장 동력이 둔화되고 새로운 경쟁자에게 뒤처지는 것은 어쩌면 사과가 나무에서 떨어지는 것처럼 당연한 일인지도 모른다. 기업과 사업의 전략에도 중력의 법칙(Gravity Wins)이 적용되는 셈이다.

개인이나 기업이 끊임없이 혁신해야 하는 것은 이러한 중력의 법칙에 놓인 숙명 때문이다.

과거의 영광을 잊고 날마다 새로운 도전에 나서지 않으면 안 되는 것이 오늘날의 기업들이 처한 운명이다. 이건희 삼성그룹 회장의 1993년 '신경영 선언'을 촉발시켰던 〈후쿠다 보고서〉의 주인공 후쿠다 다미오 전(前) 삼성전자 디자인고문이 2015년 6월 11일 삼성 사내방송 인터뷰에서 했던 "삼성은 지금까지 성공한 기억을 모두 잊어야 한다. 지금 필요한 것은 리셋(Reset)이다."라는 말은 그래서 더더욱 의미심장하다. 삼성을 오늘날 세계적인 기업으로 훌쩍 성장하게 했던 이건희 회장 주도의 신경영조차도 이제는 잊고 처음부터 새로 시작해야 한다는 것이다.

후쿠다 전 고문은 신경영 선언 이후 세계적인 기업으로 도약한 삼성의 성과를 "신경영 선언 후 10년 동안 삼성의 변화는 대단했다."고 높이 평가하면서 "삼성은 10년간 매출이 30배 늘어났고, 10개의 전략을 세워 10개 모두 성공시키는 등 상상하기 어려운 일을 해냈다."고 말했다. 그러나 오늘날 삼성이

처한 환경이 달라지면서 더 이상 〈후쿠다 보고서〉가 유효하지 않다고 했다. 그는 "삼성은 이제 글로벌 1위 기업이라 목표로 삼을 곳이 없다."면서 "선구자로서 새로운 길을 개척해야 하는 어려운 환경에 처해 있다."고 지적했다. 또 신경영 당시에는 기업 규모가 크지 않아 혁신이 상대적으로 쉬웠지만, 지금은 임직원들이 세계 곳곳에 퍼져 있고 위상도 달라져 혁신이 그만큼 어렵다는 점도 지적했다. 후쿠다 전 고문은 "글로벌 1위 기업으로서 삼성이 무엇을 해야 하는지에 대해 1993년보다 더 신중하게 준비해야 한다."면서 "지금 진지하게 고민해 변화하지 않는다면 앞으로 삼성의 미래는 없다."고 단언했다.

　이제 우리도 이건희 회장이 늘 그랬던 것처럼 고개를 미래로 돌려야 한다.《지금 무엇이 중요한가(What matters now)?》라는 책으로 유명한 경영의 대가 개리 해멀(Gary Hamel)도 기업의 5대 키워드로 가치(Value), 혁신(Innovation), 적응력(adaptability), 열정(Passion), 이념(Ideology)을 언급하면서 변화하는 외부 환경의 속도에 맞춰 스스로를 변화시켜야 한다며 '미래 경쟁력 준비'를 강조했다. 모든 사람이 '현재의 경쟁력'이나 대응을 하고 있을 때 '미래의 경쟁력'에 관점을 두고 인내와 확신으로 미래를 준비하는 사람이나 기업만이 지속적으로 성공할 수 있다. 날이 갈수록 새로워지는 것이 없으면 삼성이 아니라 세상 그 어떤 기업이든 지속성장 곧, 일취월장(日就月將)은 기약할 수 없다.
　익숙한 것과 이별하고 스스로 변화하는 것은 지극히 어렵다. 그래서 하늘은 오히려 잘될 때 고난이나 어려움을 주어 스스로 극복할 수 있는 힘을 기르게 하는 것인지도 모르겠다. 변화해야 할 때 변화하고, 거듭나야 할 때 거듭나지 않으면 현상 유지는커녕 생존 자체도 어렵다. 무수히 많은 기업이 성공신화를 통하여 사람들로부터 칭찬을 받고 많은 후발 기업들의 벤치마킹 대상이 되었지만 어느덧 그 영웅들도 예외 없이 역사의 뒤안길로 하나둘씩 사라져갔다.

삼성 역시 그런 위기의 순간들을 겪었다. 삼성이 가전과 통신, 반도체와 무선전화기 애니콜의 성공신화를 쓰고 있던 2007년, 아이폰이라는 새로운 스마트폰이 등장했다. 그러자 많은 사람들이 삼성 역시 역사의 뒤안길로 곧 사라질 것이라고 걱정했다. 하지만 이들의 우려를 불식하고 삼성은 애니콜 시대에도 이루지 못한 스마트폰 세계 판매 1위라는 새로운 신화를 만들었다. 무엇이 이런 역전, 혹은 삼성의 새로운 신화를 가능케 했을까?

첫째, 삼성은 사실 스마트폰의 후발주자가 아니었다. 개발은 먼저 했으되 상용화, 혹은 대중화를 늦게 시작한 것일 뿐이었다.

둘째, 출발은 늦었지만 선발업체를 추격하고 또 추월하여 마침내 새로운 길을 찾아냈다. 지난 33년 동안 나는 현장에서 삼성이 고비와 위기를 어떻게 넘기며 끝없이 변신을 거듭해왔는지 온몸으로 지켜봤다. 이 짧지 않은 시간을 압축해서 단적으로 말한다면, 그것은 곧 길을 새로 만드는 무수한 '리셋의 역사'였다. 그것은 또 먹이를 노리는 굶주린 사자처럼 풀숲에서 느리지만 맹렬하게 움직이는 액티브 웨이팅 앰부셔 전략의 실천 과정이기도 했다.

처음부터 다시 시작한다는 뜻의 '리셋(reset)'은 곧 삼성이 새로운 길을 만드는 혁신의 이정표이기도 했다. 희망의 길로 보이던 새로운 길도 어떨 때는 죽음의 길이었고, 곧 녹아내릴 듯 힘들었던 길도 지나고 보면 오히려 사는 길이었음을 알게 되었는데, 그때마다 판단의 표지판 역할을 해준 것이 '리셋'의 여부다. 리셋이 제대로 된 경우 삼성은 성과를 냈고, 리셋이 부족한 경우 어려움에 처했다.

물론 리셋이라는 이정표를 따라가는 길은 결코 평탄치 않았고 편안하지도 않았다. 하지만 이는 삼성에게만 주어진 악조건은 아니었다. 일찍이 맹자는 '길에는 살리는 길이 있고 죽이는 길이 있다.'고 하였다. '생어우환(生於憂患) 사어안락(死於安樂)'이 바로 그것이다. "지금 어렵고 근심스러운 것이 나를 살리는 길로 인도할 것이요, 지금 편안하고 즐거운 것이 나를 죽음의 길로 인도할 것이다."

내가 좋아하는 성경에도 어려운 길에 대한 이야기가 여럿 있다. 예컨대 이런 구절이다.

"사람이 감당할 시험 밖에는 너희에게 당한 것이 없나니, 오직 하나님은 미쁘사 너희가 감당치 못할 시험 당함을 허락지 아니하시고, 시험 당할 즈음에 또한 피할 길을 내사 너희로 능히 감당하게 하시느니라."(〈고린도전서〉 10:13)

여기서 잠깐 어리석은 이야기 하나 해보자.

어떤 사람이 농부에게 때가 되었는데 보리를 심었느냐고 물었다. 농부가 대답했다.

"아니오. 비가 오지 않을까 걱정이 되어서요."

그 사람이 다시 물었다.

"그럼 목화를 심었습니까?"

농부가 답했다.

"아니오. 벌레가 목화를 먹어버릴까 봐 심지 않았습니다."

그러자 그 사람이 다시 물었다.

"그럼 무엇을 심었습니까?"

농부가 말했다.

"아무것도 심지 않았습니다. 나는 안전을 보장받고 싶어요."

이렇게 어떠한 위험도 무릅쓰고 싶지 않아 아무것도 하지 않는다면 결국 아무것도 얻을 수 없다. 인생이라는 경기장에서 권리를 포기하면 고통과 슬픔은 피할 수 있을지 몰라도 학습, 변화, 체험, 성장과 생활의 기회는 잃어버리게 된다.

삶 속에는 거의 모든 곳, 모든 시간에 위험이 도사리고 있다. 살면서 가장 위험한 일은 바로 위험을 두려워해 안전한 길만 추구하는 것이다. 진정으로 무언가 이루려면 반드시 용기를 가지고 위험에 과감히 맞서야 한다. 조금만 관찰하면 당신보다 성공한 사람들이 당신보다 일을 잘해서가 아니라 과감하게 도전했기 때문에 성공했다는 사실을 발견할 수 있을 것이다.

상사의 칭찬을 받는 직원들은 새로 습득한 작업 방법을 실제에 과감하게 응용하는 사람들이다. 시장의 주목을 받는 기업은 조금만 늦어도 사라져버리는 기회를, 위험을 무릅쓰고 용감하게 잡는 기업이다. 대중을 탄복시키는 사람은 일단 정확히 관찰한 후 대담하게 행동하는 창업자이다. 우리는 많은 일들을 할 줄 안다. 하지만 관건은 과감히 시도할 수 있느냐 없느냐에 달려 있다. 그러기 위해서는 기존의 고정관념에서 벗어나야 한다. 결국 리셋이다. 리셋이 기업과 인생과 한 국가의 운명을 가른다고 해도 과언이 아니다.

마르쿠스 아우렐리우스는 《명상록》에서 만물은 '변화가 필수적'이라면서 이렇게 말했다.

장작이 불로 변하지 않는다면 더운 목욕물에 들어갈 수 없고,
음식이 배 속에서 변하지 않는다면 영양을 섭취하면서 살 수 없다.
우리의 일상사에서 변화가 없이 긴요한 일이 이루어진 사례는 없다.
이것이 우리가 변해야 할 이유이기도 하다.

스펜서 존슨이 쓴 밀리언셀러 《누가 내 치즈를 옮겼을까》에도 변화의 순간
에 슬기롭게 대처하는 지혜가 이렇게 담겨 있다.

변화는 항상 일어나고 있다.
변화는 치즈를 계속 옮겨 놓는다.
변화를 예상하라.
치즈가 오래된 것인지 자주 냄새를 맡아보라.
변화에 신속히 적응하라.

우리가 음식을 먹고 영양분을 섭취하면 당연히 몸에 필요 없는 배설물 찌
꺼기도 생겨난다. 어느 누구도 배설물을 간직하고 영양분을 배설하는 사람은
없을 것이다. 만약 이 같은 사람이 있다면 중병을 얻은 환자이거나 뭔가 잘못
된 사람이다. 이 책에 언급된 이야기 중에는 베이비붐 세대인 필자가 직접 겪
은 경험담들이 많다. X세대나 Y세대를 넘어 이제는 F세대(Facebook 세대) 시
대인 지금은 전혀 통하지 않는 내용도 있을 수 있고, 여전히 더 강력하게 요구

되는 부분도 있을 것이며, 다시 반복되지 말아야 할 것들도 있다. 영양분은 흡수하고 과잉 영양소와 찌꺼기들은 슬기롭게 배출해 주기를 바란다. 그런데 가끔 학생이나 후배 스타트업 경영인들에게 멘토링을 하다보면 반대로 하는 경우가 적지 않다. 찌꺼기는 머리와 몸속에 보관하여 두고두고 생각하고 따지면서, 진짜 흡수해야 할 영양소는 금방 배설해 버리는 경우이다.

세상이란 바다로 나가면 인생이란 배는 거대한 폭풍을 반드시 만나게 되어 있다. 어느 가수의 노래처럼 '쨍하고 해 뜰 날이 돌아오기'는 해도 평생을 쨍하고 해 뜬 날만을 누리는 사람은 없다. 하지만 아무리 사나운 폭풍우가 몰아쳐도 배는 바람 부는 대로 가는 것이 아니라 키를 잡은 선장의 손에 의해서 움직인다. 물론 선장이 키를 놓고 배를 포기하면 배는 바람 부는 대로, 바다가 심술부리는 대로 흘러가다가 결국 난파당한다. 통계적인 수치지만 폭풍이 지나간 뒤에는 폭풍이 온 시간의 3배에 해당하는 좋은 날들이 반드시 이어진다고 한다. 결국 누가 어떻게 살아남는가의 문제다.

살다보면 마음먹은 대로 일이 술술 풀릴 때가 있다. 보통 자신의 생각을 스스로 잘 다스리고 자신의 의지와 신념이 강할 때 그렇다. 반대로 무슨 일을 해도 안 될 때가 있다. 뚜렷한 목표의식이 없거나 조급해서 생각이 자신을 마음대로 조종하는 경우 그렇다. 이런 때일수록 일을 멈추고 자기 자신을 돌아봐야 한다. 굳건히 자신이 조종하는 배의 키를 잡아야 한다. 키를 손에서 놓지 않고 폭풍을 헤치고 풍요로운 다음 항구까지 곧장 나아가야 한다.

"항구에 있는 배는 안전하다. 하지만 항구에 정박해 두려고 배를 만드는 것은 아니다."

이 말을 한 사람은 세계 최초로 컴퓨터 컴파일러 언어인 '플로매틱'을 개발하고, 세계 최초로 '버그'와 '디버그'라는 컴퓨터 용어를 사용했으며, 세계 최초로 미 해군 여성 해군제독에 임명되었고, 미국 국가기술혁신상(National Medal of Technology)을 받은 최초의 기술자이며, 미국 국적을 가진 최초의 여성 영국 컴퓨터협회(British Computer Society) 회원으로 등록된 그레이스 M. 호퍼 제독이다. 그녀는 우리에게 인간의 삶에서 가장 큰 피해를 끼친 말은 바로 "지금껏 항상 그렇게 해왔어(It's always been done that way)."라는 말이라고 했다.

우리는 지금껏 항상 그렇게 해왔던 식으로 그냥 의미 없이 흘러가면서 살지는 않는가?

배는 바다를 항해할 때보다 항구에 정박해 있을 때 더 안전하다. 그러나 반대로 말하면 항구를 떠나지 않는 배는 배가 아니다. 그것은 그냥 큰 나무토막이거나, 속이 빈 쇳덩이일 뿐이다. 인생에서 가장 큰 위험은, 위험을 전혀 감수하지 않는 것이다. 익숙한 것이 편하다고 해서 마냥 거기에 머물러 있다면 그 익숙한 것이 결국은 독이 되고 나를 묶는 쇠사슬이 된다. 그래서 마크 트웨인도 150년 전에 이런 말을 했다.

"앞으로 20년 후면 당신은 당신이 해온 일보다 하지 않은 일 때문에 후회하게 될 것이다. 그러니 닻을 올려 안전한 포구를 떠나라."

이 책은 단순히 호기심 충족이나 벤치마킹을 위해 읽어도 좋을 것이다. 그러나 내가 정말 바라는 것은 삼성에 있는 직원들, 후배들이 이 책을 통해 선배들이 얼마나 치열하게 리셋에 매달렸는지 이해하고, 스스로 그럴 준비를 다지는 것이다.

각자가 기본기와 자신만의 특기, 인간미를 가지고 이웃과 동료, 파트너의 장점을 결합하여 새로운 패러다임의 가치를 지속적으로 만들어내야 한다. 그래서 삼성의 리셋 마인드를 잊어버리지 말고 계속 발전시켜 지속가능한 경쟁우위와 역량을 만들어 나가기를 바란다. 독자들의 삶과 사업에서도, 기본으로 돌아가서 다시 시작하여 더 높은 곳으로 성장하고 성숙하는 리셋을 달성하기를 진심으로 기원한다.

2016년 어느 해보다 무더웠던 여름의 끝자락에서
권강현

Chapter 1
리셋의 기본에 충실하라

리셋은 기본으로 돌아가서 실천하는 것

내가 삼성에 입사한 것은 대학 졸업식 2주 전이던 1980년 2월 9일이었다. 입사 결정 후 졸업식을 마쳤고, 곧바로 군에 입대하여 2년 4개월간 통신장교로 복무했다. 이어 1982년 7월 5일에 복직했고, 이때부터 본격적으로 삼성에서 일을 시작하게 되었다.

내가 처음 배치된 곳은 현재 경북 구미에 있는 삼성전자 통신부문, 곧 무선사업부와 네트워크사업부의 전신인 한국전자통신(KTC) 통신시스템 제조공장의 전산실이었다. 본래 국영기업이던 한국전자통신은 내가 입사하기 3년전인 1977년에 삼성그룹에 인수되었고, 내가 근무하기 시작한 직후인 1982년 12월 27일에 삼성반도체와 합병되면서 삼성반도체통신(SST)이라는 회사가되었다. 이후 1988년 11월 1일에 수원에 있는 삼성전자 가전사업부와 합쳐졌고, 이로써 '반도체, 정보통신, 가전'의 3대 부문이 완비된 통합 삼성전자가 되었다. 그래서 오늘날 삼성그룹뿐만 아니라 대한민국 제조업의 세계적인 아이콘이 된 삼성전자의 공식 창립기념일은 11월 1일이다.

　군 복무 시절 나는 통신장교 역할을 수행했다. 군 생활을 통해 통신이 얼마나 중요한지 잘 알고 있었고, 또 얼마나 긴박하고 까다로운지에 대해서도 잘 알고 있었다. 한 치의 오차나 에러도 허용되지 않는 곳이 바로 군대의 통신병과였다. 한시도 긴장의 끈을 놓을 수 없는 곳이었고, 이런 곳에서 2년 넘게 생활하다 회사로 복직한 터라 제발 통신부문만은 피하고 싶었다. 실제로 회사 선택의 기회가 주어졌을 때 나는 통신이나 산업기기가 아닌 가전사업부를 선택했다. 하지만 안타깝게도 나의 희망은 이루어지지 않았고, 결국 통신기기 제조사로 배치를 받았다. 이어 적성검사 결과에 따라 전산실 시스템 소프트웨어 엔지니어로 첫 직장 생활을 시작하게 되었다.

　내가 근무하게 된 전산실은 소프트웨어 개발을 책임지는 곳으로, 안전과 백업(back-up), 보안을 항상 강조하지 않을 수 없는 곳이었다. 실제로 컴퓨터에 문제가 생겨 일이 중단되거나 데이터가 유실되는 경우도 더러 있었다. 이렇게 컴퓨터, 특히 메인컴퓨터에 문제가 생길 경우에는 외부에서 전문가를 불러 수리해야 했다. 외부 전문가란 메인컴퓨터 제조사의 기술자들로, 이들은 고장 수리를 위해서도 방문했지만 정기점검이나 수시점검을 위해서도 자주 회사를 찾곤 했다. 그런데 당시 말단 신입사원이던 내가 보기에 이들의 점검 및 수리 과정에는 어딘가 남다른 구석이 있었다. 문제가 발생했을 때 이들은 컴퓨터 자체를 진단하거나 고치는 대신, 일단 데이터를 백업하고 시스템을 '리셋(reset)'하는 것으로 일을 시작했다. 이어 전기 유입단의 전압(V)과 전류(A), 전산실 내의 습도와 온도를 체크했다. 말하자면 가장 기초적인 부분부터 살펴는 것이었다. 실제로 이런 부분에서 문제가 발생하여 메인컴퓨터에 에러가 생기는 경우도 적지 않았다. 특히 전압과 습도 문제가 많이 발생했다. 당시 우리나라에 두 대밖에 없던 600만 달러짜리 메인컴퓨터(Mainframe)의 사전점검(PM, Preventive maintenance)과 고장 진단이 전압, 습도, 온도를 확인하는 것으로 시작된다는 사실을 확실하게 배울 수 있었다. 시스템을 초기화해 기본부터 점검하고 확인하는 것이 문제 해결의 순서였던 것이다. 내가 '리셋'을 처음 만난 순간이었다.

생각과 실천 사이의 거리

머리부터 가슴까지의 거리는 사람마다 차이가 있으나 대략 30cm 정도라고 한다. 이 짧은 거리를 가는 데 김수환 추기경은 "70년이 걸렸다."고 말했다. 그렇다면 '머리나 가슴'에서 '팔과 다리'까지 오는 데 걸리는 거리와 시간은 대체 얼마나 될까?

신이 우리 인간과 가장 크게 다른 점은 아마도 시간[時]과 공간[空]을 초월할 수 있다는 점일 것이다. 우리가 3차원의 세상에서 시공의 제약을 받는 동안 신은 시공을 초월하여 '생각하고 느끼고 활동하고' 계실 것이다. 그런데 우리 인간도 신처럼 완벽하게는 아니더라도 어느 정도 시간과 공간을 초월하여 '생각하고 느낄' 수는 있다. 지금 이 글을 쓰거나 읽는 여기 이 자리에서도 우리는 순식간에 2,000년 전으로 옮겨가서 그리스 로마 시대를 생각할 수 있다. 또 2016년 현재의 뉴욕과 런던을 동시에 생각할 수도 있다. 눈을 감으면 아프리카 세렝게티 초원의 얼룩말을 생각할 수도 있고, 나보다 갑절이나 키가 큰 기린과 함께 사진을 찍었던 옛 추억을 생각할 수도 있다. 실제로 나는 얼마 전

아프리카 케냐의 쇼핑몰에서 벌어진 인질사건 뉴스를 들으면서 그곳에 갔던 과거의 일을 단박에 떠올린 적이 있었다. 출장 중 방문했던 바로 그 쇼핑몰 앞에서 동료들과 함께 핸드폰으로 사진을 찍다가 군인들에게 제지를 당했던 일, 총을 멘 검은 얼굴 하얀 이빨의 그 군인들에게 호텔에서 익힌 어설픈 스와힐리어로 겨우 '아산테 사나(고맙습니다)'를 연발하던 장면들이 순식간에 떠올라 전율을 느끼기도 했다.

몇 년 전 여름 어머님의 장례식을 치르면서는 내가 어린아이였을 때처럼 따뜻하고 포근하던 어머니의 품을 추억해내기도 했고, 아들과 딸의 결혼식을 보면서는 내가 30여 년 전 결혼하던 모습과 기분을 동시에 떠올릴 수도 있었다. 결코 다시 돌아갈 수 없는 순간이지만, 이처럼 생각과 기억은 시간과 공간으로부터 비교적 자유로운 것이다.

이렇게 머리와 마음으로는 순식간에 과거와 미래를 넘나들기도 하고 지구를 한 바퀴 돌 수도 있지만, 몸의 '행동'은 늘 시간과 공간에 철저히 제약을 받는다. 그 결과 우리의 생각과 행동 사이에는 불일치, 혹은 괴리가 생겨난다. 시간과 공간의 제약이 덜한 머리와 가슴으로는 많은 생각과 다짐을 하지만, 막상 시간과 공간의 제약을 받는 몸의 실천은 좀처럼 잘 되지 않는 것이 우리 인간들이다. 다이어트를 위해 식사를 줄이고 운동을 하겠다고 작정을 해도 그때뿐이고, 성적을 올리기 위해 열심히 공부를 하려고 해도 금방 포기하고 마는 것이 우리네 삶이다.

왜 자유로운 생각이나 느낌과 달리 우리의 행동과 실천은 이처럼 어려운 것일까? 우리의 몸은 주인인 머리가 시키면 무엇이든 해야 하는 지체(肢體)인데, 왜 머리가 시켜도 몸의 행동은 이를 순순히 따르지 않는 것일까? 초등

학생 같은 질문이 자꾸만 넘쳐난다.

인도 출신의 신경과학자 라마찬드란 박사가 쓴 《두뇌실험실》은 참 두꺼운 책이다. 원제는 《두뇌 속의 유령(Phantoms in the brain)》인데 번역본에는 '우리의 두뇌 속에는 무엇이 들어 있는가?'라는 부제가 달려 있다. 이 책에는 오른팔이 절단된 어느 환자의 사례가 실려 있는데, 이 환자는 있지도 않은 오른쪽 손가락의 가려움으로 고생을 하더라는 이야기다. 그런데 더욱 놀라운 사실은, 의사가 거울로 대칭유리를 만들어 마치 오른손을 치료하는 것처럼 왼손을 치료해주면 일정 시간 후에는 그 가려움이 사라진다는 것이다. 말하자면 우리의 느낌이나 판단이란 것 자체가 두뇌의 착각에서 비롯된 것일 수 있다는 얘기다. 이는 비단 개인만의 문제가 아니다. 기업이 맞닥뜨린 현실에 대해 경영자가 이런 착각에 빠질 경우 그 결과는 뻔하다.

이 책을 읽는 동안 나는 '생각-마음-행동-환경' 등에 대해 생각해보지 않을 수 없었다. 생각과 마음의 거리, 마음과 행동의 거리, 그리고 행동과 행동의 연속인 습관이 되는 거리와 시간 등등에 대해서 말이다. 그러다가 오래 전 어머님의 장례예배를 집전하던 목사님의 말씀이 떠올랐다.

"인간은 수억 년의 역사(시간)와 무한대의 우주(공간)를 동시에 생각할 수 있게 창조되어 살아가고 있지만 오히려 그 생각을 담고 있는 육체의 수명은 고작 100년도 못되니, 이것이 인간의 비극이자 행복이다."

정말로 이것은 비극일까 아니면 행복일까?

최근에 읽은 책 중에 가장 기억에 남는 것으로 《습관의 힘》이 있다. 이 책의 저자인 찰스 두히그는 반복된 행동인 습관을 습관 자체가 아닌 '신호-행동-보상'이라는 고리로 풀어내고 있다. 그러면서 우리가 습관을 바꾸거나 고칠 수 없는 가장 큰 이유는, 이 '신호-행동-보상'이라는 연결고리에서 단지 '행동' 하나만 바꾸거나 없앤다고 문제가 해결되지는 않기 때문이라고 설명한다. 신호와 보상 사이에 있는 행동을 다른 것으로 바꾸어 넣더라도, 신호와 보상에서 같은 반응이 나온다면 습관은 고쳐지지 않는다는 얘기다. 습관은 그만큼 바꾸기 어렵고, 그래서 무서운 것이다.

내 경험이나 관찰에 의하면 서른 살이 넘으면 몸이 머리를 따르는 것이 아니라 머리가 몸을 따르는 것 같다. 우리는 보통 이웃이나 친구의 성공을 부러워하면서 '나도 저렇게 되어야지.' 하고 작정을 하곤 한다. 그러면서 조급한 마음에 나름 '열심히 하려고' 온갖 노력을 기울인다. 하지만 그 결과 남는 것은 대개 참을 수 없는 피곤함이다. 그런데 정작 '실제로 열심히 일하는' 사람은 피곤하지 않다. 왜일까?

"평소에 열심히 일하는 사람들은 사실 열심히 일하려는 노력을 하지 않습니다. 이미 그렇게 훈련이 되어 있으니까요."

신생 인터넷 서비스 회사인 드롭박스의 최고경영자(CEO) 드루 휴스턴이 자신의 모교인 MIT 졸업식 연설에서 했던 말이다. 그 연설을 들으면서 나는 소름이 끼쳤다. 그렇다. 진실은 열심히 일하는(사는) 사람은 힘들지 않다는 것이다. 생각이나 마음으로 열심히 하는 것이 아니라 재미와 비전을 그리며 근육으로 열심히 하고, 그 열심을 통해 다시 근육이 더욱 튼튼하게 자라나기 때문이다. 훈련된 사람은 늘 기본이 세팅되어 있는 몸을 가지고 있다. 그러니 굳이 의식적으로 기본에 맞추어 리셋을 할 필요조차도 없다. 이미 기본으로 리셋이 된 자율신경과 근육을 가지고 있으니 말이다.

아무리 유명회사의 CEO가 된 사람이라지만 어떻게 서른 살 젊은이가 이런 이야기를 할 수 있을까? 정말 세상에는 서른 살 드신 어른도 있고 예순 살 먹은 어린아이도 있나 보다. 휴스턴은 이 연설의 말미에서 후배 졸업생들에게 이런 말도 했다.

"내가 졸업할 땐 갖지 못했던 작은 '커닝 페이퍼'를 여러분에게 선물하겠습니다. 이 커닝 페이퍼에는 세 가지가 적혀 있죠. 테니스공 하나, 원(circle) 하나, 그리고 숫자 3만이 그것입니다."

그의 설명을 요약하자면 이렇다. 첫째, 테니스공은 꿈을 의미한다. 그는 "테니스공을 쫓아 달리는 강아지는 눈이 뒤집히고 목줄이 끊어져도 자기 앞에 있는 테니스공만 바라보며 달리고 또 달린다."면서 "테니스공만 쫓는 강아지처럼 한눈팔지 않고 앞만 보고 달려야 한다."고 강조한다.

둘째, 원은 인간 네트워크를 의미한다. 그는 "현재 자신이 어울리는 다섯 명의 평균이 자신의 미래 모습"이라며 "재능이 있고 열심히 일하는 것 못지않게 자기 주변을 '영감을 주는 사람들'로 채우는 것이 중요하다."고 강조한다.

셋째, 숫자 3만은 우리에게 주어진 시간이라고 했다. 그러면서 "준비(생각하고 계획)하는 것보다 시작(실천)하는 게 훨씬 중요하다."고 강조한다.

일체유심조(一切唯心造). 모든 것이 마음먹기에 달렸다고 한다. 많은 사람들이 좋아하는 말이다. 하지만 우리의 마음은 늘 갈대처럼 바뀌고 자기합리화를 반복하면서 변하기 마련이다. 과연 어떻게 해야 할까?

성경에서 그 힌트를 찾을 수 있는데, 〈잠언〉에 이런 구절이 있다.

"모든 지킬 만한 것 중에 더욱 네 마음을 지키라. 생명의 근원이 이에서 남이니라."

그런데 '마음'을 지키라는 말은 무슨 뜻일까? 아마도 바르고 건전한 마음, 긍정적이고 진취적이며 발전지향적인 생각을 버리지 말고 잘 지키라는 가르침일 것이다. 실제로 우리는 일상에서 누구나 권장할 만한 생각이나 마음을 잘 지키지 못하는 경우가 비일비재하다. 앞에서 예를 든 것처럼 다이어트를 결심했다가 이내 포기하는 것도 마음을 지키지 못하는 경우고, 말로만 변화와 혁신을 부르짖는 것도 마음을 잘 지키지 못하는 경우다.

이렇게 옳고 좋은 것이 분명한데도 그 마음과 생각을 잘 지킬 수 없는 것은 우리의 몸이 편한 것을 더 선호하기 때문이다. 운동을 하려는 마음과 오늘은 쉬자는 두 가지 상반된 마음이 있는 경우, 최종 선택은 몸이 하게 된다는 얘기다. 만약 그 몸(육체)이 평소 운동에 길들여져 있다면 당연히 운동을 하는 쪽으로 선택을 하게 되지만, 그렇지 않다면 결국 마음이 아니라 몸이 편한 쪽으로 선택을 하게 된다는 것이다. 이런 잘못된 선택이 반복되면 나쁜 습관이 되는 것이고, 습관을 바꾸기란 앞에서도 언급한 것처럼 여간 어려운 일이 아니다.

이렇게 몸과 마음이 따로 놀게 되면 당연히 어떤 일에서도 발전을 이루기 어렵다. 골프를 예로 들어 설명해보자. 골프를 처음 시작하면 우선 지면과 수평이 되도록 스윙을 해야 한다는 기초부터 배우게 된다. 이를 이론이 아니라 몸으로 배우기 위해 골프 연습장에서 스윙 연습도 열심히 한다. 하지만 막상 필드에 나가보면 도무지 지면과 수평이 되게 스윙을 할 만한 상황이 주어지지 않는다. 골프장은 평평한 운동장이 아니라 높낮이와 굴곡이 있는 언덕으로 이루어져 있고, 더러는 수풀이나 시냇가에서도 공을 쳐야 한다. 골프 연습장에서처럼 두 발을 가지런히 하고 지면과 수평이 되도록 스윙을 하기란 애초에 불가능하다. 이럴 경우 당연히 두 발의 위치가 달라져야 하고 골프채(도구)도 형편에 알맞게 바꿔주어야 한다. 하지만 나를 포함한 주말 골퍼, 혹은 월말 골퍼들은 대개 이론으로만 이런 사실을 인지하고 있을 뿐 현장에서 이를 제대로 적용하지는 못한다. 몸과 자연이 부딪히는 현실에서의 경험이 절대적으로 부족했기 때문이다. 그 결과 스윙을 할 때 고개를 들지 말자고 아무리 굳게 다짐을 해도 늘 결정적인 순간 0.01초를 참지 못하여 고개를 들고야마는, 그야말로 몸과 마음이 따로 노는 골퍼가 되어버리는 것이다. 이래서는 그 실력이 일취월장할 리 없다.

이렇게 어설픈 판단이나 잘못된 습관이 발전을 가로막는 중요한 장애요인 가운데 하나라는 사실을 결정적으로 깨달은 계기는 미국에서의 경험을 통해서였다. 아주 오래 전, 내가 회사 유학생으로 선발되어 미국에 갔을 때의 일이다. 가까이 지내게 된 교수 한 분이 내가 다니던 교회의 장로님이기도 했는데, 성경 구절들을 무척이나 잘 암송하셨다. 나 역시 그 무렵 성경 구절들을 암송하려고 무던히 애를 쓰고 있던 터여서 여간 부럽지 않았다. 언젠가 식사를 함께 하게 된 자리에서 나는 장로님이 정말 부럽다고, 나도 성경을 잘 암송하고 싶은데 노력한 만큼 잘 되지 않더라고 말을 꺼냈다. 그러자 그분이 되물었다.

"그래, 자네는 성경 구절 하나 외우는 데 몇 달이 걸리나?"

나는 그분의 질문에 좀 놀랐다. 그래서 이렇게 대답했다.

"몇 달이라고요? 한 구절 외우는 데 어떻게 몇 달씩이나 투자를 하겠습니까? 저는 하루에 한두 시간씩 외우는데, 그게 잘 안 됩니다."

장로님은 어이가 없다는 표정으로 웃으시더니 그건 "도둑놈 심보!"란다. 그러면서 자신의 경험담을 들려주었다.

"난 맨 처음 시작할 때 짧은 성경 구절 하나를 외우기 위해 6개월을 노력했다네. 노란 포스트잇을 여러 개 준비해서 외우고 싶은 구절을 똑같이 적은 다음, 매일 아침 일어나서 가게 되는 화장실과 부엌, 자동차 운전대, 사무실에 붙여두고 6개월간 매일 그걸 보면서 그 한 구절을 외우려고 노력했네. 어디 그뿐인가. 내 목소리로 녹음해서 출퇴근 왕복 두 시간씩 운전하면서 계속해서 듣고 또 따라서 말하고, 다시 듣고 또 따라하고 하면서 암기했다네. 그랬더니 지금도 잊혀지지 않게 되었지. 지금도 성경 구절 하나 외우는 데 보통 한 달씩은 걸린다네. 그래도 1년이면 12구절은 완전히 외울 수 있고, 10년이면 120구절, 50년이면 600구절이니 결코 적은 양이 아니지. 더 중요한 것은 이 구절은 단순히 내 머리나 마음으로 외우고 있는 것이 아니라 근육으로 외우고 피부로 외우고 있어서 내가 화가 났을 때, 내가 이성을 잃었을 때, 내가 운전 중에 억울한 일을 당하여 정신이 없을 때에도 나도 모르게 내 근육이 알아서 그 외운 대로 행동하게 만든다는 거라네."

그 이야기를 듣자 다시 리셋 생각이 났다. 그렇다. 머리로 생각하고 가슴으로 느꼈다고 해도 실천은 근육으로 하는 것이다. 근육으로 암기해야 한다. 나의 몸 속, 근육 속에다 넣어야 진정한 실천이 된다. 그건 오직 반복과 훈련에 의해서만 가능해진다. 머리나 가슴이 아닌 몸이 기억해야 한다.

리셋은 어설픈 경험과 지식과 습관을 버리고 철저하게 기본으로 돌아가서 실천하는 것이다.

리셋의 기본은
'새로운 길을 만드는 것'이다

울란바토르 근교에 있는 돌궐제국의 명장 톤유쿠크(Tonyuquq)의 비문에는 이런 글이 새겨져 있다고 한다.

"성(城)을 쌓고 사는 자는 반드시 망할 것이며, 끊임없이 이동하는 자만이 영원히 살아남을 것이다."

성(城)은 언뜻 안전해 보인다. 그런데 그런 성을 쌓으면 왜 망하는 것일까? 길은 떠나야 하는 숙명 같은 존재이며 개방적인 의미가 크다. 어떤 길이라고 해도 위험이 도사리고 있다. 반대로 성은 안전하다고 느낄지 모르지만 머물러 있을 뿐이다. 이런 성은 쌓으면 쌓을수록 불안하다. 일이 한없이 늘어난다. 길은 지나가면 그만이다. 성을 쌓는 자와 길을 만드는 자, 정착하는 자와 떠나는 자는 이렇게 서로 견해가 다른 것이다.

지금으로부터 800년 전, 성을 쌓지 않고 새로운 길을 만든 대표적인 사람이 바로 칭기즈칸이다. 길을 통해서 칭기즈칸이 정복한 땅은 777만km²라고 한다. 알렉산더 대왕의 348만km², 나폴레옹의 115만km², 히틀러의 219만km²를 모두 합친 것보다 많다. 그런데 반대로 여기에 동원한 병사는 10만, 몽골의 인구는 200만에 불과했다. 그는 《워싱턴포스트》, 《뉴욕타임즈》, 《타임》 지가 선정한 위대한 인물이다. 이러한 칭기즈칸은 기술, 정보, 속도를 중시했다. 그는 정복지의 과학자라도 과감하게 등용했으며, 역참과 대상을 통한 정보 장악으로 시간과 공간까지 제압했다. 그리고 혼혈잡종 사회를 만들어 오로지 실력으로만 평가받는 세계연방을 구축했다.

성을 쌓은 인간들과 맞서서 길을 만든 인간인 칭기즈칸이 세운 유일한 구조물은 다리였다고 한다. 당시 정착문명의 지도자들이 그토록 관심을 쏟았던 성이나 성곽을 쌓는 데는 관심이 없었던 반면, 다리는 역사상 어느 통치자보다 많이 놓았을 것이라고 한다. 이유는 군대와 물자를 빠르게 옮기기 위해서였다. 몽골 병사 10만 명은 모두 기병이었고, 장기간의 이동을 위해서 한 병사당 말을 두세 필씩 몰고 다녔다. 뿐만 아니라 양고기나 쇠고기를 육포나 분말 형태로 가지고 다니면서 먹었다고 한다. 현재의 분유와 샤브샤브가 칭기즈칸 시대의 전투식량이었다는 설이 유력하다.

이런 칭기즈칸의 군대가 맞닥뜨린 것은 성이었다. 그들은 끊임없이 새로운 무기를 고안했으며 전쟁에서 승리할 수 있는 전술들을 개발했다. 이에 다른 국가를 정복했을 때 기술자들을 귀하게 대접했다. 큰 돌을 쏘아 던지는 투석기, 성벽을 무너뜨리는 특수 수레, 창을 쏘는 기계, 화살을 쏘는 포, 석유에 불을 붙여 던지는 장치, 커다란 돌을 날려 성문을 부수는 공성기계 등 다양한 무기를 만들고 활용하여 성을 부수어 나갔다.

그러나 약탈자에서 지배자로 바뀐 칭기즈칸은 더 이상 영토를 확장하지 않고 수도를 베이징으로 옮겼고, 1271년에 국호를 '근원'이라는 뜻의 '원(元)'으로 정했다. 이후 남송 정벌의 대장정이 다시 결행되어 1279년에는 마침내 남송을 멸망시킴으로써 몽골족은 중국인을 송두리째 정복한 최초의 민족이 되었다. 하지만 그처럼 거대한 제국은 13세기 중반부터 14세기 중반에 이르는 약 1세기 사이에만 존재하다가 사라졌다. 딱 100년(1271~1368)의 지배만 있었을 뿐이다.

칭기즈칸은 "내 후손들이 비단옷을 입고 기와집에서 살 때 내 제국은 멸망할 것이다."라는 말을 남겼다.

길은 누군가에 의해, 더 정확하게는 바로 나 자신으로 인해 새로 만들어진다. 안전한 길, 넓은 길만 찾아다니면 결코 성공할 수 없다. 처음부터 길이라는 것이 뚜렷하게 존재하는 것도 아니다. 누군가 걷기 시작하면서 그것이 길이 되는 것이다. 그래서 아무도 가지 않은 곳을 두렵지만 걸어야 할 순간도 반드시 찾아온다. 가파른 절벽을 만나 돌아가고 싶더라도 이를 꾹 누르고 기어오를 때 비로소 그곳은 길이 되는 것이다.

삼성그룹은 초기에 설탕, 밀가루, 섬유 같은 소비재로 사업을 시작했다. 그러다가 점차 새로운 길을 찾게 되었다. 수입품을 대체할 수 있는 기술과 가격, 보급이라는 길을 찾게 된 것이다.

삼성의 이런 새 길 찾기는 기흥공장에 설립된 반도체 라인에서 처음 본격화되었다. 이러한 삼성의 초기 길 찾기는 벤치마킹의 과정이었다. 사람들은 흔히 삼성의 기업문화를 말할 때 '돌다리도 두드려보고 건넌다.'는 평을 하곤 한다. 그만큼 보수적이라는 얘기겠다. 하지만 내가 보기에는 이런 말로도 삼성의 기업문화를 제대로 표현하지는 못하는 것 같다. 의심과 점검을 거듭하여 '돌다리를 두드려보고 건넌 사람을 보고 난 다음에 건너간다.'고 말하는 편이 더 정확할 것이다. 그야말로 충분히 벤치마킹을 한 다음에 그 노하우를 내 것으로 만들고, 그런 다음에야 실패를 하건 성공을 하건 자신만의 길을 찾아 떠나는 타입이다. 이것을 명문화시킨 것이 삼성그룹 임직원의 최고 덕목으로 꼽히는 '지행용훈평(知行用訓評)'이다. 아는 것[知], 행하는 것[行], 시키는 것[用], 가르치는 것[訓], 평가하는 것[評]에는 모두 단계가 있고 저마다의 특징을 가지고 있다.

실제로 삼성은 제일 먼저 시작한 가정용 전자제품(가전제품) 분야에서 당시에는 앞서 있던 일본을 벤치마킹 했다. 그 다음 시작한 통신 분야는 벨기에의 통신회사인 BTM을, 반도체는 TI와 인텔을, 휴대폰은 모토로라를 벤치마킹 했다.

이런 과정을 통해 삼성은 한 분야의 사업에 익숙해질 만하면 또 다른 시장을 개척하여 새로운 사업을 열고 도전하기를 멈추지 않았다. 현재 세계적인 기업이라면 당연히 채택할 익숙한 방식이지만, 당시로서는 반대하는 사람도 무수히 많았다. 이들의 요지는 간단했다. '왜 닦아 놓은 쉬운 길은 안 가고 또 가시밭길로 접어드느냐?'는 것이었다. 진입 비용도 많고, 해당 업계의 리더도 이미 확고하게 자리 잡힌 상황이었으니 이런 불만이 나오는 것도 어찌보면 당연한 일이었다. 하지만 삼성의 새 길 찾기는 한 번도 중단된 적이 없었다.

지금 돌이켜 보면 정말 고맙게도 나는 1980년대 초반부터 2014년까지 30년 이상 삼성이 지나온 길 위에 있었다. 삼성의 트레이드 마크가 된 '압축 성장, 월등한 성장, 일등, 세계 일류, 글로벌 기업'과도 함께했다. 그 긴 시간 동안 삼성은 돌다리를 두드려보고, 이미 건넌 사람을 확인하고, 마침내 돌다리를 건너고, 돌다리를 만들고, 그러고는 멀쩡하게 잘 만들어 둔 돌다리를 부수고 다시 만들기를 계속해왔다.

나 역시 지금까지 참 많은 길을 스스로 만들고 걸었던 것 같다. 대체로 좁고 작은 길이 많았다. 학창시절에는 본의 아니게 기거할 곳이 마땅치 않아 신혼부부인 형의 집에서 얹혀 살았는데, 아침마다 형수님에게 아침밥을 꼬박꼬박 얻어먹기가 미안해 무조건 새벽에 일찍 학교에 나가 일본어 특강을 들었다. 일요일에도 집에 있기 미안해서 학교에 나갔다. 그러다 보니 일본어 실력이 나도 모르는 사이 껑충 뛰었다. 그 결과 신입사원임에도 불구하고 당시 일본과 합작을 추진 중이던 각종 사업에 자연스럽게 합류하게 되었다.

입사 초기, 삼성전자의 전신인 삼성반도체통신 구미사업장(통신부문)에 있는 전산실에서 근무하던 시절에는 전산시스템을 여러 차례 통째로 말아먹을 뻔 하기도 했다. 호기심을 참을 수 없어서 굉장히 도전적인 작업들을 많이 맡았기 때문이다. 매뉴얼 없이, 또는 매뉴얼과 다르게도 해보았다. 당시의 전산은 펀치카드 시스템이었는데, 그걸 뒤집어 넣어본다든지, 갑자기 중간에 파워를 껐다 켠다든지 하는 실험도 했었다. 지금이야 흔하디흔한 컴퓨터지만, 그때는 그야말로 일반인이 보기엔 희귀하고도 두려운 기계였다. 당시 회사에서는 IBM 3032라는 메인 프레임을 사용하고 있었는데, 특히 주말에 많이 망가뜨리곤 했다. 금요일 저녁이나 토요일이 되면 항상 IBM에서 원반의 마그네틱

테이프가 날아왔는데, 그냥 아무런 설명도 없이 주말 동안 그걸 넣고 작동해보라는 것이었다. 알고 보니 요즘 얘기하는 '패치'였다. 지금이야 인터넷이 발달하여 고객들이 클레임을 걸고 에러를 발견해서 보내면 피드백으로 수정을 하기도 하지만, 옛날 IBM 연구소에서는 자기들이 소프트웨어나 시스템을 출시해 놓고, 많은 사람들이 쓰지는 않고 있는데 자기들이 보기에 에러가 걸리는 경우 정기적으로 수정 테이프를 보냈던 것이다. 나는 그걸 가지고 또 몇 날을 들여다보고 궁금해하고 일을 만들곤 하며 길을 내고 싶었다.

이런 나만의 길 만들기 방법은 크게 두 가지로 요약할 수 있다.

첫 번째는 하나의 기술만 배우는 토막길을 만드는 것이 아니라 문화나 시스템을 통째로 배우는 '근본적인 길'을 찾는 것이었다. 1977년에 삼성은 경북 구미에 있는 전자교환기 회사를 인수했다. 지금도 그 건물이 남아 있는데, 그때 회사 이름이 한국전자통신(KTC)이었고, 이후 1982년 12월 말에 삼성반도체와 합쳐져 SST(Samsung Semiconductor & Telecommunication)라고 명명한 삼성반도체통신이 됐다. 당시 이 회사의 기술자료를 살펴보면 모든 문서에 표시했던 BTM 코드(Code)가 일부 남아 있었다. BTM은 '벨기에 텔레콤 제조회사'의 약자인데, 당시 이 회사의 모든 제도와 시스템을 통째로 가져와 여기에 심은 것이다. 어느 정도였는가 하면, 시스템의 한 축인 연구소 건물도 똑같이 만들었을 뿐만 아니라 엔지니어는 물론이고 구매나 총무, 인사팀 등의 전 분야에서 연수생을 보내 시스템을 배워온 것이었다. 눈에 보이지 않는 것을 알려면 눈에 보이는 것을 그대로 체험해봐야 한다.

이건희 회장은 '아는 것에 100개의 레벨이 있다고 하면, 그것을 알든 모르든 일단 완전하게 따라해보고 그 다음에 내 길을 찾을 궁리를 하라.'고 지시했다. 앞서 나온 '돌다리' 이야기를 좀 더 정확히 하면, 그냥 두드리고 점검한 뒤 건너는 수준이 아니라 돌다리를 만든 사람을 찾아내서 만드는 법을 배우고, 어떤 하천이나 강이 나와도 그에 맞게 돌다리를 만들어낼 수 있는 수준이 될 때까지는 돌다리를 건너지 않았던 것이다. 끝까지 따라 해서 완전히 알아내는 수준까지 가서야 자기 길을 찾아 떠나는 것이다.

나만의 길을 만드는 두 번째 방법은 스스로 모든 과정을 해보고 완전히 소화하여 내 것으로 만든 다음에, 새로운 길을 잡아 시도해보고 확신이 섰을 때 비로소 확산시켜, 다시 새로운 길을 만드는 것이다. 이는 지금까지 익히고 축적한 것을 거름삼아 모두 날려버려도 좋다고 생각될 때 리셋을 함으로써 새로운 길을 만드는 것이다.

큰 강이 흐르고 굽이치는 모습을 잘 살펴보면 줄기가 직각으로 꺾이는 강은 없다는 것을 알 수 있다. 싱거운 소리일지 모른다. 세상에 직각으로 꺾이는 강이 어디 있는가. 만들어 놓은 도로가 직각일지는 몰라도 다니는 차는 직각으로 꺾어서 다니지 않는다.

강물은 방향을 틀 때가 되면 앞의 공간을 더 힘차게 때려서 부수고 소용돌이를 만들어서 충분한 공간을 확보한 다음에 유유히 방향을 틀어서 다른 길을 택하고 내려간다. 그 동안 사용한 모든 모래, 돌멩이, 따라온 퇴적물은 그 옆에 내려놓고 또 길을 떠나는 것이다.

도로에서 차량도 마찬가지다. 좌회전을 하려고 하는 차는 직각으로 꺾어서 좌회전하지 않는다. 차가 클수록 필요할 때 즉시 좌회전을 하는 것이 아니라 일단은 속도를 줄이고 사거리를 보면서 우측으로 좀 틀어 공간을 넓게 확보한 다음, 충분한 회전각을 두어 좌회전을 하고 진입로의 상황을 파악한 다음에야 빠르게 빠져나간다. 그래서 일견 들어갈 때의 모습은 좀 답답해 보이지만 일단 진입해서 방향을 틀면 속도가 붙어서 자신의 길을 빠르게 갈 수 있다.

국내의 몇몇 회사들은 인사나 제조 등의 특정 분야에서 삼성의 방식을 그대로 따라하려는 경우가 적지 않다. 삼성이 채택한 것이니까 안전하다는 판단일 것이다. 그런데 이럴 경우 두 가지를 놓치게 된다. 첫째, 삼성은 신이 아니다. 따라서 실수나 실패할 경우가 있다. 그런데 삼성의 방식이라고 무조건 따라하면 그 기업은 반성이나 복기할 내용도 없이 영문도 모른 채 실패하게 된다. 둘째, 삼성이 사거리에서 우측 차선으로 옮겨서 직진한다고 지레 짐작하고 앞질러 가버리는 경우다. 삼성은 사실 좌회전을 하기 위한 준비를 했을 뿐인데, 뒤따라오던 차는 우회전 액션을 보고 우회전을 해버리거나 직진을 해버리는 것이다.

보통 큰 회사는 안전한 지대에 오면 새로운 것들을 시도하는 경우가 드물다. 그러나 삼성의 성장 DNA는 기본적으로 위기의식을 바탕에 두고 5년이나 10년 뒤를 준비하는 배열구조를 가지고 있다. 그래서 알게 모르게 내부에서 무수한 시도와 실패를 경험한다. 단지 그 실패와 경험이 외부에 다 드러나지 않았을 뿐이다. 오늘도 무수한 돌다리를 두드리고, 부수고, 다시 짓고 있다. 그렇게 해서 이른바 초일류라는 맨 앞자리에 오게 된 것이고, 지금은 다시 모든 것을 새로 시작해야 하는 입장이다. 초기에는 따라하고 모방하다가 나중엔 그것을 극복하고 창조했으며, 이제는 맨 앞에서 새로운 길을 만들어야 하는 입장이 된 것이다.

오늘날과 같은 글로벌 시대에 경영과 비즈니스 분야에서 최후의 승리는 매일매일 길을 만드는 자의 것이지, 예쁘고 안락한 성을 쌓는 자의 것이 결코 아니다. 이는 어쩌면 영원히 끝나지 않을 도전이요, 길 없는 길을 가야 하는 무모한 과정인지도 모른다. 개인이라면 소소하게는 매일 바뀌는 숫자와 시장과 경쟁사, 상사에 대한 보고와 상담에서부터 사내 회의, 기획서 작성, 전표 처리, 고객과의 상담에 이르기까지 항상 무엇인가를 선택하고 결정해서 앞으로 나아가야만 한다.

끓는 냄비 안의 개구리 이야기를 다들 알 것이다. 어리석은 개구리가 시원했던 냄비의 물이 서서히 뜨거워지는 줄도 모르고 따뜻함을 즐기다가 어느 순간 죽게 된다는 이야기 말이다. 변화를 애써 외면하고 현실에 안주하면 결국 아무것도 할 수 없다는 뜻이다.

어떤 길 앞에서는 숨을 참고 뛰어야 하고, 어떤 길 앞에서는 바닥의 모래 한 알까지 관찰해야 하며, 길이라고 부를 수 없는 절벽에서도 뛰어내려서 그곳에 길이 있음을 함께 오는 동료에게 알려야 하기도 한다. 당신은 절벽에서 뛰어내려서 그곳에 있는 길을 택할 것인가?

길을 안다고 해도 가지 않으면 그것은 모르는 것과 같다. 전례나 성공사례가 없으면 문제를 해결할 수 없는 좀비가 되지 말라. 실무 매뉴얼이나 상사의 구체적인 지시에 의존해야만 마음이 편해지는 미라(mirra)로 살지 말라. 잠깐의 따뜻한 불을 향해 날아드는 불나방이 아니라 태양을 향해 날아오르는 나비로 살라. 남이 만들어 놓은 길을 아무런 죄책감이나 부끄러움도 없이 편하게 다닐 생각을 하지 말라. 그렇게 하면서 남보다 더 빨리, 더 월등하게 되려는 망상을 품지 말라. 일정한 기법이나 형식 따위를 습관적으로 되풀이하면서 스스로 굳음 몸과 머리를 만드는 매너리즘에 온몸을 맡기는 사람이 되지 말라. 남의 길에 감탄사를 연발하며 멍하게 입을 벌리는 바보가 되지 말라. 타성에 젖어 굳어버린 무릎으로 절뚝거리면서 길을 가는 절름발이가 되지 말라. 안주하지 말며 추구하고, 모색하고, 모험하라. 고인 물은 썩기 마련이고 성 안에서 보는 세상에는 한계가 있을 뿐이다. 성은 이 큰 세상에서 보자면 고작 우물 하나에 지나지 않는다.

리셋의 기본은 새로운 길을 만드는 것이다.

뿌리가 되고 근본이 되는 길을 내 것으로 만드는 것, 곧 기본에 충실하자는 것이 리셋의 근본 정신이다. 성이나 궁전은 꽃이나 열매 같은 결과이고, 길과 리셋은 뿌리요 근원이다.

내가 자주 인용하는 〈잠언〉에 "악인은 불의의 이익을 탐하나 의인은 그 뿌리로 말미암아 결실하느니라."라는 말이 나온다. 먼 옛날 지혜와 비전을 가진 선조와 선배들은 이처럼 일의 근원에 관심을 두고 뿌리를 먼저 살핀 반면, 오늘날에는 많은 사람들이 열매에만 관심을 갖는다. 열매는 아름답지만 일시적인 것이고, 그 열매를 있게 한 근원이 되는 길을 뿌리에서 찾아야 한다. 그것이 기본이다.

리셋의 기본은 '월등한 품질'이다

옛날에 짚신을 잘 만들기로 유명한 짚신 장수가 있었다. 그에게는 아들이 하나 있었는데 어쩐 일인지 아들이 만든 짚신은 거의 안 팔리고 아버지가 만든 것만 장터에서 팔리는 것이었다. 그러던 어느 날 짚신 장수는 병에 걸려 그만 죽게 되었다. 그가 유언으로 남긴 말은 단 한 마디였다.

"털!"

아들은 그 말이 무엇을 뜻하는지 한참을 고민했다. 그러다가 아버지가 만든 짚신과 자신이 만든 짚신을 자세히 비교해보고 나서야 겨우 그 뜻을 알아챘다. 바로 짚신에 나 있는 잔털의 차이였던 것이다. 아버지가 만든 것은 잔털이 깨끗하게 손질되어 있어서 발의 연한 부분까지도 모두 편하게 해주었지만, 자신이 만든 것은 그런 세세한 곳이 거칠게 마무리되어 있었던 것이다. 그 사실을 깨달은 아들은 아버지의 짚신을 능가하는 훌륭한 짚신을 만들게 되었고, 짚신 장수로 성공을 거두었다고 한다. 짚신 하나에서도 이렇게 품질이 중요하다는 이야기다.

디즈니랜드는 5억 명 이상이 방문하여 세계에서 가장 사랑받는 테마 파크로 알려져 있다. 말하자면 가장 성공한 서비스 기업이다. 그런데 이 회사의 경영 이념은 "디즈니랜드의 꿈과 서비스는 영원히 미완성이며, 행복을 파는 회사로서 품질 없이는 마법도 없다."는 것이라고 한다.

품질을 강조하는 세계적인 기업 중에 페더럴 익스프레스(Federal Express)도 빼놓을 수 없다. 항공과 육상을 통한 물류 서비스를 제공하는 세계 최대의 물류 특송 서비스 업체로, 전 세계 220개 국에서 하루 약 320만 개 이상의 화물을 처리하기 위해 13만 명의 종업원과 670대의 항공기, 4만 대의 차량을 운용하고 있는 회사다. 이처럼 이미 큰 성공을 거둔 기업이지만, 이 회사의 프레드릭 스미스 회장은 "99%의 고객만족으로는 불충분하다. 언젠가 나타날 100% 고객만족 업체에게 모든 걸 빼앗기게 된다."고 말한다. 99%와 100%를 가르는 이 1%의 차이는 물론 서비스의 '품질'이다.

물건을 만들기만 하면 팔리던 시대는 이미 오래전 이야기다. 품질관리와 고객만족이라는 두 가지 정책 없이 기업이 살아남는다는 것은 상상도 할 수 없는 시대가 되었다. 1960년대까지 품질이란 지대한 결함으로 인한 손실, 그것도 소비자의 손실이 아니라 기업의 손실에 더 포커스가 맞추어진 개념이었다. 기업 이미지의 손상을 방지하기 위해 맨 마지막에, 피동적으로 관리되어야 할 그 무언가를 지칭하던 단어였다. 그러나 1970~80년대에 접어들면서 모든 것이 바뀌었다. 글로벌 시대의 무한경쟁이 본격화되면서 오로지 한 개의 일등 상품만이 살아남는 구조가 되었고, 기업은 결국 가격 전략 이외에 품질 전략에 최우선 순위를 두지 않을 수 없게 되었다.

이런 무한경쟁에서 살아남기 위해 기업은 반드시 고객을 만족시키는 품질의 제품 및 서비스를 제공해야 한다. 말하자면 품질은 이제 필요조건이지 더이상 충분조건이 아니다. 국경을 초월해서 가격과 품질의 문제, 제품의 신뢰성 및 이후 책임 문제까지가 더욱 중요해지면서 품질은 특정 기업을 다른 기업과 구별 짓게 만드는 핵심적인 경쟁전략 변수가 되었다.

이렇게 품질 문제가 중요해지자 대부분의 기업들은 다투어서 품질 관리 기법을 도입했는데, 대표적인 품질 관리 기법 가운데 식스(6) 시그마란 것이 있다.

6시그마에서는 우선 100만 번의 사업 활동에서 일어나는 실수의 숫자를 측정하게 되는데, 제조뿐만 아니라 모든 사업적 거래에도 적용된다. 실수의 정도가 낮을수록 품질은 높은 것으로 평가되며, 100만 번의 사업 활동(제품) 중에서 결함(불량품)이 3.4개인 것을 목표로 한다.

이런 6시그마 운동은 1980년대 말 미국의 모토로라(Motorola) 공장에서 품질혁신 운동으로 처음 시작되었으며, 이후 GE가 채택하면서 널리 알려졌다. 초창기에 이 기법을 도입한 일본 기업들의 시계와 TV 같은 상품들이 6시그마 수준에 도달했을 무렵, 아직 이를 도입하지 않은 미국 기업의 품질 수준은 4시그마 수준에서 맴돌고 있었다. 예컨대 6시그마 도입 이전의 GE는 100만 번의 사업 활동에서 약 3만 5,000개의 결함, 즉 3.5시그마 수준이었다. 지금 본다면 품질의 품 자에도 근접할 수 없는 엄청난 결함이라고 하겠지만, 당시에는 이 정도가 성공한 기업들의 일반적인 결함 수준이었다.

흔히 '질(質) 경영'으로 대표되는 삼성의 신경영은 이런 거대한 시대적 흐름과 함께 시작되었다. 품질 위주의 신경영을 시작하면서 삼성 역시 6시그마를 도입했는데, 삼성이 정의한 6시그마 운동에서는 100만 번의 사업 활동(제품) 중에서 3개 이하의 결함을 목표로 삼았다. 나아가 생산 단계의 품질 혁신에 머무르지 않고, 효율적인 기업 문화 정착을 위한 경영철학으로 받아들여 종업원들의 일하는 자세, 생각하는 습관까지 바꾸고자 하였다. 품질과 조직원의 생각이 무슨 관계가 있는지 의아할 수도 있을 것이다. 하지만 최고 품질의 제품이나 서비스는 이를 생산하고 제공하는 직원들의 노력과 양심 없이는 불가능한 것이다. 또 이들의 자발적이고 적극적인 참여 없이 지속적인 품질 개선이 이루어질 수도 없다. 그런 차원에서 삼성은 6시그마를 단순한 품질 혁신 프로그램이 아니라 새로운 경영이념으로 받아들인 것이다.

1987년, 고(故) 이병철 회장이 세상을 떠난 후 그 뒤를 이어 그룹 회장에 취임한 46세의 이건희 회장은 직감적으로 삼성에 문제가 있음을 알게 되었다. 당시 삼성은 국내에서 가장 잘나가는 기업이었음에도 불구하고 말이다. 매출 국내 1위이자, 삼성맨은 직장인 선호도 1위로 자부심이 가장 높던 시기였다. 그러나 그의 눈에 보인 삼성은 전혀 그렇지 못했다.

"잘한다는 삼성이 왜 이것밖에 못 만들고, 그것 밖에 못 하느냐? 우리 삼성은 분명히 이류다. 지금은 죽느냐 사느냐 할 때다. 단지 더 잘해 보자고 할 때가 아니다."

이로써 '양(量) 위주의 경영을 버리고 질(質) 위주로 가자.'는 그 유명한 '신경영 선언'이 이루어졌다. 품질 의지가 희박한 삼성이라는 한 생명체를 대상으로 한 대폭적인 수술이 시작된 것이다. 그 첫 출발로 500억 원어치에 달하는 불량제품에 대한 화형식이 진행되었다. 또 불량제품이 나올 경우 그것만 해결하는 미온적인 대처가 아니라 아예 생산라인을 세우는 '라인 스톱 제도'를 실시해 불량을 근본적으로 고치는 작업을 하겠다고 선언했다. 생산라인을 한 번 세운다는 것이 어떤 의미인지 아는 사람들은 고개를 절레절레 흔들었다. 꿀단지에 먼지 하나 들어갔다고 꿀단지 자체를 버리겠다는 소리와 같았던 것이다. 고작 먼지 하나일 뿐이니 그 먼지만 골라내면 될 일이라는 뒷말들이 실제로 사내에서 오갔다. 이에 대해 경영진은 품질에 대한 직원들의 무뎌진 감각이 완전히 소멸하기 전에, 죄의식조차 없는 세계로 전 직원이 빠져들기 전에 속히 문화 자체를 바꾸어야 한다고 판단했다. 확고한 의지와 결단이 필요한 일이었고, 기약할 수 없는 비용이 문제였다. 이와 관련하여 이건희 회장은 불량품이 나올 경우 몇 개월이 걸리더라도 라인을 돌리지 못하게 했고, 완전한 제품이 나오기 전까지는 사재를 털어서 종업원들의 임금을 주겠다고 선언했다. 직원들도 품질에 대한 인식을 달리할 수밖에 없었다.

"나는 직원들에게 늘 하자(瑕疵)가 있는 제품은 암세포와 같다고 말한다. 위궤양은 치유될 수 있지만 암세포는 계속 늘어난다. 초기에 수술을 하면 완전히 치료 가능하지만, 초기 단계에서 처치하지 못하면 3년이나 5년 후에는 죽음으로 몰고 간다. 만약 암이 이미 완전히 퍼진 3기라면 너무 늦다. 수술도 아무 도움이 되지 못한다."

이런 말을 들으면 어떤 생각이 드는가? 어떻게 해야 이 암세포를 없앨 수 있을 것인가.

발본색원(拔本塞源). 나무를 뿌리째 뽑고 물의 근원을 없앤다는 뜻으로, 폐단의 근본 원인을 모조리 없앤다는 말이다. 《춘추좌씨전(春秋左氏傳)》에 나오는 이 말은 한국에서는 부정부패 척결, 범죄조직 소탕 등과 같이 주로 사회의 암적인 면을 뿌리째 뽑아 재발을 방지하는 일을 언급할 때 많이 인용된다.

당시 전 세계의 흐름이 품질 위주로 가고, 가전제품과 반도체 분야에서 가장 먼저 품질 혁신이 시작되었다는 것은 어떻게 보면 삼성전자로서는 축복이었다. 물론 그 축복은 성적표가 좋게 나왔을 때 일이다. 다행스럽게도 삼성의 질 위주 신경영은 20년이란 세월 동안 꾸준히 성장했고, 괄목할 만한 성과를 냈다. 1990년대 중반까지 세계 일등 제품이 단 한 개도 없던 삼성은 반도체, 낸드 플래시 메모리, TV 패널, 스마트폰 등에서 세계 시장 점유율 1위 제품을 내놓았다. 결국 질 경영의 성과를 확실히 보여주었다. 축복받은 첫 회초리를 맞고 열심히 노력한 학생임을 스스로 증명한 셈이다.

우리는 흔히 '품질'에 '마인드'란 단어를 덧붙여 쓰곤 하는데, 이는 최상의 품질은 조직 구성원 한 사람 한 사람의 노력과 헌신의 마음가짐 없이는 불가능하다는 사실을 역으로 드러내는 것이기도 하다.

이건희 회장이 지난 1995년 《알게마이네 자이퉁(Frankfurt Allgemeine Zeitung)》에 기고한 〈21세기를 향한 아젠더(Agenda für das 21 Jahrhundert)〉에는 다음과 같은 말이 나온다.

"기업이 질 경영에 중점을 둔다는 말은 인간을 존중한다는 뜻이다. 말로만이 아니라 진정으로 인간을 존중하는 일의 중요성을 깨닫는 것이다. 왜냐하면

질은 인간 외부의 그 어떤 물질현상의 특징이 아니라 바로 인간 내부에 있는 특성들, 즉 창의력, 융통성, 타인을 배려하는 따뜻한 마음, 통찰력 등을 일컫는 것이기 때문이다. 질은 인간의 의지와 정신에 있는 것이지 그 외의 어딘가에 따로 있는 것이 아니다. 그러므로 질을 추구하는 경영은 인간적인 경영으로 바꿔 쓸 수 있다. 이것에 대한 인식이 미래 기업의 경쟁력을 좌우할 것이다. 이러한 사실을 인식하지 못하는 기업은 미래의 경쟁에서 도태될 수밖에 없는 운명에 놓여 있다."

감히 이 말에 덧대어 설명하자면, 개인의 차원에서 품질, 월등한 품질이란 각 개인의 긍정적 변화와 그 사람의 혁신, 그리고 변화된 개인이 새로운 목표를 설정하고 현실에 안주하지 않으며 끊임없이 의심하고 되묻는 겸손한 자세로 자기 계발을 하면서 계속해서 자신의 위치를 정밀하고 높은 위치로 이동시키고 성장시키는 것이다.

흔히 우리가 쓰는 말 중에 '시작이 반'이라는 말이 있다. 무언가를 결심하는 것이 그만큼 중요하다는 뜻으로 사용되는 경우가 보통이다. 그런데 품질의 경우라면 그 말보다는 '행백리자반어구십(行百里者半於九十)'이란 말이 더 어울릴 것이다. '백리를 가는 사람은 90리가 반'이라는 뜻으로, 시작은 쉽지만 완성하기는 어렵다는 의미의 이 고사는 《전국책》에서 유래한다. 한 마디로 끝까지 가야만 간 것이란 뜻이다. 이건희 회장은 "양과 질의 비중이 1 : 99도 안 된다. 0 : 100이어야 한다. 10 : 90이나 1 : 99로 생각한다면, 이것은 언젠가는 5 : 5로 간다. 한쪽을 제로(0)로 만들지 않는 한 절대로 안 된다."고 말한 적이 있는데, 여기에 부합하는 지적이라고 할 것이다.

리셋은 누가 뭐라고 해도 월등한 품질을 만든다. 디테일 경영의 대가인 중국 칭화대 왕중추 교수는 그의 베스트셀러 저서인《디테일의 힘》에서 1%의 부족과 추가가 갖는 힘을 '100-1=0, 100+1=200'으로 표시했다. 아무리 잘해도 하나가 빠지면 낙제점이고 팔 수가 없지만, 남들이 못 잡는 1%의 품질과 가치를 더하면 두 배의 값을 받을 수 있다는 디테일의 중요함을 강조한 공식이다. 그 1%는 무엇일까. 나는 그것이 월등한 품질 혹은 새로운 가치의 작은 차이라고 생각한다. 물론 디테일 이론은 동일 제품이나 동종 서비스 군(群)에서의 경쟁력을 비교할 경우에 해당하는 것이다. 같은 상품군(群) 분야에서의 가치와 품질의 차이는 단순한 차이가 아니라 살고 죽는 문제이다.

리셋의 기본은 '위기감이란 배수진'이다

어린 시절 농사 짓는 시골에서 자란 나는 지금도 주말농장에 관심이 많다. 그래서 주말에는 식물을 재배하거나, 바쁜 일이 있어도 억지로라도 짬을 내어 잠깐이라고 흙을 밟고 와야 마음이 편안하고 소위 요즘 유행어인 '힐링' 비슷한 것이 된다. 그런데 농사 비슷한 일을 하다보니 차츰 식물의 성장에 관심을 가지게 되었다.

만약 씨앗을 파종한 직후 비가 적절히 와주면 식물은 어떻게 될까. 농사를 모르는 사람들은 뿌리와 줄기가 쑥쑥 자랄 것이라고 생각하기 쉽지만, 실제로는 그렇지 않다. 기반을 다지고 성장을 준비할 파종 직후에 식물이 자라기에 너무 좋은 날씨가 지속되면 식물은 애써 뿌리를 깊이 박으려고 하지 않고 지표면에 걸쳐 자리를 잡게 된다. 그러다 나중에 비바람이 몰아치고 태풍이 오면 모두 다 쓸려가버리고 만다. 반면, 처음부터 성장이 쉽지 않은 환경에 놓인 식물은 물과 양분을 얻기 위해, 더 궁극적으로는 살아남기 위해 본능적으로 땅 속 깊이 튼튼하게 뿌리를 내리려고 한다. 그렇게 되면 어지간한 태풍이나 가뭄이 와도 견뎌낼 힘이 생긴다.

상품용 토마토는 대부분 비닐하우스에서 재배하는데, 계절과 상관없이 비료와 물을 공급하고 온도를 맞춰주어 90일만에 빠르고 신속하게 수확한다. 그래서 그 뿌리의 길이가 길어야 50cm정도다. 가까운 곳에 물과 영양분이 있기 때문에 뿌리를 길게 뻗을 필요가 없기 때문이다. 그러나 물 없이 키운다는 '박비향'이란 토마토는 일반 토마토의 두 배인 180일이 걸려야 열매가 수확된다. 혹독한 환경을 이겨내고 자기가 살기 위해서 이 토마토는 땅 속 깊숙이 2m가 넘는 뿌리를 내린다.

심까지 먹어버리게 되는, 썩지 않는 기적의 사과 이야기를 들어본 적이 있는가? 온라인 판매 시작 3분 만에 품절된다는 일본 아오모리 현의 기무라 아키노리 씨가 생산하는 사과 말이다. 야생에서 키운 아키노리 씨의 이 사과가 지닌 놀라운 힘은, 이를 이용해 사과수프를 만들던 한 레스토랑의 주방장에 의해 처음 세상에 공개되었다. 도쿄의 레스토랑 '야마자키'에서 일하던 주방장이 어느 날 기무라 씨의 사과를 반으로 잘라 냉장고 위에 방치하게 되었다고 한다. 그런데 2년이 지나도록 썩지 않고, 일반적인 갈변도 없이, 달콤한 향을 내뿜으며 시든 것처럼 조그맣게 오그라든 상태로 있었다는 것이다. 이를 보고 놀란 레스토랑의 주방장은 이 사과에 '기적의 사과'라는 이름을 붙였다고 한다.

1991년 가을에는 일본 아오모리 현에 4성급 태풍이 불어 사과의 90% 이상이 떨어져 이 지역 사과 농가들이 치명적인 피해를 입은 일이 있었다. 그때 떨어지지 않고 매달려 있던 사과를 한 농부가 아이디어를 내어 '합격 사과'로 이름을 붙였다. 그리고는 일반 사과의 열 배 가격을 붙여 판매했는데, 놀랍게도 이 사과들은 그야말로 불티나게 팔려나갔다. 그런데 더 놀라운 사실이 있다. 엄청난 태풍 피해에도 불구하고 기무라 씨의 사과는 80% 이상이 그대로 달려 있었다는 것이다. 일반 사과나무의 뿌리가 고작 몇 미터인 반면, 기무라 씨의 사과나무는 뿌리가 20m나 되고, 사과 꼭지와 가지의 굵기도 다른 사과나무에 비해 훨씬 굵고 단단한 덕분이었다.

여기서 예로 든 토마토와 사과의 사례는, 식물도 위기를 헤쳐 나갈 방법을 스스로 찾는다는 사실을 입증한다.

어리석은 사람들은 나쁜 사태가 실제로 눈앞에 닥쳐야만 이를 위기라고 인식한다. 더욱 안타까운 일은 불안과 초조에 사로잡혀 있으면서도 이들이 실제로는 아무런 행동도 하지 못한다는 것이다. 그러면서 '할 수 없는 것이 아니라 하지 않을 뿐'이라는 허황된 자신감을 스스로 품거나, '다른 사람은 어떨지 몰라도 나만은 절대 실패할 리 없다.'는 근거 없는 안도감을 느끼기도 한다. 이렇게 행동은 하지 않으면서 번지르르하게 입에 발린 말만 하고 앉아서 성공을 외친다면 그 결과는 보나마나 실패다.

이런 실패는 대부분 위기감이 없는 데에서 출발한다. 이런 사태는 방학숙제를 하나도 하지 않은 채 개학 전날을 맞은 초등학생에게만 해당하는 것은 아닐 것이다.

초원에서 사냥개 한 마리가 사슴 한 마리를 쫓는다. 오랫동안 달렸지만 사냥개는 사슴을 잡을 수 없었다. 사냥개는 바닥에 엎드려 패배의 거친 숨을 내

쉬며 생각한다. 분명히 자신이 더 빠른데 왜 사슴을 잡을 수 없을까. 정답은 절박한 위기감이 없는 한 영원히 사냥개는 사슴을 잡을 수 없다는 것이다. 둘의 달리는 목적이 다르기 때문이다. 사냥개는 단지 도시락 하나를 얻거나 주인의 눈에 들기 위해 달리기 때문에 목숨을 걸지 않지만 사슴에게 이 경주는 목숨을 건 것이다.

생각해보면 적당히 대응하기 위해 한 일은 늘 그렇듯 결과도 신통치 않다. 차일피일 미루다 한 일, 설렁설렁 한 일, 대충대충 한 일, 겨우 한 일, 마지못해 한 일의 결과가 좋다면 더 큰일이다. 일에 대한 마음과 의식이 다른데 결과가 좋기를 바란다면 칼만 안 들었지 강도가 아니고 무엇인가. 전력을 다해 일하지 않고 좋은 성과를 얻고 성공하기를 바란다면 그게 도둑놈 심보지 무엇이겠는가.

위기감이란 자신의 '목숨'을 걸고 달려들면, 가장 강력한 동지가 되어주는 존재다.

"1994년 당시만 해도 삼성전자는 중저가 제품을 만들면서 일본 기업을 따라잡기 위해 애쓰는 3류 메이커에 불과했다."고 일본의 삼성 전문 연구자는 말하고 있다. 맞는 말이다. 그러나 지금은 그 반대가 되었다. 무엇이 문제였고 무엇이 해답이었을까.

표면적으로는 아날로그에서 '디지털'로 가는 제조업 현장의 흐름도 하나의 이유일 것이다. 구매의 예술화를 실현하며 부품 제조업체들 가운데 최적의 메이커로부터 부품이나 재료를 조달하는 방법 등을 통해 글로벌화와 동시에 제조 환경의 큰 변화에 가장 적극적으로 대처한 곳이 삼성이다. 그러나 더 큰 해답은 위기감에 있다. 이 위기감에서 신경영이 출발했다.

신경영의 시작은 1993년까지 거슬러 올라간다. 1993년 6월 7일, 취임 6년째를 맞은 이건희 회장은 이날 200여 명의 그룹 핵심 경영진을 독일 프랑크푸르트 켐핀스키(Kempinski) 호텔로 모이게 했다. '신경영'의 신호탄이 된 이른바 이건희 회장의 '프랑크푸르트 선언'이 있던 날이다. 당시 삼성그룹을 통솔하던 이건희 회장은 위기의식을 느꼈고 변화의 필요성을 강력하게 피력했다. 그는 절대적인 권한을 행사하며 대개혁을 진행시킨 것이다.

영문도 모른 채 서울 등 세계 곳곳에서 날아온 경영진들 앞에서 이 회장은 그룹 경영의 문제점을 신랄하게 지적하면서 '나부터의 변화'를 역설했다.

이 선언의 촉매제가 된 것은 이른바 '세탁기 비디오 사건'이다. 삼성 사내방송 팀이 제작한 30분짜리 비디오테이프 하나가 독일에 막 도착한 이건희 회장에게 전달됐다. 이 테이프에는 삼성이 만든 세탁기의 뚜껑 여닫이 부분에 있는 플라스틱 부품이 맞지 않아 작업자들이 커터 칼로 적당히 깎아내면서 조립하고 있는 장면이 담겨 있었다. 새로 금형을 제작해서 만들기에는 납품 일자를 맞출 수 없다는 판단 아래 진행된 일이었다. 질이 아니라 양을 중시하던 시대에 일어난 일이었기에 작업자들은 부끄러움보다는 물량을 맞추는 것에 더 집중했다. 이 비디오를 본 이건희 회장은 경악했고, 삼성이 사라질 수도 있다는 위기감에 몸서리를 쳤다. 어쩌면 그는 공장 노동자의 커터 칼에 난도질을 당해 하나하나 떨어져나가는 삼성의 살점들을 직접 느꼈을지도 모르겠다.

이 장면의 충격이 얼마나 컸던지 이건희 회장은 나중에 모든 임직원들에게 이 방송을 보도록 했다. 당시 삼성의 직원들은 매일 아침 출근하면 벽에 설치되어 있는 TV를 통해 10분 정도의 사내방송을 시청했는데, 한동안은 30분씩 신경영 관련 방송을 시청했고, 삼성 로고가 새겨진 작업복을 입고 커터 칼로 세탁기 부품을 깎아내는 동료 직원의 모습을 봐야만 했다. 나는 아직도 눈을 감으면 그 직원의 진지하고 엄숙한 표정이 떠오르곤 한다.

"마누라와 자식만 빼고 다 바꿔라!"

너무나 드라마틱한 이 선언을 통해 외형적인 조직 개혁은 이루어졌다. 하지만 삼성에서도 처음부터 진정한 의미의 의식 개혁이 단박에 이루어진 것은 아니었다. 그만큼 위기감이 없었던 것이다.

강한 위기의식을 가졌던 사람은 대개혁의 필요성을 맨처음 역설한 이건희 회장 본인뿐이었다. 당시 상황을 종합적으로 생각해본다면 이것은 어쩌면 당연한 일이었을 수도 있다. 예컨대 가전제품의 경우 세계 시장에서 삼성은 일본 업체들보다는 못하지만 그래도 실적이 나빠서 회사가 어려운 지경은 아니었다. 삼성전자 뿐만 아니라 다른 계열사들도 사정은 비슷했다. 삼성의 계열사 중 세계적 기업이라고 말할 수 있는 회사는 없었지만, 국내 시장에서는 어느 회사든 선두를 달리고 있었다. 이런 상황에서 회장이 아무리 위기의식을 강조한다고 하더라도 조직원들이 실제로 위기를 실감하기는 어려웠을 것이다.

그러다가 삼성그룹 전체가 진짜로 위기의식을 느끼고 개혁에 발벗고 나서게 된 사건이 일어났다. 바로 '한국 경제 자체가 송두리째 파탄에 이를지도 모른다.'는 위기감이 전 국민들 사이에서 팽배하던 1997년 말의 IMF사태였다. 하루에도 수십 명이 자살하고, 수백 가구가 해체되었으며, 수천 명이 직장에서 해고되어 길거리로 내몰린 지옥 같은 상황이 삼성을 완전히 바뀌도록 만들었다. 망할 리 없다고 굳게 믿던 삼성이 뼈를 깎는 구조조정에 나서는 것을 눈으로 직접 보면서 사원 한 사람 한 사람 모두 벼랑 끝에 내몰린 진정한 위기의식을 갖게 된 것이다.

삼성의 임직원 모두가 이처럼 위기의식을 느끼고 혁신의 필요성을 절감하게 된 것은 앞서 말한 것처럼 IMF 사태와 관련되어 있었다. 하지만 국내의 모든 기업들이 이 시기에 삼성처럼 적절한 혁신에 나선 것은 아니었다. 이런 대다수의 기업과 삼성이 다른 점은 무엇이었을까. 내 생각에 삼성은 IMF 이전부터 이미 위기의식을 강하게 느끼고 있었다는 점에서 남달랐다. 특히 삼성을 이끌던 이건희 회장이 그랬다. 그렇다면 이건희 회장은 왜 그토록 강한 위기의식을 갖게 되었던 것일까? 일차적인 이유는 자사 제품의 수준이 생각보다 훨씬 낮다는 걸 재인식했다는 면에서 찾을 수 있을 것이다. 그러나 보다 본질적인 이유는 세계적인 환경의 변화와 관련되어 있었다. 2차 세계대전 이후 오랜 기간 지속된 냉전시대는 1989년 12월에 미소의 영수회담으로 종언을 고했다. 이 회담의 결과 강대국이 약소국을 자국의 영향력 아래에 두려고 '경제적으로 지원하고 보호하는' 시대가 끝났다. 세계 무역은 1995년부터 제재 수단이 없는 GATT 체제에서 국제기관이 관리하는 WTO(세계무역기구) 체제로 바뀌게 됐다. 위기의식의 출발점이다. 강대국이 약소국과 그대로 맞붙게 되는 처절한 약육강식의 시대가 시작된 것이다. 기업인으로서 '어떻게 하면 이 위기에서 살아남을 수 있을까'를 생각하지 않았다면 직무유기라고 해도 마땅할 것이고, 이건희 회장의 경우 남보다 더욱 큰 위기를 보았던 것이다. 거기서 만들어진 해답 중의 하나가 '품질을 중시하는 경영'으로 삼성을 대전환시킨 것이었다.

산에서 길을 잃으면 무작정 길을 찾아서 헤매다 저체온증에 걸리지 말고, 오히려 산꼭대기로 가서 내가 어디에 있는지를 봐야 한다고 산악 전문가들은 종종 말한다. 산 정상에 올라가서 내가 헤맨 길이 어디이고, 가야 할 길이 어디인지, 만약 그대로 갔더라면 어떤 골짜기로 들어가 무슨 꼴을 당했을지를 몸으로 느끼고 눈으로 보아야 한다는 것이다. 그래야 살 길이 보인다.

위기도 그것의 실체를 보려면 위기를 온몸으로 느끼고 마주쳐야만 한다. 이건희 회장은 삼성 제품을 세계 최고로 평가되는 다른 제품들과 함께 보도록 했다. 세계 주요 제품들과 삼성 제품들의 디자인과 품질을 비교 평가했던 'LA 회의'에서 먼지 낀 낙오자로서의 삼성 제품을 보여줬고, 임원들에게 제품들을 분해해가며 그 처절한 차이를 지적했다. 그것은 기업을 이끄는 대표로서는 속살의 마지막까지 내보이는 치욕이며 수치일 수도 있었다. 한 기업 수장의 그러한 마음은 임원이나 직원의 마음과는 또 다른 것이다. 그런데 이건희 회장은 그것을 했다. 오직 진정한 위기를 보여주고 싶었던 것이다.

진짜 위기를 몸으로 느끼는 자만이 위기를 이겨낼 수 있다. 사자와 영양의 목숨을 건 질주를 안락한 소파에 앉아서 감상하는 것이 아니라, 진짜 영양이 되어 목덜미를 물어오는 사자의 날카로운 이빨과 소름 돋는 숨결을 식은땀 흘리며 느낄 수 있어야 한다는 것이다. 살아남고 싶은가. 그렇다면 달리고 또 달리라는 것이다.

위기감은 조직과 개인 모두에게 자발적인 변화를 가져다줄 수 있는 강력하고도 유일한 감정이지만, 이것은 어디까지나 자발적인 깨달음과 각오가 없이는 '찻잔 속의 태풍'에 지나지 않는다.

많은 조직들이 뼈를 깎아내는 고통 속에서 혁신을 추진하면서도 실패하는 이유는 조직원들에게 진정한 위기감을 갖도록 만드는 데 실패하기 때문이다. 조직 상층부에서 분 태풍이 아래로 내려가면서 그저 산들바람이나 미풍으로 변한다면 CEO가 아무리 위기를 외치고 강조해도 개혁은 절대 이루어지지 않는다.

다행스럽게도 20년의 세월이 흐르는 동안 삼성은 허리띠를 졸라매고 위기감으로 무장해서 그야말로 상전벽해를 이루어냈다. 브랜드 파워에서 세계 10위권에 진입한 것은 물론 D램, 낸드플래시, 모바일 AP, DDI 등 메모리반도체와 시스템 LSI를 아울러 10여 개에 이르는 1위 상품을 만들어냈다. TV는 2006년, 휴대폰은 2012년에 각각 세계 1위에 올랐고 지금도 혁신을 거듭하고 있다. 이는 소니나 파나소닉, 필립스, 노키아를 이겨낸 결과다. 2014년 삼성전자 매출은 205조 원, 영업이익은 25조 원이었으며, 삼성의 자산은 사상 처음으로 400조 원을 넘어섰다. 이는 20년 전인 1993년과 비교하여 매출은 25배, 영업이익은 무려 60배 가까이 급증한 수치다.

"지금이 진짜 위기다. 글로벌 일류기업들이 무너지고 있다. 삼성도 언제 어떻게 될지 모른다. 앞으로 10년 내에 삼성을 대표하는 사업과 제품은 대부분 사라질 것이다. 다시 시작해야 한다. 머뭇거릴 시간이 없다. 앞만 보고 가자."

2010년 3월 24일 삼성전자 회장으로 복귀를 선언하면서 또다시 들고 나온 위기론이다. 잊을 만하면 위기다. 그럼에도 불구하고 그 위기는 시대를 보면 거짓이나 과장이 아님을 느낄 수 있다. 게다가 기업 경영이란 먹느냐 먹히느냐 하는 싸움의 연속이고, 이런 싸움은 자본주의가 계속되는 한 멈추지 않을 것이다. 약육강식의 기업 환경에서 위기의식 없이 어찌 살아남을 수 있겠는가. 아날로그에서 디지털로, 디지털에서 모바일로, 시대 변화와 함께 위기감의 전쟁터를 옮긴 삼성은 다시 목숨을 건 전쟁터에 던져졌다. 애플과 구글로 대변되는 새로운 경쟁자가 출현했고, 생태계도 지각변동을 일으키고 있다. 하드웨어의 최강자였던 삼성은 상대의 체급은 물론 격투장과 무기 자체가 완전히 다른 새로운 상황에 다시 내몰린 것이다. 그럼에도 다행스러운 것은 그 위기론이 건강한 의식에서 출발하고 있다는 점이다. 그렇다면 어떤 것이 건강한 위기의식인가? 이른바 '메기론'에서 해답의 실마리를 찾을 수 있겠다.

"논에서 미꾸라지를 키울 때 한쪽에는 미꾸라지만 넣어두고, 또 다른 쪽에는 메기 한 마리를 함께 넣고 키워보면 메기와 함께 자란 미꾸라지들이 오히려 더 통통하고 싱싱하다. 왜냐하면 메기와 같이 있는 미꾸라지들은 메기를 피해서 도망다니느라 항상 활발하게 움직이기 때문이다. 삼성이 제일이라고 착각하는 삼성인에게도 건전한 위기의식과 함께 적절한 자극이 있어야 경영 환경 변화에 적응하기 쉽다. 따라서 나는 좋은 의미의 메기가 되어 삼성 조직에 항상 활력과 긴장을 불어넣고 사원 모두의 메기가 될 수 있도록 리드하고 있다."

메기론의 핵심은 건강한 위기의식이다. "아, 이젠 망했어. 어떻게 하지? 내 이럴 줄 알았어!"의 절망적이고 자조적인 위기의식이 아니라, "야, 이번엔 만만치 않은 걸. 그래도 준비한 것도 있고 이 때까지 잘 해왔으니 한 번 해보는 거야!"라는 건강하고 긍정적이며 행동지향적인 위기의식이어야 한다.

절망적인 사람은 밧줄을 보면 목 매달 생각을 하고, 긍정적인 사람은 그 밧

줄로 식량을 구할 올가미를 만들 생각을 하는 법이다. 그래서 매 순간의 위기는 매 순간의 기회이며, 매 순간의 위험은 매 순간의 모험이고, 매 순간의 시련은 매 순간의 도전이다. 흔들리지 않는 배는 항구에 묶여 서서히 썩어가는 나무토막일 뿐이다. 흔들리고 바람과 파도에 부딪치는 배만이 만선의 기쁨을 누리는 법이다.

그렇다면 개인의 경우 건강한 위기의식은 어떻게 만들어낼 수 있을까. 수백 권의 자기계발서를 읽어도 그때뿐이라는 한탄의 목소리를 종종 듣는다. 한때 위기감을 가졌다고는 하지만 진정한 위기의식이라고 보기 어려운 경우도 많다. 건강한 위기의식이 아닐 경우 불편하게 느껴지고 스스로를 비하하게 되며 자존감을 떨어뜨리기까지 한다. 이런 부정적 위기감이 아니라 긍정적 위기감을 만들어내는 한 방법으로 나는 학교나 직장에서 존경하는 선배나 친구의 모습을 지켜볼 것을 권한다. 이른바 괄목상대(刮目相對) 위기감이다. 눈을 비비고 상대를 대한다는 뜻으로, 내가 택하거나 지켜본 사람의 학식이나 재주, 능력이 놀라울 정도로 부쩍 향상되면 내가 자연스럽게 자극을 받는다는 것이다. 괄목상대는 《삼국지(三國志)》에 나오는 말이다. 오(吳) 나라 손권(孫權)의 부하 중 여몽(呂蒙)이라는 장수가 있었는데, 전공을 많이 세워 장군까지 올랐으나 좀 무식했던 모양이다. 그래서 학문을 깨우치라는 손권의 충고를 받아 전장(戰場)에서도 손에서 책을 놓지 않았고, 손권의 부하 중 뛰어난 학식을 가진 노숙이 여몽을 찾아가서 우연히 말을 나누다보니 매우 박식해져 있음을 알고 깜짝 놀라서 한 말이 '괄목상대'였다.

우리 주변에도 둘러보면 친한 사람 중에 반드시 '어, 저 사람, 뭘 배우기 시작했다는 말은 들었는데 벌써 저 정도?' 하고 깜짝 놀라는 경우가 있다. 그런데 그런 놀라움에만 머무르면 변화나 개혁은 없다. 조금 더 들어가서, 내게서 소멸되어 가는 어떤 불꽃이 다시 피어오르게 만들어야 성공이다.

건강한 위기의식을 만들어내는 또 다른 방법 가운데 하나로 이건희 회장의 방식도 있다. 이 회장은 사장단과 임원들에게 "집에 있는 TV가 어느 회사 제품인가?"라고 묻고는 '삼성 제품!'이라는 답이 나오면 칭찬을 하는 것이 아니라 오히려 심하게 나무라곤 했다. 그러면서 "내 것을 안 쓰면 죄악인 줄 아는 옹졸한 주인의식일 뿐이다. 다른 회사 제품도 사용하고 서로 비교를 해봐야 우리 것이 더 발전할 수 있다."고 강조하곤 했다.

이건희 회장의 이런 일화를 듣고 나는 《명심보감》에 나오는 '책인지심(責人之心)'과 '서기지심(恕己之心)'의 교훈을 생각했다. 책인지심은 남을 꾸짖는 마음이고, 서기지심은 자기를 용서하는 마음이라는 말이다. 《명심보감》에 있는 말인데 그 전후 맥락을 살펴보면 이렇다.

인수지우(人雖之愚) 사람이 비록 어리석더라도
책인즉명(責人即明) 남을 꾸짖는 마음은 명확하다.
수유총명(雖有聰明) 비록 총명한 사람이라도
서기즉혼(恕己則昏) 자신을 용서하는 데 있어서는 어둡고 혼미하다!
책인지심책기(責人之心責己) 남을 꾸짖는 그 명확한 마음으로 나를 꾸짖어라!
서기지심서인(恕己之心恕人) 나를 용서하는 그 관대한 마음으로 남을 용서
하라!

항상 타인에게서 배울 것을 적극적으로 배우고, 나의 것에서 모자란 것을

냉정하게 평가하여 채울 생각을 하는 사람이라면 위기에 주눅들 이유가 없다. 그런 사람에게 위기는 곧 기회다.

리셋의 기본은 이처럼 위기감을 가지고 배수진을 치는 것이다. 이 때의 위기감이란 위기에 처해 있거나 위기가 닥쳐오고 있다는 불안한 기운을 느끼는 것이다. 그것은 곧 한 번 닿기만 하여도 곧 폭발한다는 뜻으로, 조그만 자극에도 큰일이 벌어질 것 같은 아슬아슬한 상태, 즉 일촉즉발의 상황이며, 바둑돌을 쌓아올린 듯 위태한 누각이며, 눈썹이 타는 위급함인 초미지급(焦眉之急)이다. 문제는 막바지까지 가야만 그것을 위기로 아는 어리석음이다. 위태할 위(危) 자는 깎아지른 벼랑 끝에 무릎을 꿇고 있는 사람의 모습이라고 한다. 머릿속으로 그림을 그려보면 정말 아슬아슬하고 위험한 상황이다. 그러나 뒤집어 생각해보자. 벼랑 끝으로 내몰리면 무엇인들 못하겠는가. 배수진을 치고 싸움에 임한 한신(韓信)은 조(趙) 나라와 싸워 크게 이겼다.

리셋의 기본은 '의심하고 질문하는 것'이다

사실 '의심(疑心)'은 나쁜 말이 아니다. 확실히 알 수 없어서 믿지 못하는 마음이 어찌 나쁘기만 하겠는가. 어떤 종교에서는 보다 확실한 해답을 얻기 위해 깊이 탐구하는 마음의 상태라고 하니, 크게 의심할수록 크게 깨닫는다는 말이 틀린 것도 아니다. 의심과 질문을 통해 미리 공부하고 준비하면 큰일이 생기는 것을 사전에 막을 수도 있다. 말하자면 호미로 막을 일을 가래로도 막지 못하게 두어서는 안 된다.

프로젝트 관리론(Project Management)의 한 과정으로 '차이 분석(Gap Analysis)'이라는 기법이 있다. 요즘은 애자일(Agile) 개발법에서 작고 빠른 계획과 실험 사이에서 주로 사용되는 전문용어인데, 이 분석의 기법 가운데 어떤 문제의 근본 원인을 찾는 방법으로 '5Whys 기법'이란 것이 있다. 어떤 문제나 사태의 근본 원인을 제대로 찾기 위해서는 한두 번이 아니라 다섯 번은 '왜?'라는 질문을 해보아야 한다는 것이다. 예를 들어 어떤 사람이 지각(결과)

을 했다면, 그 원인(Cause)은 아마도 늦잠일 것이다. 그런데 5Whys 기법은 여기서 원인 분석을 멈추어서는 안 되며, 한 걸음 더 나아가야 한다는 것이다. 말하자면 늦잠(결과)을 왜 잤는지 질문해야 한다는 것이다. 그러면 늦게 자리에 누웠다거나, 불면증이 있다거나, 통증으로 잠을 못 잤다거나, 외부의 소음이 심해서 잠을 설쳤다거나, 혹은 겨우 새벽에야 곤히 잠들어서 결국 늦잠을 잤다는 등등의 여러 원인과 이유들이 나올 것이다. 그러면 다시 한 걸음 나아가 또 이유를 물어야 한다. 늦게 잠자리에 든 이유가 무엇인지, 왜 통증이 생겼는지 다시 따져야 한다는 것이다. 이렇게 다섯 차례에 걸쳐 어떤 일의 근본 원인을 자세히 파악하고 나면, 이를 기반으로 문제에 대한 근본적인 해결책을 찾을 수 있다는 것이 5Whys 기법이다.

흔히 '호미로 막을 일을 가래로 막는다.'는 말을 쓰곤 하는데, 사실 요즘엔 시골에 가도 가래 보기가 쉽지 않다. 반면에 호미는 어느 집에나 있다. 한 사람의 한쪽 팔만으로 땅을 팔 수 있는 가장 작은 농기구 가운데 하나가 이 호미다. 호미로 파는 것이라고 해야 사실 흙 한 줌이다. 가래는 크고 긴 삽이라고 보면 된다. 삽날 양쪽에 구멍을 뚫고 줄을 꿴 것이 특징이다. 한 사람이 자루를 잡고 흙을 떠서 밀면 양쪽에서 두 사람이 그 줄을 당겨 흙을 던지면서 일한다. 보통 세 사람이 하지만 자루를 잡는 장부잡이 하나에 줄을 잡는 줄꾼 여섯이 하는 경우도 있다. 이렇게 되면 손이 무려 14개다. 한 손의 일이 14개의 손을 써야 하는 일로 커지는 꼴이다. 흙더미로 치면 족히 30~40배로 커진다.

1994년 10월 21일에 성수동과 압구정동을 연결하는 성수대교의 상부 트러스 48m가 무너져 내렸다. 성수대교 붕괴 사고다. 건설사의 부실 공사와 감리 담당 공무원의 부실 감사, 정부의 안전 검사 미흡이 모두 들어맞아 발생한 참사였다. 그런데 이미 사고 이전부터 명백히 의심 징후는 나타나고 있었다. 성수대교는 트러스식 공법으로 지은 다리이며, 이 공법은 이음새가 잘못되면 무너지기 쉬운 방식이다. 따라서 이음새 핀 등을 정기적으로 반드시 점검해야 하는데 조치를 소홀히 했다. 연결 부분도 심하게 녹슬었고 다리 위에 가해지는 압력 분산 이음새에도 결함이 있었다. 공사 도중 볼트 삽입도 무리하게 하여 변형이 일어나고 강도도 약했다. 거기다 설계 하중을 초과하는 과적 차량들이 자주 통과했고, 40톤이 넘는 차량들의 압력을 받아 위험했으며, 특히 붕괴되기 전해에 개통된 동부간선도로로 인해 교통량이 폭주했다. 누군가 이 많은 의심 징후를 그냥 넘기지 않고 대비하고 대응했더라면, 사고는 일어나지 않았을 것이다.

1995년 6월에는 서초동에 위치한 삼풍백화점이 붕괴되었다. 삼풍백화점 붕괴 사고 역시 설계·시공·유지 관리의 부실에 따른 예고된 참사였다. 지상 5층, 지하 4층, 그리고 옥상의 부대시설로 이루어진 삼풍백화점은 붕괴사고가 일어나기 수 개월 전부터 균열 등 붕괴 조짐이 있었다. 사고 며칠 전부터는 벽면에 균열이 생겼고, 사고 발생 당일 오전에는 5층 천장이 내려앉기 시작했지만 경영진은 영업을 중단하지 않았다. 사고 당시 백화점 안에는 고객 1,000여 명과 직원 500여 명이 있었다. 오후 5시 52분경 5층부터 무너지기 시작하여 20여 초 만에 2개 동 가운데 북쪽 건물이 완전히 붕괴되었다. 삼풍백화점은 당초 일반 상가로 설계한 것을 백화점으로 변경하면서 하중이 증가했고, 4층으로 시공한 것을 안전상의 모든 이유를 무시하고 5층으로 증축했으며, 옥상에 80톤이 넘는 냉방용 냉각탑을 설치했고, 무량판 구조(보가 없는 구조물) 지판의 철근 콘크리트로 시공하는 등 총체적으로 부실공사를 했다. 그런데 왜 아무도 무너질 것이라는 의심을 하지 않았을까. '설마'라는 생각과 태도가 사망 502명, 실종 6명, 부상 937명이라는 6·25전쟁 이후 가장 큰 인적 재해를 낳았다.

'만약에'라는 의심을, 그 단 하나의 가능성을 따졌다면 이런 안타까운 대형 사고는 막을 수 있지 않았을까. 누군가 한 사람이라도 "이렇게 지으면 견딜 수 있을까?" 하고 의심하고 점검했더라면 사고는 일어나지 않았을 것이다.

우리는 무슨 일을 할 때 "빨리빨리 하지 않고 뭐 해?"라는 말을 많이 듣게 된다. 압축 성장을 통해 빠른 속도로 발전한 대한민국 사회는 '잠시만, 의심하자, 따져보자, 준비하자, 예측하자.'는 말을 유난히 싫어하는지도 모르겠다. 그러나 누군가의 말처럼 이제는 '속도'가 아닌 '방향'의 시대에 살고 있다. 무작정 빨리 하는 것보다 어떻게 하는 것이 제대로 하는 것인지가 더 중요한 시기를 살고 있는 것이다. 그래서 의심스러운 것은 점검하고 준비하는 자세가 필요하다.

천하를 주유한 공자(孔子)는 한나라 때에 와서 단순히 제자백가 중의 한 사람이 아니라 나라의 이념적 지주가 되었다. 그리고 공자의 말을 담은 책은 모두 경전이 되었다. 누구도 의심할 수 없는 성인이 된 것이다. 그러나 후한의 왕충(王充, 27~104)은 점점 더 신비주의화 되는 공자의 말을 의심하고는 더 오롯하게 공자의 정신을 살리려고 했다. 점점 권력화 되고 신비화의 대상이 되는 공자와 그의 말을 의심해야 한다고 보았던 것이다. 왕충은 '시대의 모든 논의를 저울질하겠다.'는 뜻의 《논형(論衡)》이란 책을 짓고, 그 안에 '공자에게 묻는다'는 의미의 〈문공(問孔)〉편을 넣었다. 사실 왕충은 이렇게 외형상 공자를 비판하는 것처럼 보이지만 공자의 정신을 되살리고자 했던 인물이라고 할 수 있다. 왕충은 조금이라도 의혹이 든다면 그 대상이 비록 성현인 공자라고 할지라도 거리낌 없이 물을 수 있어야 한다고 했다. 의심이 가는 모든 것에 대해 끝까지 근거를 밝혀야 한다는 자세를 가졌던 것이다.

바로 파악되지 않으면 마땅히 물어서 밝히고,

제대로 이해되지 않으면 마땅히 따져서 끝까지 파헤쳐라!

(不能輒形, 宜問以發之. 不能盡解, 宜難以極之.)

앞서 언급한 근원적 원인(Root-Cause) 찾기 방법인 5Whys 기법이 2,500년 전에도 존재했다니 놀라울 뿐이다.

믿음과 의심은 불구대천의 원수처럼 보이지만, 사실 의심을 통해 기존의 믿음이 깨어지면서 무수한 과학적 증명과 산물이 태어났다는 것도 기억해 야 한다. 지금도 여전히 태양이 지구를 돌고 있는가? 아니다. 그런 점에서 의심은 얼룩이 묻은 불순한 의도를 뜻하는 음모와는 다르다.

한 기업의 구성원으로서 회사나 자사의 제품에 대해 의심을 한다는 것은 한편으로 자율적으로 사고하고 미리 준비하는 자세에 가깝다. 자율적 의심이 란 내가 계획적으로 하는 것, 미리 준비하는 것이다. 체육대회 100m 달리기에 서는 출발 신호가 있기 전까지는 뛰면 안 된다. 하지만 회사는 시험을 보지 않는 이상 출발선이라는 게 특별히 존재하지도 않는다. 다시 말해 의심이 가면 생각하고, 생각하면 예측하고, 예측한 것을 미리 준비해 놓으면 좋은 경우가 많다는 말이다. 직장의 윗분들 시야와 머릿속에는 큰 그림들이 있을 것이다. 어떤 때는 아랫사람들이 보기에 잘나가는 임원을 현장에서 빼기도 하고, 별로 인 것 같은 임원을 요직에 넣기도 한다. 의심하고 준비하는 것이다. 그런데 이런 의심과 예측을 통한 준비는 회사의 오너만 하는 것이 아니다. 자신의 분야에서 설렁설렁 대충 처리하려는 마음을 버리고 '왜'라는 질문과 의심을 계속하면 누구나 얼마든지 이런 준비와 대비가 가능하다.

자기가 맡은 분야를 예측해보면, 앞으로 회사에서 어떤 요구가 있을지, 또는 윗분들이 어떤 지시를 할지 예측이 가능하다. 100%는 아니더라도 최소한 50~60%는 가능하다. 그래서 미래를 예측하고 그 50~60%는 미리 준비를 해놓는 것이다. 수동형 인간이 되어 지시할 때까지 기다리지 말고 선행(先行)을 하자는 것이다. 선행 학습은 아이들에게 어떤지 모르지만 선행 예측과 준비는 내 스스로 시간 관리를 하면서 업무력을 올리는 중요한 방법이다. 일종의 애자일(Agile) 개발법인 셈이다.

이렇게 의심을 통해 미래를 대비하고자 할 경우 놓치지 말아야 할 분야로 시장 자체가 있다. 시장을 보는 냉정한 의심과 빠른 판단도 리셋의 기본 요건 중 하나다. 시장에서 보면 갑자기 생겨나는 사업 아이템들이 종종 있다. 얼핏 보면 상당히 매력적이지만 대부분의 경우 한계가 바로 드러난다. 하지만 이런 단순한 것도 깊이 의심하지 않으면 그 한계가 잘 보이지 않는다.

예를 들어 휴대전화의 컬러링은 처음에는 시장에 존재하지 않던 상품이었다. 그러다가 조그마한 벤처 회사가 만들어서 매출이 1억, 10억 하더니 3,000억까지 올라갔다. 이런 식이라면 1조를 넘어서는 것은 시간문제라고 누군가 예측하기도 했다. 하지만 과연 그럴까? 당연하게도 이 사업은 2,800억 수준에서 끝났다. 그리고 이것은 충분히 예측 가능한 것이었다. 단순하게 한 번 계산해보자. 먼저 우리나라 인구를 5,000만 명, 컬러링 사용자를 최대 3,000만 명이라고 가정해보자. 컬러링 교체 주기를 한 달 남짓으로 잡고, 한 사람이 한 개 이상의 컬러링을 사용하는 경우는 희박하다고 계산하면 금방 최대 3,000억 규모가 예측된다. 여기에 시장 점유율과 성장 가능성, 홍보 및 마케팅 비용 등을 고려하면 이 시장의 한계가 한 눈에 보인다.

어떤 사람이 지인의 집에 초대되어 식사를 하게 되었다. 그런데 가만히 집 안을 둘러보니 부엌의 아궁이 옆으로 뚫어 둔 불길과 연기를 빼는 연통이 직선으로 되어 있고, 그 바로 옆에 땔감이 가득 쌓여 있었다. 이에 손님은 주인에게 이렇게 충고했다.

"연통을 조금 떨어뜨리고, 굽히는 편이 좋을 것 같습니다. 땔감도 저렇게 불 가까이 두지 마시고 다른 곳으로 옮기시죠. 보기에도 위험해 보이고 자칫 불이 날 수도 있습니다."

하지만 주인은 이 말을 듣고도 아무런 조치를 하지 않았다. 그리고 얼마 지나지 않아서 그 손님의 말처럼 지나치게 달구어진 연통을 통해 땔감에 불이 붙어서 화재가 발생했고, 이웃들이 급히 달려와 겨우 불을 끌 수 있었다. 주인은 도와준 사람들을 초대해서 감사의 마음을 전했다. 그러나 애초에 불조심을 하라고 충고한 사람은 보이지 않았다. 그 사람은 불을 끄는 일 자체는 도와주지 않았기 때문이다.

만약에 그 집 주인이 제대로 된 사람이라면 애초에 충고를 했던 사람을 가장 귀한 손님으로 모셨을 것이다. 아니, 정말 제대로 된 사람이라면 그 손님의 의심을 받아들여 아예 불이 나지 않도록 대비했을 것이다. 그런데 세상은 이 집의 주인과 마찬가지로 대개 의심하는 사람을 싫어한다. 자신에게 싫은 소리를 하기 때문이다. 그러나 그것을 받아들여서 정말 그런가 하고 진지하게 의심할 수 있을 때 자신의 삶은 철저하게 리셋된다.

우리들 대부분이 예방의 중요성을 잘 알지만 실제로는 사후 치료에 더 목숨을 건다. 감기 예방법의 하나로 손 씻기를 권하지만, 결국은 독한 감기약을 더 선호하는 것이다. 진지하게 의심하고, 이 의심을 통해서 불의의 사태를 미연에 방지하는 것이 얼마나 중요한지는 중국 역사상 최고의 명의라고 알려진 화타와 편작의 이야기를 통해서도 알 수 있다.

《삼국지》에도 이름이 등장하는 화타는 사실 의술을 업으로 하는 집안의 3형제 중 막내였다고 한다. 형제들이 모두 의술에 뛰어났는데, 특히 큰형은 병이 생기는 원인을 미리미리 예방하여 동네에 아픈 사람이 하나도 없게 했다. 둘째는 병이 생기더라도 중병이 되기 전에 미리 음식과 생활습관을 고쳐서 병을 다스렸다. 막내인 화타는 두 형에 비해 실력이 떨어졌고, 눈에 보이는 질병, 곧 중병이 든 경우에만 침과 약과 칼로 병을 치료하였다. 그런데도 세상 사람들은 화타의 의술을 최고로 쳤다. 누구나 쉽게 알아볼 수 있는 중병을 치료하는 기술만을 높이 샀기 때문이다.

《사기》에 기록된 편작의 이야기는 더 극적이다. 편작이 환후라는 제나라 왕을 처음 만났을 때 편작은 이렇게 말했다.

"왕께서는 피부에 병이 있는데, 지금 치료하지 않으면 더욱 깊어질 것입니다."

하지만 환후에게는 특별히 병이라고 할만한 것이 보이지 않았다. 이에 왕은 편작이란 자가 없는 병을 꾸며서 이익을 탐하고 공을 세우려 한다고 생각하여 그를 비난하면서 자신에게는 아무런 병도 없다고 단언했다. 5일이 지나서 편작이 다시 왕을 찾아가 아뢰었다.

"왕께서는 지금 혈맥에 병이 있습니다. 빨리 치료하지 않으면 점점 병이 깊어질 것입니다."

하지만 왕은 괜한 의심을 한다면서 불쾌한 표정으로 편작을 물리쳤다. 그러나 편작은 또다시 같은 말을 되풀이했고, 이에 마음이 상한 왕은 방문을 닫고 들어가 버렸다. 그런데 다시 5일이 지나자 편작이 또 와서 더욱 심각하게 아뢰었다.

"장과 위장 사이에 병이 있으니, 당장 치료해야 합니다."

하지만 왕은 여전히 이를 무시했다. 다시 5일이 지나자 편작이 또 찾아왔다. 그런데 이번에는 왕을 쳐다만 보고는 아무 말도 하지 않고 그냥 물러갔다. 이상하게 여긴 왕이 사람을 보내서 까닭을 묻자 편작은 이렇게 말했다.

"병이 피부에 있을 때는 탕약과 고약으로 고칠 수 있고, 혈맥에 있을 때는 침으로 고칠 수 있으며, 장과 위에 있을 때는 약과 침과 뜸 등을 동원하면 고칠 수 있다. 그러나 병이 골수에 미치면 누구도 고칠 수 없다. 지금 왕의 병은 골수에 들어갔다."

그 말을 들은 왕은 그제야 급히 편작을 찾았으나 그는 이미 짐을 챙겨서 떠난 뒤였고, 왕은 치료도 못 해보고 얼마 뒤 죽었다.

위험은 누구에게나 닥칠 수 있다. 그러나 위험에 대처하고 대응하는 방법에는 그야말로 하늘과 땅의 차이가 있다. 의심하고 준비하는 자와, 설마 하는 생각으로 대충 넘어가는 자의 대응은 전혀 다른 결과를 낳는다.

그런데 사전에는 있지만 세상에는 없는 말이 '절대로'라는 말이다. 세상에 '절대로'라고 말할 수 있는 것은 없다. 삼성이 1위를 하고 매출액과 영업이익에서 기염을 토하던 그 시기에도, '절대 승자, 절대 영원'이라는 말은 단 1%도 꺼낼 수 없다는 사실을 40만 임직원이 모두 알고 있었다. 왜냐하면 글로벌 시장에 절대 강자는 없기 때문이다. 글로벌 시장에는 산업 간의 경계도 국경도 없다. 이 시장의 변화 속도는 판단을 흐리게 할 정도로 빠르고, 방향은 나침반을 볼 틈도 없이 뒤바뀐다.

'그럼 무얼 어쩌란 말인가?'라는 한탄이 절로 나오지만, 답은 하나다. 결국 철저한 의심을 바탕으로 미래에 대비하는 수밖에 없다. 이 때 다양한 변수와 경우의 수들을 상정하여 철저히 대비할 필요가 있다. 앞으로 일어날 시장의 변화를 제대로 예측하지 못한다면 이를 기반으로 한 대비책은 아예 무용지물이다. 예를 들어 1977년에 최첨단 기업을 운영하던 한 유명한 CEO는 "개인적으로 집에 컴퓨터가 있을 이유가 전혀 없다."는 말을 했다. 당시의 일반인들이 그런 생각을 하는 것은 자연스럽다고 볼 수도 있겠다. 하지만 나름대로 최첨단 분야의 기업을 경영하는 사람의 판단으로는 잘못된 것이었다. 이런 판단에 입각한 미래 대비책이 제대로 되었을 리도 없다. 스마트폰 빅뱅이 일어나던 2009년에도 스마트폰을 지금처럼 누구나 쓸 것이라는 생각을 한 사람은 많지 않았다. 대중들의 일반적인 판단에 기초해서는 어디로 튈지 모르는 미래를 정확하게 예측하기 어렵다. 예컨대 1995년에 발표된 '10년 뒤 재계 순위 1위 기업'은 대우그룹이었다. 하지만 대우그룹은 1999년에 공중분해되었다.

사실 미래를 내다본다는 말 자체가 얼마나 어리석고 건방진 말인지 깨달을 필요가 있다. 세상은 전문가라고 하는 사람들조차 바보로 만들 정도로 빠르고

어지럽게 변하고 있다. 속도와 변화의 양상이 분초를 다투는 IT 분야의 기술은 더 심하다. 2007년 신년사에서 이건희 회장은 이런 말을 했었다.

"디지털 시대 1년의 변화는 아날로그 시대 100년의 변화에 맞먹는다. 21세기 디지털 시대의 정상에 서기 위해서는 창조적 발상과 혁신으로 미래에 도전해야 한다."

여기서 강조된 창조적 발상과 혁신은 반드시 의심과 준비를 동반해야만 가능한 것이다. 삼성전자는 반도체와 휴대전화로 대표되는 주력상품으로 시장의 강자로 서 있지만 10년 뒤에도 그렇다고 보장할 수는 없다. 당장 그런 생각을 가장 깊게 의심하는 사람이 바로 이건희 회장 자신이다.

"10년 후면 삼성의 모든 제품이 사라질지도 모른다. 이제부터가 진짜 위기다."

지금은 자고 일어나면 생존 경쟁의 상대도 바뀌고 사업의 경계도 사라지는 시대다. 예컨대 MP3가 등장하면서 레코드점이 망했고, 음악 CD나 DVD가 사라졌다. 그 MP3를 재생하는 MP3 플레이어도 동질의 경쟁자가 아닌 스마트폰에게 먹혔다. 또 메모리카드 회사가 필름 회사를 잡아먹고, 디지털 카메라 회사가 프린터 회사를 살리는 대신 필름 현상소를 죽였다. 무가지 신문의 등장으로 신문 시장이 축소된 지 얼마 지나지 않아 스마트폰이 두 친구들을 모두 죽여버렸다. 전혀 다른 동네에서 놀던 애플과 구글이 삼성의 강력한 라이벌로 떠오른 것이 이상할 이유가 없는 세상에 우리는 살고 있다.

이러한 미래는 완전히 예측할 수는 없으나 겸손하고 합리적으로 의심하고 준비하는 자에게는 설핏 길을 보여준다. 이렇게 준비한 자의 겨울은 춥지 않다. 삼성은 이미 겨울을 맞을 준비를 봄부터 해오고 있었다. 2005년 신수종사업으로 4대 씨앗 사업과 8대 성장 엔진을 선정했고, 2009년 10월에는 창립 40주년을 맞아 '비전 2020'을 선포하여 미래 산업의 방향도 정했다. 태양전지, 조력 및 풍력 발전, 전기·수소 하이브리드 자동차, LED(디스플레이, 조명 등), 2차 전지, 고효율·친환경 건축 및 자재로 정리되는 〈대체 에너지와 친환경 분야〉와 로봇산업, 바이오산업, 의료기기, 서비스, 요양, 바이오 IT 융복합 기술로 정리되는 〈건강·웰빙·실버산업 분야〉, 콘텐츠(소프트웨어, 애플리케이션, 플랫폼, 운영체제, 음원, 영상, 전자책 등), 플렉시블·3차원 홀로그램 실감형 입출력 장치, 근거리 초고용량 데이터 전송 기술로 정리되는 〈정보기전 지능화〉가 그것이다. 하지만 이것들은 고정된 것이 아니라 매년, 매 순간 얼마든지 극적으로 바뀔 수 있다. 이는 잘못된 예측의 결과가 아니라 철저한 의심을 통한 선택의 과정이라고 해야 할 것이다.

앞서 리셋의 기본은 길을 만드는 것이라고 했다. 그러나 길은 항상 변하기 마련이다. 게다가 언제나 넓은 길이 나를 기다리고 있는 것도 아니다. 4차선 대로도 있지만 산길도 있고, 길목이라고 여겼던 단 하나의 공간이 무너져 내린 바위들로 인해 막힌 벽이 되기도 한다. 세상에는 지금도 이런 일들이 무수히 일어나고 시시각각 변하고 있다. 끊임없는 변화 속에서 본질이 무엇이고, 원인이 무엇이며, 의도가 무엇인지를 늘 의심하고 질문해야 한다.

'한 사람이 길목을 지켜 능히 천 사람을 두렵게 만들 수 있다.'는 말이 있다. 이순신 장군은 1597년 진도 앞바다의 울돌목에서 왜군을 물리쳤다. 하루에

네 번 물길이 바뀌고, 물 흐름이 가장 빠를 때는 시속 40km가 넘는 그곳에서 충무공은 12척의 배로 일본 수군 133척과 맞서 그 가운데 31척을 격침시켰다. 그런데 사실 이 해전도 철저한 의심의 산물이었다.

'12척이라는 우리 배의 숫자로는 정말 적군을 이길 수 없는 것일까?'

'울돌목은 과연 내게 아무런 도움이 되지 못하는, 그냥 빠른 바다 길목에 지나지 않는 것일까?'

그 철저한 의심과 질문을 거쳐 대비하고 준비한 전투가 바로 '명량해전'이었다. 의심과 준비야말로 리셋의 기본이다.

리셋의 기본은 '확고한 시스템'이다

시스템이란 하나의 공통적인 목적을 수행하기 위해 조직화된 요소들의 집합체라고 정의할 수 있다. 우리가 늘 사용하는 컴퓨터의 시스템이란 부속품들인 하드웨어와 작동하는 소프트웨어(또는 프로그램)로 구성된다. 주로 물질이나 조직의 문제에 국한되어 사용하기는 하지만 사실 인간 개개인의 생활에도 시스템은 존재한다. 가정도 하나의 작은 시스템에 의해 움직인다. 부모와 자식의 사랑과 효도, 부부간의 존경과 이해가 알게 모르게 작동해야만 가정이 굴러가기 때문이다.

기업의 경우는 더 확고하다. 회사 시스템은 속성 자체가 목표 지향적이다. 시스템의 가치 기준에 따라 우선순위를 결정하고 균형을 통하여 시스템 자체를 계속 유지하고 발전시켜 전체적 조직을 더욱 성장시키는 것이다. 각 부분의 대립적 요소를 전체 수준에서 통합하고 조정함으로써 조직이 항상 건강한 긴장감을 유지하게 만든다. 그러면서도 조직이 존속하고 성장하기 위해 외부의 어떤 여건과 상호작용을 하여야 하는지 파악하고 연결하려고 하는 것이 시스템의 기본 속성이다. 조직에 투입된 것과 산출된 것을 끊임없이 분석하고 조정하는 피드백과 반성이 지속적으로 일어나는 것 역시 회사 시스템의 특징이다.

이런 측면에서 본다면 '관리의 삼성', '시스템의 삼성'이라는 말은 분명히 맞는 지적이다. 그러나 삼성도 처음부터 조직과 시스템으로 경영을 했던 것은 아니었다. 1938년 삼성물산을 시작으로 설탕과 모직 사업을 할 당시에는 고(故) 이병철 삼성그룹 회장이 직접 모든 것을 챙기고 점검했다. 그러다가 1960년대 말에 이르러 삼성이 비약적으로 성장하자 비서실과 관리부서를 강화하여 본격적인 시스템 경영을 시작했다. 권한에 상응하는 책임을 부여하고 자율 경쟁, 자율 경영의 길을 유도한 것이다. 이로 인해 이건희 회장이 신병 치료를 위해 6개월가량 자리를 비우거나 장기간 해외 출장을 떠났을 때에도 그룹에 문제가 생긴 경우가 없었다. 이건희 회장은 이토록 잘 굴러가는 시스템 경영을 보완하거나, 때때로 강한 침을 한 방씩 놓아서 정신이 번쩍 들게끔 하는 활력을 주는 존재로 자리했다.

삼성의 이런 시스템 경영은 사람이 주먹구구로 판단하는 것이 아니라 회사의 철저하고 분명한 정보와 조직력, 근거와 기준, 규정과 규범, 표준화된 업무 프로세스에 의해 구축된 것이다. 이러한 시스템으로 경영 혁신, 인력 관리, 성과 관리, 감사업무 등을 수행하기 때문에 삼성에서는 오류가 적은 것이다. 이른바 제도와 시스템에 의한 투명한 경영, 합리적 경영이 이음동의어인 셈이다.

가장 민감한 인사 시스템도 투명하게 운영된다. 본인에 대한 평가 내용과 결과를 언제라도 시스템을 통해 직접 열람할 수 있다. 열람할 수 있다는 것은 평가가 공개된다는 뜻이며 평가자는 객관적인 기준으로 평가할 수밖에 없다. 공개되기 때문에 불합리하다고 여겨지는 것은 시정을 요구할 수도 있고, 자신의 잘못도 스스로 납득할 수 있게 된다. 또 무엇이 페널티가 되었는지 알기에 무엇을 고치고 어느 부분에서 더 분발해야 하는지도 알게 된다.

세간에서는 삼성의 경영에 대해 '스타 경영'이라는 말도 더러 한다. 하지만 이는 틀린 말이다. 삼성에 '스타'는 있을지 모르지만, '스타에 의한 경영'은 절대로 없다. 애플에서조차도 스타 경영은 없다. 스티브 잡스가 죽고 나면 애플이 금방 어떻게 될 줄 알았던 사람도 있었겠지만, 삼성에서 그런 생각을 한 사람은 아무도 없었다. 애플도 시스템 경영을 하고 있다는 것을 알기 때문이다. 휴대전화의 성공 신화를 일구어 일반인에게도 친숙해진 삼성의 부회장이나 사장님들도 시스템 경영이 키운 인물들이다. 역으로 이들은 삼성의 시스템 경영을 안착시키는 데에도 기여했다. 흔히 스타라고 언급되는 반도체 부문의 해외 영입파들도 삼성이라는 시스템 경영과 궁합이 잘 맞은 인물일 뿐이다.

삼성의 임원진들은 크게 해외나 국내 영입파와 내부 육성파의 두 그룹으로 나뉜다. 스타 경영이라는 용어는 이 가운데 해외 영입파를 대상으로 언론에서 주로 사용하는데, IMF 이전에는 해외 영입파가 많지 않았지만 이후에는 본격적으로 늘어났다.

이렇게 해외 영입파가 증가하면서 몇몇 언론의 지적처럼 내부 융화 문제가 불거지기도 했다. 기존의 임직원들 사이에서 일종의 '좌절감' 같은 것이 형성되었기 때문이다. 20~30년 동안 오로지 회사를 위해 열심히 일했는데, 훨씬 더 젊고 경력도 짧은 사람들이 단지 뛰어난 인재라는 이유만으로 열 배 이상이나 더 많은 임금을 받고 일을 하게 되었다는 사실을 잘 납득할 수가 없었던 것이다. 하지만 이는 극단적인 평가이자 척도가 잘못된 비교의 결과일 뿐이다. 기업의 입장에서는 성장을 전제로 한 생존과 변화를 위해 수혈이 필요했던 것이고, 그 수혈의 대가를 지불할 뿐이다. 그리고 그렇게 온 사람들도 모두 시스템에 적응하지 못하면 스스로 떨어져 나갔다. 아는 것과 뿌리 내리는 것은 다른 문제이기 때문이다. 아무리 깊은 산 속에서 좋은 나무를 힘들게 캐어 정원에 옮기더라도 그 나무가 잘 자라리라는 보장은 없다. 사람도 마찬가지다. 결국 시스템에 의해 검증된 사람만 남는 것이다.

반대의 경우도 마찬가지다. 신입사원으로 입사하여 사장, 부회장, 회장에까지 오른 분들이 있는데, 국내 대학의 학사 출신이 많다. 요즘 말로 그 흔한 대학원에 다닌 것도 아니고 MBA 출신도 아니다. 그런데 세계 100대, 혹은 50대 경영인 리스트에 올라 가 있다. 이 분들은 시스템을 보완하고 만드는 것에 일조한 사람들이다.

결국 두 종류의 사람 모두가 삼성에는 필요한 것이다. 문제는 이들 서로 다른 두 종류의 사람들을 어떻게 하나로 융합시킬 것인가이고, 결론은 역시 시스템에 따라야 한다는 것이다. 사실 삼성뿐만 아니라 어느 기업에 가더라도 해외파와 국내파는 있게 마련이고 이들의 알력이나 보이지 않는 경쟁도 드문 일이 아니다. 이럴 때 시스템은 당연히 양자를 가르거나 나쁜 쪽으로 사태를 조장하는 것이어서는 안 된다. 적절한 역할 분담과 선의의 경쟁을 유발하여 조직이 어느 한 쪽으로 치우치거나 나태해지지 않도록 만드는 것이 시스템의 역할이다.

이러한 인재와 시스템의 관계는 이식(移植)의 문제에서도 그대로 적용된다. 각 개인의 뛰어난 능력과 시스템으로 불리는 주변 환경이 잘 결합해야 최고의 효과가 나오기 때문이다. 삼성의 경우에도 유명한 박사들을 외부에서 많이 데려왔다. 나무를 옮겨 심을 때는 새로운 토양에 뿌리를 내리기 힘들다는 판단에 따라 초기에는 흙까지 몽땅 파온 경우도 있었다. 그러다가 시행착오를 거쳐 점차 시스템이 안정되었고, 결국 흙까지 파올 필요는 없는 정도의 단계에 이르렀다. 이 과정에서 반은 살아남고 반은 죽는 과정도 거쳤으며, 어려움이 있었지만 그래도 이식에 맞는 토양을 만들고 실제 이식 성공률도 높아졌다. 최근에는 삼성의 토양에 맞고 결과적으로 이식률도 높을 사람을 사전에 검증해서 데려오는 쪽으로 발전하고 있다.

스타 한 명에 의해 기업이 좌우되는 것은 결코 바람직하지 않다. 스타를 만들 수 있는 기업이 되어야지, 스타가 만드는 기업이 되어서는 안 된다. 이는 꼬리가 개를 흔드는 격이다.

내가 삼성에서 프로게임단을 맡고 있었을 때의 일이다. 지금도 여전히 인기를 누리는 있는 프로게이머 선수 한 명을 영입할 기회가 생겼다. 워낙 잘나가는 선수였기 때문에 주변에서는 다들 하루 빨리 그 선수를 영입해야 한다고 재촉이었다. 하지만 나는 최종적으로 그를 영입하지 않기로 결정했다. 그가 우리 게임단의 시스템에 잘 적응할 것이라고 여겨지지 않기 때문이다. 그는 당시 소속사의 시스템과 토양에 이미 100% 이식된 상태로 여겨졌고, 그런 친구를 뿌리째 뽑아서 도자기로 된 화분에 옮긴다고 해도 잘 살아날 수 있을지 확신이 서지 않았다. 그렇다고 기존의 우리 시스템을 바꿀 수도 없었다. 나는 결국 그 선수의 영입을 포기했다.

반면에 김가을, 송병구, 이성은 같은 선수들은 당시 연습생 때부터 우리 시스템에 잘 적응하고 있던 친구들이었다. 그들은 결국 시스템 안에서 꽃핀 스타들이 되었다. 물론 가능성 있고(촉) 조직 적응력이 있는(합) 외부의 인재들도 늘 파악하고 영입의 문은 열어 두어야 한다.

삼성에 있을 때 나는 또 부서의 특성상 벤처기업이 처음 생겨나기 시작했을 무렵부터 이들 기업의 임직원들을 자주 만나게 되었다. 지금도 개인적으로 벤처에 관심이 많아서 자주 만나는 사람들이 여럿이다. 그런데 이들 벤처기업은 그 흥망성쇠가 놀랍도록 빠르고 진폭도 크다. 어제의 무명 회사가 오늘은 유명 회사가 되기도 하고, 어제의 촉망받던 기업이 오늘은 아예 문을 닫고 시장에서 사라지기도 한다.

이런 벤처기업의 장점 가운데 하나로 자주 거론되는 것이 바로 스피드다. 내 후배 중에는 벤처기업의 이런 놀라운 스피드에 반해 직장을 옮긴 경우도 있었다. 그의 말에 따르면, 자신이 근무하게 된 회사의 대표가 굉장히 개방적이고 폭발적인 추진력을 갖고 있다고 했다. 자신이 무언가를 원하면 바로 그 자리에서 해버리거나, 그 자리에서 승진을 시켜주는 경우도 있으며, 마음만 맞으면 그 자리에서 채용해주는 등 굉장히 스피드하게 움직인다는 것이다. 후배는 대기업에서는 보기 드문 그런 모습에 매혹된 것이었다.

그런데 이걸 또 의심하고 점검해볼 필요도 있다. 오너든 스타든 한두 사람에게 권한이 집중되는 것은 작은 기업의 성장기에는 문제가 되지 않는다. 말하자면 매출이 10억, 100억, 1,000억일 때는 괜찮다. 하지만 매출액이 조 단위를 넘어서면 이렇게 움직일 수 없는 것이 조직이다. 벤처기업은 말 그대로 벤처의 특성이 남아 있을 때는 유효하지만, 그 이상 성장하려면 시스템 경영으로 바꾸어야 한다. 30대 기업에 든 회사들이 괜히 시스템 경영을 하고 있는 것이 아니다.

그런데 시스템 경영에 대한 CEO들의 흔한 착각 중 하나가, 회사에 시스템을 일단 만들어 놓기만 하면 된다고 생각하는 것이다. 게다가 이런 사람들 중에는 CEO인 자신은 시스템에 묶일 필요가 없다고 생각하는 사람들도 적지 않다. 그 결과, 자기가 정리하지 않은 전깃줄에 자기가 걸려 넘어지는 꼴이 벌어진다. 말하자면 CEO가 나서서 시스템을 망가뜨리는 경우다.

예컨대 회사 초창기의 어려운 시절에 지위고하를 막론하고 전부 새벽 6시에 출근하는 시스템을 만들었다고 해보자. 그러다 회사가 어느 정도 성장하면 대표는 조금 여유 있게 아침 골프를 치고, 리무진 타고 느긋하게 출근하는 경우가 있다. 시스템에서 자신만 예외로 만드는 것이다. 그런데 이런 예외가 발생하는 순간 시스템은 곧장 붕괴되기 시작한다.

예전부터 잘 알고 지내던 모 게임회사가 있었다. 속된 말로 엄청나게 잘 나가던 회사였다. 물론 이 이야기를 전하는 지금은 반대로 매우 어려운 상황에 처한 회사가 되었다. 옆에서 관찰한 결과, 창업 공신들 때문에 회사가 망하게 된 경우였다. 회사가 성공을 하고 난 후 창업 공신들을 내보내지 못해서 망할 뻔했다. 그나마 늦게라도 오너가 큰 충격을 받았는지 문제가 된 창업 공신들에게 각각 큰 보상을 해주고 모두 내보냈다. 이러한 결단으로 회사 전반적으로는 상황이 조금 나아져서 다시 굴러갈 수 있는 여건이 겨우 조성되었다. 그런데 문제는 그 이후에 다시 생겼다. 내보냈던 창업 공신들이 모두 망한 것이다. 갑자기 생긴 큰 돈, 사라진 고정 출근처, 한 번 성공한 것이 마치 자신의 능력 덕분이라는 착각 등이 복합적으로 작용하여 이것저것 손을 댔다가 모두 말아먹은 것이다. 이렇게 자기가 직접 일을 벌였으면 흥하든 망하든 그것으로 정리를 했어야 한다. 그런데 그 공신들이 언젠가부터 하나둘씩 다시 회사로 모여들었고, 이들의 재입사로 회사가 또 이상해져버린 것이다. 시스템은 그나마 생기려던 것이 완전히 붕괴됐고, 회사도 무너져 내렸다. 어떤 경우든 나쁜 선례를 남기는 순간 시스템은 무너지는 것이다.

우스운 이야기지만 성공한 기업인들이 책을 쓰기 시작하면 회사가 망한다는 속설이 있다. 스타 CEO가 성공에 대해 강연을 하고, 책을 쓰고, 방송에 나가 웃는 동안 회사는 엉망이 되고 결국 망한다는 것이다. 그가 자리를 비우면 회사가 마비되기 때문에 그렇다. 그 사람의 본질은 강의나 집필, 방송이 아니라 회사 운영이다. 또한 그 강의라는 것도 현재를 강의하는 것이 아니고 과거를 강의하는 것이다. 점점 타성에 젖고, 과거의 향수에 젖어서 감상적으로 즐기는 동안 회사는 벼랑으로 떨어지는 중인 셈이다. 방송을 듣는 직원들도 의아하기는 마찬가지다. 옛날에는 새벽 4시부터 12시까지 일을 했다고 떠들고 다니는데 직원들이 보기에는 지금 사장님은 회사에 출근도 안 하기 때문이다. 이런 회사가 제대로 돌아갈 리 없다.

옛날에 훌륭한 말[馬]을 잘 선별하는 말 장사꾼이 있었다고 한다. 그런데 그는 친한 사람에게는 평범하지만 좋은 말을 고르는 비법을 알려주고, 싫은 사람한테는 천리마를 가려내는 방법을 알려주었다고 한다. 이를 이상하게 여긴 친구가 물으니 대답하기를, "천리마는 평생에 한 필을 찾을까 말까 하는 것이고, 평범하지만 좋은 말은 잘 관찰해보면 주위에 많기 때문"이라고 했다는 것이다.

이것은 아마도 나폴레옹의 천리마와 칭기즈칸의 조랑말 같은 것인지도 모르겠다. 나폴레옹의 천리마는 프랑스뿐만 아니라 유럽을 통틀어서 100년에 한 번 나올까 말까 한 말이었다고 한다. 비유하자면 총알처럼 빠르다는 것이다. 그런데 문제는 지속성과 성장성이다. 이 말을 타고 한 시간, 반나절은 전력질주로 달릴 수 있는데 문제는 일주일, 한 달, 1년은 어떨까 하는 것이다. 필히 병들어 죽는다. 그런데 더 큰 문제는 대체할 말이 없다는 것이다. 반면 칭기즈칸의 말은 하루만 굶어도 쓰러졌고 하루만 달려도 골골댔다. 하지만 주변에 널린 게 말이었다. 관리하고 육성하고 체계적으로 훈련하면 1년 내내 운용할 수 있었던 것이다.

중소기업들도 "쓸 만한 사람이 없다."거나 "쓸 만하면 떠난다."고 말하기 이전에 사람들을 어떻게 붙잡아둘 것인가 고민해야 하고, 붙잡기 위해서 어떤 조직과 시스템을 가동해야 할지 고민해야 한다. 설사 그 사람이 대단한 위치를 점하게 되더라도 언제라도 떠나보낼 수 있어야 하고, 그가 떠나도 회사가 굴러갈 수 있도록 시스템 경영 방식을 구축하는 것이 더 중요하다. 우수한 인재가 떠나서 회사가 어려워진다면 그 회사는 다른 이유로도 쉽게 망할 회사다.

자수성가한 회사의 CEO가 계속해서 하나부터 열까지 일을 놓지 않고 모두 챙기거나, 호통을 쳐가면서 일을 추진할 때 생기는 문제도 만만치 않다. 독불장군의 문제는 '제 잘난 멋'이다. 자기 회사 안에서 사장인 자기보다 기계를, 재무를, 단가를, 재료비를, 협력업체를 더 잘 알고 고민하는 사람은 없을 것이라는 생각이 어려움을 스스로 만들어내게 된다. 그래서 유능한 인재를 뽑아서 충분한 보수를 지급하고 일을 시키기보다는, 충직하고 동고동락한 창업 공신이나 군말 없이 따르는 심복들만 챙긴다. 이런 기업의 성장에는 필연코 한계가 있을 수밖에 없다. 시스템을 갖추지 않고 급성장한 회사는 반드시 빠른 시간 내에 시스템을 갖추어야 하며, 그동안의 혼란을 최소화하는 데 주력해야 한다.

삼성이 낳은 시스템 경영의 산물 중에 삼성을 떠난 임직원들이 가장 그리워하는 것은 무엇일까? 외부에서 흔히 생각하기 쉬운 성과급이 아니라 아마도 회사의 인트라넷일 것이다. 이는 시스템 경영의 하부 개념에 IT 기술의 발달이 맞물린 '네트워크 경영'의 산물이라고 할 수 있다. 삼성의 인트라넷은 전 사원이 참여하는 쌍방향 다자 간 의사 교환 방식을 취하고 있다.

언젠가 이건희 회장이 "손가락으로 달을 가리켰는데 달은 쳐다보지 않고 손가락만 쳐다본다."는 화두를 던진 적이 있다. 제대로 작동하지 않는 사내 커뮤니케이션에 대해 지적하는 자리에서였다. 이에 회사는 회장의 지시와 생각이 12시간 이내에 과장급까지 전달되고, 현장의 목소리가 24시간 이내에 역으로 회장까지 전달되도록 내부 소통 시스템을 구축하기 시작했다. 그 첫 과정으로 1999년부터 정보화 비전을 수립하여 구축한 것이 전사적 자원관리(ERP) 시스템인 'S인트라넷(마이 싱글)'이다. 삼성은 곧이어 2단계 정보화 사업을 추진했고, 2003년 한 단계 업그레이드된 S인트라넷이 구축되었다. 이를 통해 전 세계에 흩어져 있는 40만 삼성인들은 실시간으로 업무에 반영할 내용을 챙길 수 있게 되었고, 이후 다시 '모바일 S인트라넷'이 구축되었다. 이로써 이메일, 결재, 일정 및 거래선 관리, 업무 관리 등을 빠르고 직관적이며 통합적으로 이용할 수 있게 되었고, 사무 생산성이 크게 향상되었다. 결국 시스템의 최고 수혜자는 이용자 본인들인 것이다.

한강변에서는 해마다 여름밤이 되면 불꽃놀이를 한다. 캄캄한 밤하늘에 치솟아 올라 요란한 소리와 함께 활짝 피어나는 형형색색의 불꽃을 보면 절로 입이 벌어진다. 하지만 이는 1년의 시간 중 단 30분에 불과한 아름다움이다. 매일을 그렇게 살 수는 없다. 지속 경영, 시스템 경영은 기업에 있어서는 엄숙하고도 소중한 매일매일의 삶 그 자체다.

어떤 날은 어려운 날도 있고, 또 어떤 날은 오늘만 같길 바라는 날도 있다. 이 모든 것은 항상 원칙과 일관된 방향을 가진 시스템을 바탕에 깔지 않고는 일어나지 않는다.

최근 삼성이 어렵다는 기사가 나오곤 하지만 나는 그래도 삼성은 오래 갈 것이라고 생각한다. 지속할 것이며, 성장할 것이라고 믿는다. 어떤 날은 여론상 약간 불리하기도 하고 욕을 먹거나 오해도 받지만, 일일이 대응할 수도 없는 문제다. 홍보 담당자가 문제를 설명하다가 욕을 더 먹곤 하는 등의 일들이 설령 반복되더라도 삼성은 굉장히 지속적으로 오래 갈 것이라는 믿음이 있다. 맹목적 충성심이 아니다. 어쩌면 대단히 아프게 들릴 수도 있지만, 삼성이 망할 기미가 보이기 전에 가해지는 국민들의 많은 관심과 걱정이 채찍으로 모아져, 무엇보다도 빨리 삼성의 귀에 들어가기 때문이다. 냉정하게 말해서, 현대의 경쟁 사회란 내 앞에서 칭찬을 하는 그 사람이 사실은 가슴에 칼을 품고 있다가 언제라도 비틀거리는 나를 찌를 수 있다는 의미이기도 하다. 이를 뒤집어 생각하면 나에 대한 욕을 코앞에서 듣는 것은 삼성에게는 엄청난 복이다. 전화위복(轉禍爲福)의 기회를 만들어주기 때문이다. 그래서 나는 삼성에 있을 때 실제로 동료들에게 삼성을 욕하는 사람들에게는 상을 줘야 한다고 말하곤 했다. 삼성의 시스템에는, 욕을 먹으면 그 욕을 분석해 긍정적인 에너지로 바꾸는 힘이 있기 때문이다.

그래서 정말 삼성이 망하는 순간이 온다면, 그것은 욕을 먹을 때가 아니라 자화자찬, 넋 놓고 잔치를 벌일 때일 것이다. 자화자찬 하는 순간 반드시 시스템은 제 기능을 못할 것이고 시스템이 망가지면 리셋도 끝날 것이기에 그렇다.

Chapter 2
인생을 도약시키는 리셋 법칙

리셋은 '생존'이다

우리가 사는 지금의 이 시대를 흔히 적자생존(適者生存, survival of the fittest)의 시대라고 한다. 적자생존은 환경에 잘 적응한 생물체가 살아남는다는 뜻이며, 진화론을 간단히 함축하고 있는 말이기도 하다. 그런데 21세기를 관통하는 사이 어느새 개인이든 기업이든 적응만으로는 살아남을 수 없는 상황이 되었다. 환경에 대한 적응은 물론, 적극적으로 혁신하여 과거의 구태의연한 상태에서 빨리 벗어나야만 살아남을 수 있는 시대, 말하자면 혁자생존(革者生存)의 시대로 빠르게 전환되고 있는 것이다.

공룡은 쥐라기를 거쳐 백악기까지 번성했던 지구의 지배자였다. 하지만 결국 멸종이라는 비운을 맞았다. 반대로 덩치에 있어서 비교의 대상도 되지 못했던 작은 개미는 2억 년을 버티며 지금도 살아가고 있다. 그 이유는 무엇일까? 찰스 다윈은《종의 기원》에서 '지구상에서 살아남은 동식물의 특징은 덩치가 크고 힘이 센 종(種)이 아니라 변화하는 환경에 잘 적응하는 종'이라고 밝힌 바 있다. 공룡의 멸종에 대한 여러 학설 중 '환경 변화 부적응'이 들어 있는 것도 이런 이론을 뒷받침하고 있다.

　뉴질랜드에 가면 유일하게 그곳에서만 사는 키위새가 있다. 정부가 국조(國鳥)로 정하여 천연기념물로 보호하고 있지만 천적에 대한 아무런 방비를 할 수 없는 상태라 자꾸만 개체수가 줄어가고 있어서 결국 50년 안에 멸종할 것이라고 한다. 키위새는 이처럼 환경 변화에 적응하지 못한 대표적인 새로 알려져 있다. 긴 주둥이와 애호박처럼 생긴 몸통밖에 없어 보이는 이 새가 사실은 독수리처럼 하늘을 날던 새였다면 믿을 수 있을까. 그렇게 창공을 마음껏 날던 새가 주민들이 주는 먹이에 안주하다 보니 날개가 점점 퇴화되다가 마침내 모두 사라지고, 한때는 뉴질랜드의 하늘을 뒤덮었던 종이 이제는 천적에 아무런 대응도 못하고 멸종을 기다리는 신세로 전락했다. 공룡과 키위새, 이 둘이 우리에게 주는 메시지는 간결하다. 변화에 적응하지 못하면 생존은 불가능하다는 사실이 그것이다.

　창업, 수성, 더 큰 기업으로의 도약은 모든 기업인의 바람이다. 하지만 현실은 잔인하다. 기업의 수명은 점점 짧아지고 있다. 매킨지 보고서에 의하면 기업의 평균 수명이 1935년에는 90년이었는데, 1975년에는 30년, 2005년에는 15년으로 줄어들었다고 한다. 우리나라 기업들도 예외는 아니다. 기억 저편으로 사라진 기업이 얼마나 많은지 얼핏 떠올려보기만 해도 그 사실을 잘 알 수 있다. 대단하다는 시스템을 갖춘 미국이나 일본의 기업들도 생존률이 고작 20% 내외라고 한다. 케빈 케네디(Kevin Kennedy)가 쓴《100년 기업의 조건》이란 책에서는 이러한 기업의 가장 큰 소멸 이유를 '성공에 안주하는 것'이라 했다. 또 변화하지 않고 성장을 기대하는 것을 '고장난 나침반을 들고 정글에 뛰어드는 자살 행위'라고 신랄하게 경고했다. 안락이란 말 속에는 언제나 위험이 도사리고 있다. 따뜻해지는 냄비 안의 개구리가 냄비를 벗어나서 다른 세상을 향해 생존을 꾀하지 않는 한, 예정된 결과는 안락사밖에 없다.

과거 미국의 한 유명 신문사가 거액의 상금을 걸고 낸 퀴즈 문제가 있다.

"한 열기구에 과학자 세 명이 타고 있습니다. 한 명은 환경보호 전문가입니다. 그는 많은 사람들을 환경 오염으로부터 구해낼 수 있습니다. 한 명은 핵 전문가입니다. 핵전쟁을 막거나 핵을 이용한 에너지를 만들어 수많은 생명을 구할 수 있습니다. 마지막 한 명은 기아 대책 전문가입니다. 식량 부족으로 고생하는 수천만 명의 사람들을 굶주림에서 구해낼 수 있습니다. 열기구가 지금 사막 한 가운데서 바람이 빠져 조금씩 추락하고 있습니다. 반드시 한 명을 사막에 떨어뜨려야만 이 사막에서 벗어날 수 있습니다. 여러분은 누구를 떨어뜨리겠습니까?"

대다수의 응모자들은 각자가 생각하는 방향으로 중요성을 피력하면서 떨어뜨릴 사람을 답으로 정했다. 그런데 이 퀴즈의 대상은 어린 소년이 받았다. 그리고 그 소년이 낸 정답은 바로 '가장 뚱뚱한 사람'을 떨어뜨린다는 것이었다. 포커스를 본질에 맞추면 답이 보인다. 그리고 이런 상황에서 정말 생존하겠다는 마음이 절실하면 본질에 충실해질 수밖에 없다.

삼성에게 있어 생존과 버림의 미학이 절정이었던 때는 IMF 시절이었다. 말 그대로 뼈를 깎는 구조조정이 단행되었기 때문이다. 역으로 질 경영을 향해서 반드시 가겠다는 생존의지를 가졌기에 65개에 달하던 계열사를 45개로 축소하고 총 236개 사업을 정리했다. 당시 팔 수 있는 것은 다 팔았다. 더 정확하게 말하면 당시 상황에서는 누군가 살만한 가치가 있는 것들만 팔렸다. 따라서 내가 팔고 싶은 것을 판 것이 아니라 팔기 싫은 것도 팔아야만 하는 상황이었다. 여기에 그동안 훈련을 거듭해 오던 우수한 인재들도 뼈를 깎는 구조조정과 함께 정리되었다.

삼성의 몇몇 관련 자료에 따르면 1996년 샌디에이고에 인접한 멕시코 티후아나의 전자 복합단지 현장을 방문한 이 회장이 주재한 전략회의에서 생존을 위협하는 이상 징후가 발견되었다는 기록이 있다.

그래서 이건희 회장은 지난 수 년 간의 호황에 편승하여 나타나는 투자, 경비 등 경영상의 거품이나 과잉이 없는지 분석하고 임직원의 가치관, 근로 윤리상의 문제점도 다시 철저하게 되짚어 분석하고 평가하도록 했다. 엔고와 반도체 호황이라는 두 개의 축제 분위기를 지극히 경계한 것이다. 그럼에도 불구하고 국가 부도 직면이라는 사태까지 가리라고는 누구도 예측하지 못했다.

IMF 체제에 돌입한 이후인 1997년 12월, 이건희 회장과 삼성 계열사의 사장들은 승지원에서 세계적인 투자사인 미국 골드만삭스의 존 코자인 회장 일행과 마주 앉았다. 어떤 회사를 처분할 것인가를 논의하기 위한 자리였다. 하지만 결론은 쉽지 않았다. 사장들 입장에서는 저마다의 회사들이 다 자기 자식 같고, 팔은 안으로 굽는다고 누구도 선뜻 자기가 맡은 회사부터 팔자고 나설 수가 없었던 것이다. 결국 팔고 싶은 회사가 아니라 시장이 원하는 회사, 팔릴 수 있는 회사부터 팔자는 결론이 내려졌다. 이건희 회장은 존 코자인 회장 일행에게 이렇게 선언했다.

"삼성전자와 핵심 전자 계열사, 삼성생명을 제외하고 그 외의 회사들은 처분해도 좋습니다. 우리 회사를 분석하고 값을 매겨 원매자를 찾아서 처분까지 해주시오. 모든 것을 위임합니다."

어떻게 해서든 반드시 구조조정을 성공시키겠다는 강력한 메시지가 담긴 선언이었다. 살기 위해서 버리는, '버림의 경영'이 출발하는 순간이기도 했다. 이를 통해 삼성은 가장 먼저 고통의 시간을 정면으로 맞았고, 또 가장 먼저 빠져나올 수 있었다.

최근 몇 년 사이 '정리의 기술'로 대변되는 책들이 국내외에서 많이 출간되고 있다. 그런데 이런 책들이 말하는 정리의 기술은 사실 생존과 직결되는 것은 아니다. 그래서 1시간 뒤에 당장 이곳을 떠나야 한다고 가정하고, 그럴 때 가지고 갈 물건을 챙기라거나, 휴대할 수 있는 가방이 20kg짜리 하나라는 조건 아래 정말 필요한 것들만 챙기라는 식의 조언이 주를 이룬다. 하지만 정리를 절박한 생존의 문제로 볼 수 있다면 이런 식의 막연한 해결법보다 더 구체적으로 정리의 기술을 배울 수 있을 것이다. 생존의 문제만큼 절실한 상황은 없다.

모험 영화의 등장인물들 가운데 동굴에서 빠져나오지 못하고 죽는 사람들에게는 공통점이 하나 있다. 바로 동굴 벽면에 박힌 보석을 하나라도 더 챙기려다가 시간을 지체하여 결국 무너지는 동굴 속에서 죽는다는 것이다. 보석 하나의 값어치는 대단하지만, 자신의 생존보다 대단한 것은 아니다. 무엇이 선이고 무엇이 후인지를 모르면 항상 죽을 자리로만 향하는 사람이 된다.

직장인 시절, 삼성이 결연을 맺은 농촌에 1사(社)1촌(村) 활동을 다니곤 했다. 임원이 된 지 한참 후, 하루는 사과 농장을 크게 하는 곳으로 가게 되었다. 그날 우리가 할 일은 뙤약볕에서 열매를 솎아주고 사과나무의 가지를 치는 것이었다. 나는 촌놈이라서 시골의 과일나무들에 대해서는 대충 알고 있다고 생각했는데 그날은 열매를 솎아내다가 그만 실수를 하고 말았다.

사과나무에서 어린 열매를 솎아내는 것은 처음 열린 열매들이 모두 커다란 사과가 되는 것은 아니기 때문이다. 제대로 자랄 수 없는 열매들까지 그대로 놔두면 사과나무 하나의 모든 열매들이 영양분을 고루 나누느라 어떤 것도 제대로 크지 못하게 된다. 이런 대강의 사정을 알고 있었기에 나는 아직 작은 열매지만 그래도 어딘가 싹수가 노란 놈, 말하자면 비실비실해 보이는 놈들을 골라 과감하게 솎아냈다. 그런데 그런 나를 무심히 지켜보고 있던 농장의 주인이 웃으며 이렇게 말하는 것이었다.

"전무님, 비실비실하게 보인다고 그 놈들을 솎아내면 안 됩니다."

나는 조금 놀랐다. 그럼 그나마 상대적으로 크고 튼실해 보이는 놈들을 따내란 말인가? 이해할 수가 없어서 요령을 물었더니 그 농장 주인은 이렇게 대답했다.

"지금 눈에 보이는 작은 것을 따지 말고, 위치를 보고 따야 합니다. 나중에 이 놈들이 다 컸을 때를 예상해서, 서로 적당한 간격을 유지하도록 해야 합니다."

그의 말을 들으면서 나는 '자연에, 기업의 생존과 운영에 필요한 모든 이치가 다 들어 있구나.' 하는 거창한 생각까지 했었다. 그러면서 내가 지금 나중에 크게 될 사업이나 인재를 잘라내고 있는 것은 아닌지, 반대로 지금 당장 정리할 사업이나 문제적인 직원들을 방치하고 있는 것은 아닌지 돌아보게 되었다.

요즘 대학생들이나 기업의 신입사원, 아니 청춘 자체를 보면, 좀 미안한 말이지만 예전보다 외형은 그럴싸해 보이는데 생존능력, 스스로 미래를 만들어내는 자가 리셋의 능력은 떨어져 보인다. 언젠가 본 일본 만화 중에 〈리셋〉이라는 것이 있었는데, 현재의 암울한 상황에서 벗어나고자 일종의 리셋을 위해 스스로 목숨을 버리는 사람들의 이야기를 다룬 것이었다. 이런 류의 만화책들이 다수 출판되면서 일본에서는 실제로 청년층의 자살률이 증가했다는 보도도 있었다. 우리나라 이야기는 아니지만 참 씁쓸한 얘기다.

만화책 때문은 아니지만 우리나라에도 시험에 불합격하거나, 애인에게 버림을 받거나 하면 옥상으로 가서 죽는 청년들이 더러 있다. 그런데 이는 생존을 위한 리셋이 아니라 그냥 시스템 다운이다. 리셋은 껐다가 다시 켤 수 있어야 한다. 컴퓨터를 다시 켰는데 부팅이 안 된다면 그것은 리셋이 아니다. 그것은 세상과의 이별이고, 생존이 아닌 죽음을 택한 것이다. 리셋은 새로운 시작을 위한 스위치다. 이 스위치의 용도는 꺼버리는 것이 아니라 다시 켜는 것이다. 생존을 위한 리셋 버튼이 죽음으로 이어진다면 너무 허무한 일이다.

영화 〈매트릭스〉를 보고 실제로 창문에서 뛰어내린 젊은이들도 있다고 한다. 영화에서처럼 새로운 세상에서 다시 눈 뜨기를 기대하면서 말이다. 이 역시 어리석은 일이다. 왜 스스로 세상과 주변 환경을 바꿀 생각을 하지 않고, 세상이 바뀐 상태에서 다시 태어나기를 꿈꾸는지 이해가 되지 않는다. 윤회가 과학적 사실로 밝혀지고 타임머신이 등장한다고 하더라도 새로워진 세상에서 다시 태어나는 일은 불가능하다. 그것은 영화적 상상력에 지나지 않는 것이며, 현실과 상상을 구분하지 못하는 바보들이나 꾸는 꿈일 뿐이다.

세상과 주변 환경을 바꿔보라고 말하면 많은 젊은이들이 그게 그리 쉬운 일이 아니라고 답한다. 이는 영화에서처럼 우리를 둘러싼 환경이 일거에 바뀌기를 기대하기 때문에 나오는 대답이다. 실제로 이렇게 환경을 획기적으로 바꾸는 일은 현실적이지 않다. 그러나 환경 가운데 일부는 얼마든지 바꿀 수 있다. 예컨대 어떤 일을 처리하는 순서만 조금 바꾸어도 그 일을 위한 환경 자체가 이전과는 판이하게 달라질 수 있다. 대학 시절 농촌 봉사 활동을 다니면서 겪었던 사례를 통해 주변 환경을 어떻게 개선할 수 있는지 살펴보자.

내가 대학생이던 시절, 그러니까 1970년대 말의 우리 농촌은 생활환경 면에서 지금과는 비교하기 어려울 정도로 열악했다. 이런 시골에 대학생들이 봉사 활동을 가서 가장 먼저 겪게 되는 불편은 무엇보다도 화장실과 세면장이었다. 아침마다 20여 명의 학생들이 일제히 기상하여 화장실 앞에 길게 줄을 서는 것으로 일과를 시작하곤 했다. 화장실 다음은 세면장으로, 역시 수십 명의 학생들이 저마다 입에 칫솔을 물고 다시 길게 줄을 서야 했다.

나 역시 처음에는 다른 학생들과 마찬가지로 줄을 서서 화장실에 가고 차례를 기다려 세면을 했다. 그러다가 어느 날 '꼭 이럴 필요가 있을까?' 하는 의심을 하게 되었고, 내 나름의 줄 설 필요가 없는 환경을 만들어냈다. 첫 번째 방법은 좁은 세면장이 아니라 집 앞의 개울을 이용하는 것이었다. 당시는 수질 오염이 지금처럼 심각한 시절이 아니어서 개울물로도 얼마든지 발 닦고 세수 하고 머리를 감을 수 있었다. 양치질만 세면장에서 해결하면 나머지는 모두 개울을 이용하여 해결할 수 있었다.

이렇게 개울을 이용하기 위해서는 아침 준비의 순서를 조금 바꾸기만 하면 충분했다. 이 닦고 머리 감고 세수하는 순서를 조금 바꾸어서 양치질을 마지막에 하면 되는 것이다. 개울에 가서 편안하게 세수하고 머리를 감은 뒤, 사람들이 모두 돌아간 세면장에 가서 마지막으로 양치질만 하면 되었던 것이다. 줄을 서거나 차례를 기다릴 필요가 없었다. 이로써 나는 전날의 노동으로 녹초가 된 몸을 새벽부터 깨울 필요가 없어졌고, 남들보다 늦게 일어나고도 남들과 똑같은 시간에 아침 준비를 마칠 수 있었다. 이렇게 시간과 방향을 바꾸면 환경이 달라지고, 환경이 달라지면 일의 결과도 달라진다.

그런데 환경을 바꾸기 위해서는 우선 환경을 바꾸어야겠다는 생각부터 해야 한다. 일의 순서와 방향을 어떻게 바꿀 수 있을지 고민을 해야 하는 것이다. 하지만 대부분의 우리들은 주어진 환경에서 주어진 순서에 따라 일을 하고 공부를 할 뿐 새로운 길을 찾아나서는 데에는 서툴다.

직장에서 퇴직하고 대학교 선생으로 생활하게 되면서 나는 이전에 비해 훨씬 많은 청년들을 만나게 되었다. 다들 개성적이고 똑똑하고 창의적인 청년들이다. 그런데 이들이 쌓고 있는 이른바 '스펙'은 천편일률적이어서 놀라게 된다. 모두가 저마다의 개성과 재능을 살리는 것이 아니라 이미 결정된 특정 분야의 스펙만 쌓고 있다. 대표적인 것이 토익이다. 영어가 지구촌의 공용어가 된 것은 이미 오래인지라 젊은이들이 영어를 공부하는 것은 어쩌면 선택이 아닌 필수라고 할 수 있다. 문제는 모든 학생들이 990점을 목표로 한다는 것이다. 그런데 토익 공부를 해본 사람들은 다 알겠지만 이게 결코 쉬운 목표가 아니다. 900점 언저리까지는 누구나 노력하면 쉽게 도달할 수 있다. 하지만 여기서부터는 10점 올리기가 결코 만만치 않다. 그래서 대학생이든 대기업 신입사원이든 다들 눈에 불을 켜고 밤을 새워가며 토익 공부에 매달린다.

하지만 이런 방식으로는 무한경쟁에서 살아남기 어렵다. 다행히 영어에 재능이 있어 쉽게 토익 990점을 맞고 실무 영어에도 능통하면 좋겠지만, 모두가 경쟁하는 이 레드오션에서 살아남기란 여간 어려운 일이 아니다.

내가 대학생이라면, 혹은 삼성 같은 대기업의 신입사원이라면 토익 점수에 목을 매지 않겠다. 토익은 900점 언저리까지만 공부하고, 나머지 90점을 채우기 위해 기울이는 노력으로 차라리 다른 언어를 공부하겠다. 예를 들어 아프리카 케냐어(스와힐리어)를 공부하는 것이다. 토익의 마지막 90점을 따기 위해 기울이는 노력을 여기에 기울인다면 이 새로운 외국어에서도 중급 정도의 실력은 얼마든지 쌓을 수 있다.

나중에 취업을 하여 해외 출장이나 연수를 간다고 해보자. 모든 사람들이 미국이나 유럽, 혹은 일본이나 중국 등 몇몇 지역을 선호하여 이들 지역에만 지원자가 몰린다. 속된 말로 경쟁이 치열하여 '박'이 터진다. 이보다 치열한 레드오션이 없다. 그런데 스와힐리어를 할 줄 안다면 남들이 지원하지 않거나, 혹은 지원하지 못하는 지역을 선택할 수 있고, 자신이 원하는 나라로 가게 될 확률은 그만큼 높아진다.

아프리카나 남미, 혹은 일반적으로 선호하지 않는 나라에서 사용하는 언어를 익히고, 그 지역에 나가서 일을 하는 것이 나중에 무슨 보탬이 되겠느냐고 반문할 사람들도 있을 것이다. 하지만 이들 비인기 지역이라고 언제까지나 중요하지 않고 인기가 떨어지는 것은 아니다. 머지 않아 가장 중요한 시장이 될 수도 있고, 당신이 일하는 회사의 운명이 이들 지역에서 결정될 수도 있다. 지금 현재가 아니라 미래를 내다볼 수 있어야 진정한 투자가 가능해진다. 더 늦기 전에 미래의 생존을 위해 지금 하고 있는 공부의 방향과 순서, 중요도를 점검해보라. 리셋의 길이 보일 것이다.

매일 아침 초원에서는
가젤이 잠에서 깨어난다.
가젤은 가장 빠른 사자보다도
더 빨리 달려야 한다.

그렇지 않으면
잡아먹힌다는 것을 알고 있다.

매일 아침 초원에서는
사자가 잠에서 깨어난다.
사자는 자기보다 빠른 가젤보다
더 빨리 달려야 한다.
그렇지 않으면
굶어 죽는다는 것을 알고 있다.

당신이
사자인지 가젤인지는 중요하지 않다.
다만
태양이 떠오르면
달려야 할 것이다.

이 글은 아프리카 속담으로, 보스턴컨설팅의 보고서를 통해 널리 알려지면서 많은 책에서 인용하고 있다. 사실 우리는 경쟁을 본능적으로 즐긴다. 그러면서 언젠가부터 '생태계'라는 말이 유행처럼 번졌다. 그런데 사실 경쟁이나 생존이나 생태계의 오리지널은 세렝게티 같은 초원이다. 지금도 삶과 죽음이 무한 반복되는 곳이 여기다. 사람들은 또 〈슈퍼스타 K〉 같은 대결 프로그램도 좋아한다. 경쟁하고 이기고 1등 하는 시스템을 즐기는 것이다. 그런데 진짜 살고 죽는 문제와 직결되어야 경쟁이고 생태계다. 사자는 가젤 사냥에 실패해도 당장 굶어 죽지는 않는다. 그러나 가젤은 단 한 번의 실수가 죽음으로 연결된다.

살면 그날의 강자고, 죽으면 약자다. 가젤이 사자보다 더 열심히 뛰어야 하는 이유이기도 하다. 야생을 다루는 다큐멘터리에서는 늘 사자가 사냥한 동물의 고기를 먹는 장면만 나와서 잘 모르겠지만, 실제 사자의 사냥 성공률은 20%에 지나지 않는다. 다섯 번에 겨우 한 번 성공인 셈이다. 제일 만만한 상대라고 할 수 있는 가젤은 시속 80km의 속도로 달아난다. 거기다 사자는 몸의 구조상 500m 이상 전력 질주를 하면 체온이 심하게 올라 죽을 수도 있다. 그러니 승부는 반드시 그 안에 내야 한다. 협공을 하건, 기습을 하건, 살아남으려면 사냥감을 잡아야 한다. 도망가는 놈이나 잡으려는 놈이나 모두 전력 질주를 한다.

사자와 가젤 모두 전력 질주를 하지만 그래도 더 다급한 쪽은 가젤이다. 한 번의 실패는 곧 죽음이기 때문이다. 그렇다면 사자에게 잡히는 20%는 왜 생겨날까? 가젤의 실수나 잘못이 아니라 그 상황의 사자가 그만큼 가젤보다 더 절박하기 때문이다. 목구멍이 포도청이라고, 더 굶으면 진짜 죽는다는 위기감이 사자의 온몸을 지배하면 목숨을 걸고 뛸 수밖에 없게 되는 것이다. 리셋은 결국 생존하자고 하는 것이다.

리셋은 '습관'이다

수적천석(水滴穿石). 물방울이라도 끊임없이 떨어지면 결국 돌에 구멍을 뚫는다고 한다. 실제로 깊은 산속이나 계곡 옆에 약수물이 떨어져 돌이 움푹 팬 것을 보면 규칙적으로 떨어지는 물방울의 힘이 얼마나 대단한지 쉽게 알 수 있다.

옛날 한 고을의 현령이 관아를 돌아보다가 창고에서 황급히 튀어나오는 아전 하나를 발견했다. 잡아서 조사해보니 상투 속에서 엽전 한 닢이 나왔다. 추궁하자 창고에서 훔친 것이라고 실토했다. 즉시 형리(刑吏)에게 명하여 곤장 열 대를 치도록 했다. 그러자 그 아전은 현령을 보면서 이렇게 하소연했다.

"너무합니다, 사또. 고작 엽전 한 푼 훔친 게 뭐 그리 큰 죄라고 그러십니까?"

이 말을 듣고 현령은 이렇게 말했다고 한다.

"티끌 모아 태산이라고 했다. 하루 한 닢씩 천 일이면 천 개의 엽전이 된다. 아름드리 나무를 자르는 것도 한 번의 톱질에서 출발하고, 쇠보다 단단한 돌에 구멍을 뚫는 것도 한 방울의 물에서 출발한다.”

아전은 아무런 대꾸를 하지 못했다. 낙숫물이 댓돌을 뚫고, 바늘 도둑이 소도둑 되는 법이다.

‘습관’이라는 단어의 ‘습(習)’ 자는 어린 새가 날갯짓을 연습하듯 매일 반복하는 모양새를 본뜬 것이다. 그러니 습관은 자기 몸에 배어 자동적으로 하게되는 행동이다. 좋은 습관은 그래서 사람을 더 큰 길로 나가도록 하고, 나쁜습관은 길로 접어들지도 못하고 삶을 마감하게 만든다. 습관은 제2의 천성이라고도 한다. 긍정적인 습관이면 더 이상 좋을 것이 없겠으나, 부정적인 습관은 천성처럼 죽어도 고치기 어렵다는 뜻이다.

대부분의 사람들은 어떤 일이 잘되면 그 원인을 모두 자신의 노력으로 돌린다. 반면 잘못됐을 때 그 원인을 자신에게 두는 경우는 드물다. 모든 것은세상 탓, 하늘의 탓이라고만 한다. 대부분의 사람들이 불행해지는 것은 좋은습관보다는 나쁜 습관에 젖어서 빠져 나오지 못하기 때문이다.

대표적인 나쁜 습관으로 현재의 자기 삶에 안주하는 것이 있다. 분명 현재자기 자신의 삶이 불만족스럽다고 여실히 느끼면서도 모험에 대한 부담감, 실패에 대한 두려움으로 결코 그것을 바꾸려고 하지 않고 제자리에 눌러앉아서패배를 맞이한다. 그 자리가 편하거나 포근하지 않아도 그렇게 행동한다. 도전한다는 것에 지나치게 얽매일 필요는 없지만, 썩은 물이 그 이전에 고였던물이라는 사실을 생각하면 적당한 목표를 정하고 앞을 보며 조금씩 달려갈필요가 있다는 것을 알 수 있다. 움직이는 삶에만 에너지가 생겨난다는 것을명심하자.

내가 생각하는 두 번째 나쁜 습관은 남과 자신을 비교하는 습관이다. 지금은 무한 경쟁 시대라 타인은 곧 경쟁 상대가 되는 것이 맞다. 그런데 모든 사람들이 같은 목표를 향해 돌진하거나 하지는 않는다. 1등이 생기면 필연적으로 꼴찌도 나온다. 하지만 그 결과의 꼴찌가 모든 결과의 꼴찌는 아니다. 남과 비교해 더 우월함을 느낄 필요도, 지나친 박탈감을 느낄 필요도 없다. 그래서 얻어지는 것이 없기 때문이다. 감정 소비에 지나지 않는다. 울분을 토할 시간에 '잘 살아가는 것, 보란 듯이 잘 사는 것이 최고의 복수'라는 말처럼 이겨내고 돌파할 필요가 있다. 남의 것을 지나치게 부러워하지 말자. 모든 세상사는 멀리서 보면 희극이고 가까이서 보면 비극이라는 말처럼 내가 부러워하는 사람도 나를 부러워할 면이 있다. 꽃 피고 향내 날 것 같은 남의 집 장판도 들추어내면 곰팡내가 난다는 말이다.

그럴 시간에 좋은 습관을 하나라도 더 가지려고 노력하자. 행동의 씨앗을 뿌리면 습관의 열매가 열리고, 습관의 씨앗을 뿌리면 성격의 열매가 열리며, 성격의 씨앗을 뿌리면 운명의 열매가 열린다고 했다.

"우리가 반복적으로 하는 행동이 바로 우리가 누구인지 말해준다. 그러므로 중요한 것은 행위가 아니라 습관이다."

고대 철학자 아리스토텔레스의 이 말처럼, 지금 우리에게 필요한 것은 좋은 습관이다. 좋은 습관으로 리셋하자.

사람들은 흔히 사소한 것은 무시하는 경향이 있다. 그래서 습관은 가장 강력한 도구이지만 항상 천덕꾸러기 신세다. 하지만 가랑비에 옷 젖는 줄 모른다는 말이 있듯 어느새 옷을 다 적실 정도의 위력을 발휘하는 것이 습관이다. 티끌 모아 태산을 만드는 능력도 습관에서 나온다. 분명한 사실은 그런 작고 사소한 시작이 자신을 발전시키는 성공의 첫 단추가 된다는 점이다. 습관은 인생의 영원한 동반자이고 나를 성공으로 이끄는 가장 훌륭한 조력자이며, 동시에 실패로 이끄는 짐이 되기도 한다. 내 행동의 대부분은 내가 몰라서 그럴 뿐이지 습관에 의해서 결정된다.

내가 삼성의 신입사원이었을 때 이야기다. 휴가 때 시골에 가면 어른들이 꼭 하는 질문이, '삼성은 입사시험을 볼 때 점쟁이랑 관상쟁이를 쓴다던데 사실이냐?'는 것이었다. 내가 알기로는 그런 일은 없다. 면접은 우리 선배들과 내 위의 상사들이 본 것이다. 그런데 나중에 내가 임원인 상무나 전무가 되어서 면접을 해보니, 내가 다른 의미의 관상쟁이라는 것을 알게 되었다. 관상학이라는 것이 있지만 그 이전에 통계학적으로 맞는 말들이 있다. 면접에서 실제 말을 시켜보면 눈빛이나 태도, 표정에서 알게 모르게 그 사람의 실체가 드러나기 때문이다. 예상치 못한 말을 시켜서 당황하게 만들었을 때 그 사람의 눈 밑에 미세하게 떨리는 근육까지도 보인다면 믿을 수 있겠는가. 실제 면접관은 그런 것도 본다.

신입사원 면접 때 면접관들은 대단히 당황스러운 질문이나 느닷없이 이상한 질문을 해보곤 한다. 이때 본질은 질문에 있는 것이 아니라 그 다음에 있다. 당황한 그 친구가 퇴장할 때 의자를 바르게 하고 나가는지, 인사를 하고 나가는지, 문을 제대로 닫고 나가는지를 보고 이것만 채점하는 사람도 있다. 식은땀을 흘리게 하고, 머릿속을 하얗게 만들어 버리면 자신이 아무리 '나갈 때 인사도 하고 의자도 차분히 넣어야지.' 하고 백 번을 다짐하고 왔어도 그것을 그만 까맣게 잊어버리고 말기 때문이다. 몸이 그런 것을 하지 않기 때문이고, 몸이 원래 자신이 하던 행동을 그대로 보여주기 때문이다. 본래의 습관이

나오는 것이다.

일명 '스튜어드 면접법'이라고 하는 면접법이 있다. 실제로 모 기업의 회장님이 임원을 영입하려고 했을 때 사용했던 면접법이라고 한다. 방법은 간단하다. 우선 서류 심사나 기본 면접은 사무실에서 진행한다. 그 이후에 레스토랑에 가서 함께 식사를 하면서 바로 이 스튜어드 면접을 하게 되는데, 식사와 함께 가벼운 얘기를 나누는 게 아니라 일반적이지 않은 상황을 연출하는 게 특징이다. 사전에 레스토랑의 종업원에게 부탁하여 지원자의 광택 나는 구두를 밟게 한다거나, 테이블의 커피잔을 엎질러 옷에 커피가 튀게 하는 등 예기치 못한 상황을 일부러 만들고 이에 대한 지원자의 반응을 살피는 것이다.

이런 상황에서 면접관은 지원자에게 음식을 주문하도록 시킨다. 발이 밟히고 커피가 엎질러지는 상황에서 과연 지원자가 어떤 말씨와 태도로 음식을 주문하는지, 또 어떻게 식사를 하는지 살펴보면 사무실에서는 파악할 수 없었던 그의 진면목을 볼 수 있게 된다. 집중력이 떨어지고 당황한 상황에서 지원자의 반응은 제각각일 수밖에 없는데, 짜증을 내거나 종업원에게 화를 내는 모습 등을 통해 평소의 인격과 태도를 알 수 있는 것이다.

사실 면접실에서 1대 1 테스트를 하는 것은 머리로 하는 테스트다. 다분히 의도적이거나 가식이 있을 수밖에 없다. 그러나 레스토랑 같은 외부 공간으로 가면 집중력이 분산되기도 하고, 다른 외부인은 물론 1대 다(多)를 신경써야 하므로 몸이 먼저 반응하기 마련이다. 계산된 머리에 앞서 습관이 튀어 나온다. 이럴 때 종업원이 큰 실수를 하면 자기도 모르게 욕설이 튀어나오고 심하면 손찌검을 하려는 사람도 있을 것이다. 그러면 그 사람은 탈락이다. 원래 있던 태도(attitude)나 본성이 그런 사람이기 때문이다.

이런 사정을 알기 때문에 삼성에서는 어떤 분야의 실력이나 재능이 아무리 출중하다고 해도 습관을 더 중시하여 사람을 평가한다. 습관 외에 기본적으로 지녀야 하는 도덕성도 평가의 대상이 된다. 도박, 횡령, 여자 문제 등에서 흠결이 있다면 아무리 능력이 뛰어나도 크게 쓸 수 없다. 상급자로 갈수록 이런 잣대는 더 엄격해진다. 삼성은 시스템을 통해 이처럼 문제가 있는 임직원들을 원천적으로 차단한다.

사람이 동물과 가장 크게 다른 점 가운데 하나는 생각을 한다는 점이다. '나는 생각한다. 고로 존재한다.'는 데카르트의 명제가 이를 잘 보여준다. 이런 사실을 이미 알고 있는 우리는 흔히 생각대로 몸이 움직인다는 착각에 쉽게 빠진다. 하지만 습관의 무서움을 염두에 두고 보면, 생각에 따라 몸이 움직이는 경우보다 몸이 알아서 먼저 반응하는 경우가 더 많은 것도 사실이다.

그래서 나는 후배들에게 농담 삼아 스무 살이나 서른 살이 넘으면 우리 몸의 주인은 머리가 아니라 손발이라고 말하곤 한다. 일정한 나이가 되면 습관이 굳어져 몸이 시키는 대로 행동하게 된다는 것이다. 아무리 머리로 독려를 해도 습관은 쉽게 고쳐지지 않는다.

그렇다고 손을 놓고 있어서는 안 된다. 나쁜 습관은 지속적으로 고쳐나가고 점검해야 한다. 이처럼 나쁜 습관을 바꾸고자 할 때 필요한 것이 바로 리셋이다.

나쁜 습관을 고치기 위한 리셋에서 가장 어려운 점은 기존의 고정관념에서 탈피하는 것이다. 학생들을 가르치기 시작하면서 나는 이 점을 더욱 분명히 느끼게 되었고, 학생들을 고정관념에서 탈피시킬 수 있는 방법을 찾아 소소하지만 다양한 실험들을 계속하고 있다. 예를 들어 첫 학기 중간고사 때는 'Way of thinking(생각의 방식)'이라는 주제로 리포트를 써오게 하면서 아무런 가이드도 주지 않았다. 그러자 학생들은 난리가 났다. 폰트를 얼마 크기로 해야 되는가, 분량은 얼마 이상인가, 프로그램은 아래아한글과 MS워드 가운데 어떤 것을 써야 하는가 등등의 온갖 질문이 쏟아졌다. 이때 나는 딱 잘라서 말했다.

"알아서 하라!"

그러자 불만이 더욱 폭주했다. 학생들은 그런 훈련을 한 번도 해보지 않았던 것이다.

그런데 더욱 놀라운 사실은, 학생들이 가진 고정관념과 나쁜 습관의 실체가 나중에 리포트를 평가하는 과정에서도 고스란히 드러났다는 점이다. 나는 제출된 리포트를 평가할 때 40점은 교수인 내가 하고, 30점은 제출자인 각자가 스스로 하고, 마지막 30점은 동료가 하도록 했다. 그 결과 대부분의 학생들이 자기 자신의 리포트에는 높은 점수를 주고, 다른 사람의 리포트에는 상대적으로 낮은 점수를 매겼다. 물론 모두가 그런 것은 아니어서 몇몇은 동료 학생의 리포트에 더 많은 점수를 주기도 하였다.

문제는 그 다음에 벌어졌다. 나는 학생들에게 동료의 리포트에 해당 점수를 준 이유를 적어서 제출하도록 했다. 그랬더니 동료에게 상대적으로 낮은 점수를 매긴 학생들보다 높은 점수를 매긴 학생들의 이유와 명분이 더 뚜렷하다는 사실이 드러났다. 점수를 낮게 준 학생들의 이유는 근거가 부족하고 설득력도 없었다. 나는 최종적으로 이들이 적어서 제출한 이유와 근거에 설득력이 얼마나 있는가를 기준으로 내 몫의 점수를 매겼다. 결과적으로 동료에게 높은 점수를 준 학생들이 나로부터 더 좋은 평가를 받게 되었다.

이런 결과를 통보하자 다시 학생들 사이에서 난리가 났다. 20년을 친구들과 비교하고 경쟁하는 삶을 살았으니 이런 방식의 평가를 도무지 납득할 수 없었던 것이다. 학생들의 의견을 종합하면 대충 다음과 같은 두 가지 반응으로 요약된다.

"교수님. 교수님이 그렇게 하실 것이라면 학기 초에, 시험 전에, 채점 전에 미리 말씀을 해주셔야지, 왜 교수님 마음대로 하십니까?"

"많이 배웠습니다."

그런데 많이 배웠다는 말에도 두 종류의 함의가 있다고 여겨졌다. 이런 상황에서 교수에게 항의를 하면 불리할 것이라고 판단해서 말로만 배웠다고 하는 사람이 있고, 진짜로 무언가를 배운 사람도 있을 것이었다.

우여곡절 끝에 나는 학생들의 불만을 받아들여 이 새로운 평가 방식을 포기하기로 했다. 결국 나 혼자 학생들의 리포트를 읽고 나 혼자 점수를 매겼다. 이로써 실험 가운데 하나가 해프닝으로 끝이 났는데, 이것은 내게도 충격이고 학생들에게도 충격이었다.

내가 가장 크게 놀란 점은 조만간 사회로 진출할, 그것도 나름대로 이 사회의 리더가 될 대학생들이 자기 자신과 타인을 공정하게 평가하지 못한다는 것이었다. 자신과 타인에 대하여 공정하고 객관적인 기준을 설정하지 못한 성인은 아무리 특별한 능력을 갖추더라도 리더가 될 수 없다.

그런데 더욱 놀라운 일이 기말고사 때 일어났다. 나는 중간고사 때 폐기했던 평가 방식을 기말고사 때 다시 적용했는데, 이번에는 나름대로 공정하고 객관적인 평가를 한 학생들의 숫자가 대폭 늘어났다. 말하자면 학생들의 기본 인성 자체가 잘못된 것은 아니었다. 이들에게 부족한 것은 객관적이고 공정한 시각, 그리고 나와 타인을 공평하게 대우하는 훈련이었다. 누군가를 이겨야만 칭찬 받는 문화, 나부터 챙겨야 한다는 이기주의에 너무 많이 노출되어 학생들이 편견과 선입견을 갖게 된 것이 문제였다.

영화 〈타짜〉에는 이런 대사가 등장한다.

"잘난 놈 재끼고, 못난 놈 보내고, 안경잡이 같이 배신 때리는 놈들 다 죽이고 여기까지 왔다."

우리 사회의 한 단면이다. 오로지 경쟁에서 승리해야 하고, 그러기 위해서라면 공정한 룰 같은 건 얼마든지 무시해도 좋다는 생각이 만연한 것이다. 이런 사회에서 자란 학생들이 공정, 공평, 배려 등의 가치에 익숙할 리 없다.

앞에서도 말했지만 남과 나를 비교하는 습관은 정말 좋지 않다. 그런데 남과 나를 객관적으로 볼 수 있도록 습관을 들이는 일은 정말 중요하다. 우리는 스스로 납득할 수 없으면 편법을 쓰고, 그 편법이 편해지면 불법을 쓰게 된다. 그러다 결국 인생은 나쁜 길로 흐르고, 모래 위에 성을 쌓는 어리석음에 빠지게 된다.

나쁜 습관을 버리고 좋은 습관을 기르고 싶은가? 지금 당장 습관에 대한 리셋을 시작하라.

리셋은 '물음'이다

사물의 본질을 단박에 꿰뚫어 보고, 이를 통해 특정한 문제의 해결 방안을 상대적으로 쉽고 빠르게 찾아내는 사람들이 있다. 이런 재주는 타고나는 것일까 아니면 만들어지는 것일까? 내 생각에는 후자일 가능성이 높다.

그런데 이렇게 특별해 보이는 능력을 지닌 사람들에게는 공통점이 하나 있다. 바로 끝없이 무언가를 질문한다는 것이다. 그들은 늘 '왜 그럴까? 다른 해결책은 없나?'와 같은 질문들을 붙들고 산다. 이렇게 다양한 문제들에 대해 평소에 호기심을 갖고 질문을 하는 사람들은 언제 어떤 문제와 맞닥뜨리더라도 쉽게 해결책을 찾아낸다. 다른 사람들이 '그건 원래 그래!'라고 말할 때 이들은 정말 그런지 의심하고 또 의심한다. 누군가 '그건 어쩔 수 없지!'라고 포기할 때 이들은 '세상에 어쩔 수 없는 일은 없다.'고 생각한다. 이렇게 적극적으로 의심하고 긍정적인 마인드로 해결책을 찾는 사람들에게 문제 해결의 열쇠가 먼저 주어지는 것은 지극히 당연한 일이다.

그런데 질문은 기본적으로 호기심에서 비롯되는 것이다. 그래서 아이들은 질문이 많고 어른들은 질문이 적다. 아이들에게는 세상의 모든 것이 새롭지만, 어른들은 이미 타성에 젖어 있기 때문이다. 그렇다면 이미 어른이 된 우리는 어떻게 해야 할까? 의식적으로라도 묻는 습관을 들여야 한다. 현재와 미래에 대하여 끝없이 의심하고 질문을 반복해야 하는 것이다. 하나의 문제에 대해 한 번의 질문을 하는 것으로는 부족하다. 이미 답이 정해진 문제처럼 보이더라도 더 의심할 것이 없는지 스스로 의심하고 자꾸 되물어야 한다.

"이게 최선입니까, 확실해요?"

몇 년 전 인기리에 종영된 어느 드라마에서 기업체 사장 역할을 맡은 남자 주인공이 입버릇처럼 되풀이 하던 대사다. 이런 질문을 상사로부터 받기 전에 스스로에게 먼저 던질 수 있어야 한다. 물론 습관이 되지 않으면 어려운 일이다.

호기심이 떨어지고 질문이 적어지는 이유는 대개 타성에 젖기 때문이다. 타성에 젖으면 호기심이 줄어들고, 호기심이 줄어들면 질문이 사라지며, 질문이 사라지면 새로운 해결책을 찾을 기회조차 얻을 수 없다.

우리나라 대다수의 사람들이 여태껏 아무런 문제없이 잘 굴러가고 있다고 믿었거나, 혹은 타성에 젖어서 당연시 여기던 관행들을 삼성이 나서서 바꾼 사례 두 가지만 소개해 보자. 하나는 충무로의 비합리적인 영화 제작 관행에 삼성의 시스템 경영을 입힌 사례이고, 다른 하나는 우리나라 병원들의 장례식장 문화를 바꾼 일이다.

1990년대에 삼성전자에서는 지금은 없어진 삼성영상사업단이라는 조직을 만들었다. 이 영상사업단에서 만들어낸 대표적인 영화가 〈쉬리〉였다. 말하자면 〈쉬리〉는 기존의 충무로 관행과 삼성의 시스템 경영이 결합되어 탄생한 작품이고, 타성에 젖은 충무로의 비합리적인 제작 관행에서 벗어난 최초의 작품이었다고 할 수 있다. 그렇다면 〈쉬리〉 이전의 충무로에서 당연시 되던 비합리적 관행이란 무엇일까?

먼저, 원가 개념의 부재다. 삼성전자가 영위하는 제조업 분야를 포함하여 대부분의 산업 부문에는 그 종류를 불문하고 원가라는 것이 존재한다. 그리고 이 원가는 사전에 어느 정도 예측이 가능하다. 말하자면 얼마를 투자해야 제품의 개발이나 생산이 가능한지 사전에 짐작하고 계산할 수 있는 것이다. 집을 짓는 일이든 새로운 반도체를 개발하는 일이든 이 원가를 따지지 않고 추진되는 사업은 없다.

또 투자비와 수익 사이에는 일정한 비례 관계가 성립하는 것이 일반적이다. 따라서 투자자의 입장에서 볼 때 큰 수익을 내려면 투자를 많이 해야 하고, 작은 수익을 노린다면 큰 투자를 할 필요가 없어진다. 말하자면 예상 수익이 있고, 이에 걸맞은 투자가 결정되는 구조로 사업이 진행되는 것이 일반적이다.

그런데 삼성이 영상사업단을 만들고 충무로에 진출하기 전까지 충무로에는 이런 기본적인 개념이나 계획이란 것이 사실상 전무했다. 물론 영화를 비롯한 콘텐츠 산업의 경우 투자와 수익이 비례하지 않는 것이 현실이다. 10억을 투자해서 만든 영화가 100만 관객을 돌파하는가 하면 반대로 100억을 투자한 영화가 10만 관객에 머무는 경우도 있다. 하지만 최소한 사업을 시작할 때, 말하자면 영화 제작을 기획할 때 계획은 세워야 한다. 나중에 계획대로 결과가 나오지는 않을지라도 계획 자체가 없다는 것은 도무지 이해하기 어려운 일이다.

예를 들어 영화에 컴퓨터 그래픽을 쓴다면 몇 분을 쓸 것인지, 또 질적인 수준은 어느 정도에 맞출 것인지를 먼저 정해야 한다. 이에 따라 100억을 사용할 수도 있고 10억을 사용할 수도 있다. 그리고 그 결과는 양과 질에서 분명 차이가 있을 것이고, 나중에 실제로 이를 확인하는 것도 가능하다. 또 상식적으로 사전 조사비, 출장비, 교통비, 식대 등의 항목에 참여한 사람과 기간을 곱하면 해당 예산을 얼마든지 짤 수 있다. 변수를 감안하여 예비비로 10% 수준을 잡아두면 대략의 예상 비용이 나온다. 그런데 불과 25년 전의 충무로에는 그런 것이 전혀 없었다. 감독이 누구고 주연 배우가 누구니까 대충 50억 아니면 100억이라는 식으로 계산하고 있었다.

실제로 삼성영상사업단이 충무로에 진출하고 보니 이런 말도 안 되는 일이 관행이라는 이름으로 비일비재하게 일어나고 있었다. 영화를 만들겠다면서도 일단 돈이 얼마나 들어갈지 짐작하는 사람이 아무도 없었다. 표로 잘 정리된 예산안을 원한 게 아니다. 어림짐작으로라도 예산을 세울 수 있어야 하는데 어떤 항목들이 있고 얼마나 들어갈지 아무도 몰랐다.

이렇게 계획이 부실하니 실제 영화 제작 과정이 일사천리로 진행될 리 없었다. 게다가 감독은 수시로 돈을 요구해서 그야말로 예산을 집행하는 입장에서 보자면 밑 빠진 독에 물 붓기였다. 언제 얼마를 준비해야 하는지 감이 오지 않는 것이다.

그렇다고 이미 지출된 돈이 어디에 어떻게 쓰였는지 명확히 정산되는 것도 아니었다. 영수증을 비롯한 증빙이 없는 것은 물론, 누가 언제 무슨 일을 하느라고 얼마를 집행했는지 기록조차 하지 않았다. 그러면서도 계속 돈을 요구했다. 당연히 감독을 비롯한 책임자들과 삼성 출신의 관리자들 사이에 실랑이가 벌어졌다. 그러면 제작진들은 '뭐 그리 시시콜콜하게 따지고 드느냐? 예술 하는 사람에게 그런 잡스러운 일까지 하라 마라 하면, 그냥 나 돈 안 받고 일 안한다.'는 식으로 반응했다.

삼성 내부에서는 갑론을박이 있었지만 그래도 참고 버티면서 배워보자는 결론이 내려졌다. 영화 제작을 비롯한 콘텐츠 산업은 삼성도 처음이고, 합리적이지는 않지만 영화판 나름의 관행이 있다니 그것도 최대한 존중하자는 것이었다. 이런 결론에 따라 영상사업단의 실무자들은 제작진에게 예산안이 없어도 괜찮고 지출 증빙이 제대로 안 되어도 좋으니 이미 지출한 내역만 기록해서 달라고 요청하게 되었다.

"시시콜콜 따지려는 게 아니다. 언제 어떤 방식으로라도 좋으니 제발 기록만 해서 달라. 내용을 좀 써보라. 우리한테 허락을 받으라는 얘기가 절대 아니다. 삼성에도 기록문화라는 것이 있으니 제발 좀 적어서 알려줘라. 그래야 우리도 배울 게 아니냐."

이런 식으로 읍소 전략을 폈다. 하지만 이마저도 제대로 실행에 옮겨지기까지 상당한 시간이 걸렸다. 사실 예전의 충무로 영화판에서는 공적인 성격의 비용과 사적인 성격의 비용조차 명확히 구분되지 않았다. 그야말로 네 돈도 내 돈, 내 돈은 당연히 내 돈이라는 식이었다. '주머닛돈이 쌈짓돈'인 것이다. 예컨대 제작진이 저녁에 친구들을 만나 영화와 상관 없이 식사를 하고 술을 마셔도 공식 비용으로 처리하는 식이었다.

게다가 제작자들은 한 편의 영화를 제대로 만들기 위해서는 많은 자료와 기존의 영화들을 보아야 하고, 해외여행도 다니면서 시나리오와 특정 장면의 발전을 꾀해야 한다며 수시로 비용을 요구했다. 재미있게 만들기 위해서는 그런 것이 종합적으로 투자되어야 아웃풋이 제대로 나온다는 것이다. 지금 생각해보면 그런 건 당연히 예술가 자신의 역량 문제고, 비용은 당연히 비용대로 명확히 정리되어야 하는 것이었지만, 그런 말도 안 되는 일이 당시에는 그냥 당연한 관행처럼 되어 있었다.

이런 영화판에 뛰어든 뒤 삼성이 그 잘못된 관행을 깨기 위해 일차적으로 매달린 것은 '기록'이었다. '쓴 돈에 대해서 뭐라고 하지 않을 테니 언제 어디에 얼마를 썼는지만 적어서 달라.'고 매달렸다. 사소한 얘기 같지만 궁극적으로는 당시의 우리나라 영화판에 정식으로 이의를 제기한 것이다. '대한민국 영화계는 왜 재무회계 등을 명확히 하지 않는가?'라는 질문을 던진 셈이다. 그리고 대안으로 제시한 것이 가계부도 안 써본 사람들이니 일단 아무렇게라도 써보라고 요구한 것이다. 그래서 당시 충무로에서는 '삼성에서 투자를 받으면 돈 쓰는 것은 허락을 맡지 않아도 되는데 대학노트 하나를 사주고 어디에 돈을 쓰든 쓴 돈을 빠짐없이 정확하게 기록은 해야 한다더라.'는 소문이 퍼졌다. 이로써 충무로에도 점차 재무회계의 개념이 생겨나기 시작했다. 하지만 처음부터 뿌리를 내린 것은 아니다. 당시 투자받은 돈의 30~40%는 개인적인 용도에 쓰거나 떳떳치 못한 일에 사용하는 경우가 비일비재했고, 이렇게 공식 기록을 남기기 어려운 일에 돈을 쓴 경우 어떻게든 거짓으로 장부를 맞춰보려다가 도저히 방법이 없어 제풀에 쓰러지는 경우도 적지 않았다.

이렇게 삼성은 충무로 영화 관행에 삼성의 시스템을 서서히 이식했다. 질 경영과 예측 및 관리 경영으로 발전하던 삼성의 시스템을 여기에도 이식한 셈이다. 그렇게 해서 나온 작품이 〈쉬리〉였고, 대한민국 영화의 흥행 대박을 가르는 기준이라고 하는 '1천만 관객'의 밑거름이 된 한국형 블록버스터의 출현을 알린 작품이었다.

삼성의 물음이 낳은 또 하나의 대표적인 사례로 장례 문화의 변화가 있다. 1994년 개원한 삼성서울병원은 우선 국내 최고 수준의 영안실을 갖추었다는 평가를 받았다. 그래서 신문에도 자주 언급되었고, 항간에는 '진단은 서울대병원, 수술은 서울중앙병원(지금의 아산병원), 장례는 삼성서울병원'이라는 말까지 나돌 정도였다. 삼성서울병원은 이건희 회장이 직접 입원까지 해보면서 만든 최고의 병원이었고, 서비스도 당시 최고로 평가되었다. '병원에서 기다리는 고통은 환자가 아니면 모른다. 모든 것을 환자 입장에서 철저하게 짚어보고 의사도 간호사도 서비스 정신으로 대하라.'는 말과 함께 태어난 병원이 삼성서울병원이었다.

문제는 이 병원에서도 영안실 운영 방식이 예전과 크게 다르지 않았다는 것이다. 국내 최대 규모의 최신식 병원을 열어 기존의 병원들과 차별화를 한다며 출범했는데 영안실 운영만은 예전 그대로였던 것이다.

과거의 영안실 분위기를 한번 떠올려보자. 우선 술 냄새와 담배 냄새, 향 냄새가 진동하는 우중충한 지하실을 떠올리는 사람들이 많을 것이다. 여기에 술 취한 사람들의 왁자한 소란이 더해지고, 가족을 잃은 슬픔과 피곤으로 녹초가 된 상주들의 모습이 겹쳐질 것이다. 밤 12시가 넘으면 화투를 치면서 싸우는 소리가 여기저기서 나고, 소주병이 상 아래로 마구 나뒹굴기도 하였다. 남녀를 불문하고 상주들은 부모를 잃은 불효자의 심정이 되어 이 모든 것을 참아내야 했다. 그것이 우리의 기존 장례 문화였다. 삼성이 이를 바꾸었다. 상가는 반드시 떠들썩해야 한다는 우리의 고정관념을 '왜'라는 물음을 통해서 경건한 방향으로 바꾼 것이다.

장례식장의 분위기 혁신을 위해 삼성서울병원은 우선 벽에 소음을 차단하는 흡음재를 붙이고 간접 조명을 설치했으며 상주가 쉴 수 있는 공간을 따로 마련했다. 침대와 소파, 샤워실 등의 편의시설이 갖추어졌다. 뿐만 아니라 식당 및 문상객과 유족이 슬픔을 함께 나눌 수 있도록 접객실과 휴게실을 만들고, 분양대 위엔 특별히 따로 환기시설을 달아 향 냄새를 흡수하게 했다. 상주로 대표되는 이용자가 계약서에 사인을 하는 순간부터 모든 장례 절차가 자동으로 진행되어 처음 겪는 큰일에 허둥지둥하는 유족들의 모습이 사라지게되었고, 시신에 염을 할 때 관행처럼 오가던 촌지를 포함하여 일체의 추가 비용을 없앴다. 그 결과 장례를 끝내고 비용을 정산할 때 상주들이 생각보다 저렴한 가격에 놀라움을 금치 못했다고 한다.

삼성병원의 이런 노력은 다른 병원들을 자극했고, 대형 병원들이 앞 다투어 장례식장의 개선과 장례 문화 개혁에 나서게 되었다.

어느 분야에서든 생존과 발전과 혁신을 위해서는 반드시 리셋이 필요하고, 그 리셋은 물음에서 시작된다고 했다. 그런데 물음은 곧 관점이기도 하다. 이 말은 질문이 다르면 답도 달라진다는 뜻이다. 생각해보자. 1등이 되려면 어떻게 하면 될까? 단순하게 생각해서 모든 타인을 이기면 1등이 된다. 하지만 세상에 영원한 1등, 영원한 승자는 없다. 그렇다면 영원한 승자가 되는 길은 무엇일까? 바로 나를 이기는 것이다. 나를 이기면 누구나 영원한 승자가 된다. 경쟁을 바라보는 관점을 바꾸면 이렇게 답이 달라지는 것이다. 모든 남을 다

이겨도 나를 이기지 못하면 절대로 1등이 되지 못한다.

맹인모상(盲人摸象), 군맹무상(群盲撫象), 군맹평상(群盲評象)은 다 같은 말이다. 불교 경전인 《열반경(涅槃經)》에 나오는 이야기에서 생겨난 고사다. 옛날 인도의 어떤 왕이 코끼리를 한 마리 몰고 오도록 했다. 그러고는 장님을 불러 손으로 코끼리를 만져보고 그것에 대해 각자 설명해보도록 했다. 상아를 만진 장님이 말했다. "코끼리는 딱딱한 무같이 생긴 동물입니다." 코끼리의 귀를 만졌던 장님이 말했다. "코끼리는 곡식을 까불 때 사용하는 키같이 생겼습니다." 다리를 만진 장님이 말했다. "코끼리는 마치 커다란 절굿공이같이 생겼습니다." 코끼리의 등을 만진 장님이 말했다. "넓은 평상과 같습니다." 배를 만진 장님이 말했다. "장독같이 생겼습니다." 꼬리를 만진 장님이 말했다. "굵은 밧줄같이 생겼습니다."

코끼리는 무엇인가. 코끼리는 하나인데 장님이 말한 어느 것도 아니다. 부분, 그것도 맞지 않는 것을 말하면서 조금도 부끄러워하지 않은 것이다. 사물을 총체적으로 파악하지 못하고 모든 사물을 자기 주관과 좁은 소견으로 그릇되게 판단한다는 뜻을 가진 이 말은 문제를 해결하려고 한다면 부분에 집착하거나 자신의 지식에 지나치게 기대거나, 아는 것이 전무한 상태로 출발하거나, 경직된 자세로 질문에 임해서는 안 된다는 것을 말한다.

그렇다면 문제란 무엇인가? 오스트리아 출신의 철학자인 카우프만은 '현재의 상태와 원하는 상태의 불일치'라고 정의하였다. 그리고 사람들이 문제 해결을 위해 고민하고 노력하지만 모든 문제가 쉽게 해결되는 것은 아닌데 이를 어렵게 하는 깃은 크게 두 가지로, 심리적 타성과 지식의 부족이라고 했다.

1970년대에 소련은 달 표면의 영상을 지구에 있는 TV 화면에 전송하기 위해서 무인 착륙선을 보냈다. 그런데 달의 표면을 비추기 위해 우주선 전방에 전구를 부착하기로 하고 모의실험을 했는데 전구의 유리가 모두 달 표면 착륙할 때의 충격을 이기지 못하고 부서졌다. "어떻게 하면 충격에 강한 전구를 만들 수 있을까?" 그러나 이것은 문제를 잘못 정의한 것이다. 기존의 관점을 그대로 가지고 문제에 접근한 것이다. 나중에 해결책을 만들어 낸 사람은 이렇게 물었다고 한다. "자꾸만 깨지는 유리의 목적은 무엇일까?" 전구의 유리는 필라멘트 주위를 진공상태로 만들기 위해서 존재하는 것이다. 그런데 이 질문을 하는 순간 사람들은 달의 주위가 이미 진공 상태라는 것을 깨닫고, 새롭게 문제를 보게 되었다. 관점이 뒤집어진 것이다. 결국 유리로 된 껍데기가 없는 램프로 문제가 해결되었다.

"영화를 감상할 때 대개 주인공에 치중해서 보게 된다. 주인공의 처지에 흠뻑 빠지다 보면 자기가 그 사람인 양 착각하기도 하고, 그의 애환에 따라 울고 웃는다. 그런데 스스로를 조연이라 생각하면서 영화를 보면 색다른 느낌을 받는다. 나아가 주연, 조연뿐 아니라 등장인물 각자의 처지에서 보면 영화에 나오는 모든 사람의 인생까지 느끼게 된다. 거기에 감독, 카메라맨의 자리에서까지 생각하며 보면 또 다른 감동을 맛볼 수 있다. (중략) 그것이 습관으로 굳어지면 입체적으로 보고 입체적으로 생각하는 '사고의 틀'이 만들어진다. 음악을 들을 때나 미술 작품을 감상할 때, 또 일을 할 때에도 새로운 차원에 눈을 뜨게 된다."

이건희 회장이 TV 다큐멘터리나 영화 등을 보는 관점에 대해 풀어쓴 글이다. 모든 관점에 대해서 체크하고 들여다보는 것은 모든 사람의 세계를 간접 경험할 수 있다는 것과 같은 말이다. 경청이 그 사람의 진실된 말과 생각, 행동을 끌어내는 힘이라면, 관점은 그 사람의 세계를 내가 역지사지로 이해하고 받아들이며, 지지하거나 지시할 수 있는 근거가 될 것이다. 새로운 시선, 새로운 관점은 새로운 결과물을 반드시 만들어내기 때문이다.

스스로의 고집과 고정관념을 버리면 못 보던 것을 볼 수 있게 된다. 같은 사람이 같은 상황에서 같은 사건을 만들어도 내가 관점을 바꾸어 새롭게 묻고 바라보면 모든 것이 달라진다.

GE사가 인재교육 과정에서 강조하는 말 중에 '헬리콥터 뷰(helicopter view)'라는 것이 있다. 이것은 조감도처럼 전체를 내려다보는 능력이다. 그런데 너무 높이 나는 비행기에서 보면 모든 것이 뚜렷하게 보이지 않고 흔적만 덩어리로 여기저기 보인다. 하지만 헬리콥터가 운행하는 300~500m에서 지상을 내려다보면 모든 것을 한 눈에, 그것도 또렷하게 볼 수 있다. 도로를 달려가는 차가 어디를 향하고 있는지 예측할 수 있으며, 저 건물의 뒤편을 통과하는 가장 빠른 길이 어디를 지나는 것인지 한 눈에 들어온다. 유동인구가 가장 많이 얽히는 공간이 어디이며, 사람들의 인적이 가장 드문 상가가 어느 곳인지도 들어온다. 이것은 지상 2m 높이 미만에서 보는 보통의 관점에서는 생겨날 수 없는 것이다. 묻고 또 뒤집어 생각하는 관점의 훈련이 필요한 것이다.

통념을 깨고 생각을 뒤집은 삼성의 대표적인 실천 운동 사례가 바로 7·4제의 시행이었다. '출근 시간 9시, 퇴근 시간 6시'는 인간이 업무라는 것을 체계적으로 하기 시작한 이후로 세계 기업 전체의 불변의 진리라는 것이 그때까지의 관점이었다. 이런 상황에서 '7시 출근, 4시 퇴근'은 18만 삼성 직원만의 충격이 아니라 대한민국은 물론 전 세계 직장인의 충격이었다. 고정관념에서 겨우 앞뒤로 2시간의 차이가 있을 뿐인데도 말이다. 업무의 양은 줄이되 질은 높이자, 그런데 질 경영이 꼭 기업이 만드는 제품에만 해당하는가, 제품은 결국 사람의 머리와 손과 검증과 서비스에 의해서 만들어지는 것 아닌가. 주객에서 주는 무엇인가, 결국 사람이다. 그렇다면 질 경영의 처음 단추는 사람이다. 사람을 어떻게 질적 향상으로 이끌 것인가. 일을 보는 관점을 바꾸자. 일을 많이 늘려서 하는 사람을 무능하게 바라보자. 초과근무, 야근의 개념을 무능으로 보자. 반대로 10시간 걸려서 하던 일을 8시간에 마치도록 해보자. 남는 시간에 생존하는 방법을 스스로 깨우치도록 하자. 이것이 성공한다면 개인, 회사, 국가의 이익이니 수신, 제가, 치국, 평천하의 관점에서도 일치하는 셈이다.

관점을 틀고, 질문을 바꾸면 여기까지 갈 수 있다.

리셋은 '타이밍'이다

소셜미디어의 시대다. 자고 일어나면 사건이 터지고, 1시간이면 실시간 검색어에 오르고, 하루면 무한대로 논란이 확산된다. 구설수에 오르는 모 정치인, 경제인, 연예인, 종교인의 진짜 문제는 대처하는 시간이었다. 제대로 사과하는 '타이밍(timing)'을 몰라서 호미로 막을 일을 포크레인으로도 못 막는 사례가 계속 발생하고 있는 것이다. 종이신문과 방송이 대중매체의 전부였던 매스미디어 시대에는 공식적인 기자회견과 보도자료를 통해서 정리된 입장을 발표하거나, 그도 아니면 그냥 침묵하거나 모르쇠로 버티면 일단락되던 것이 보통이었다. 하지만 지금은 시간이 지나면서 오히려 사건 자체보다 논란의 대역폭이 더 커진다. 말이 말을 낳고, 거짓된 변명이 더 큰 문제가 되어 한 순간에 자신이 쌓은 신뢰를 소멸시켜 버리는 것을 종종 목격한다.

이럴 때는 평범한 사람도 뻔히 아는 답이 있다. 바로 진정성 있는 사과가 답이다. 덮어서 되는 문제가 아니다. 그것도 시기적절한 타이밍이 문제다. 얼마나 신속하고 진정성 있게 대처하는가에 따라서 피해를 최소화할 수 있다.

리셋의 법칙 중에 시간과 관련해서는 타이밍이라는 디테일한 단어가 중요하다. 타이밍을 잘못 맞추면 문제해결이 안 되기 때문이다. 옛날에는 말도, 사람도, 배도, 기차도 자동차도 빠르면 빠를수록 좋았다. 그런데 지금은 택배, 전화, 문자, 인터넷 등 모든 게 빠르기 때문에 부작용까지 일어나는 세상이다. 예를 들어 내가 테니스를 치고 귀가했을 때 배가 고파 맥주랑 치킨을 시켰다고 해보자. 샤워하고 나면 치킨이 오겠지 했는데 다 씻지 못했을 때 치킨이 오는 난감한 경우가 있다. 그렇다고 반대로 샤워가 끝나고 한참을 기다려도 치킨이 안 오는 경우도 있다. 그럴 때는 다시 전화해서 취소하기도 번거롭다. 최고의 타이밍은 샤워를 막 마치고 앉아서 쉬려고 할 때 치킨이 도착하는 것이다.

줄탁동시(啐啄同時)라는 말이 있다. 알 속의 병아리가 껍질을 깨뜨리고 나오기 위하여 껍질 안에서 쪼는 것을 '줄'이라 하고 어미 닭이 밖에서 쪼아 깨뜨리는 것을 '탁'이라 한다. 그런데 이것은 '동시'에 이루어져야 한다. 타이밍이 굉장히 중요한 것이다. 만약 어미가 마음이 급하여 바깥에서 알을 미리 쪼아 주면 알은 병아리가 되지 못하고 액체 상태로 부서질 수도 있고, 반대로 어미가 늑장 대응을 하면 병아리가 몸부림치다가 나오지 못하고 죽거나 나오더라도 비실대다가 죽을 수도 있기 때문이다.

시간 리셋과 관련해서 삼성의 기막힌 타이밍 전략을 설명하지 않을 수 없다. 1993년 1월 전자 관련 사장단을 이끌고 LA 시내 가전매장을 둘러보던 이건희 회장은 소니, 필립스, GE 같은 세계적인 브랜드와는 달리 삼성 제품이 구석에 처박혀 있던 것을 발견했다. 삼성의 초라한 현주소를 본 것이었다. 당시 삼성 제품은 기능에서도 디자인에서도 일류가 아니었다.

그해 2월에 이건희 회장은 삼성전자 수뇌부를 모두 LA로 불러들였다. 삼성전기 사장, 삼성전자 사장 등이 모였다. 그리고 세계 모든 일류제품을 사 모아 센트리플라자 호텔 안에서 삼성 제품과 세계 일류제품의 비교평가회를 열었다. 당시 삼성전자의 주력 수출품인 VTR, 냉장고, 세탁기, 에어컨, TV, 전자레인지 등이 경쟁사 제품과 나란히 전시되어 디자인, 재질, 성능을 한 눈에 볼 수 있는 기회였다.

이어 6월 4일 도쿄 오쿠라 호텔에서 후쿠다 다미오 고문에게서 '경영과 디자인'에 대한 보고서를 전달받게 됐다. 이른바 후쿠다 보고서다. 삼성에 대한 뼈아픈 말과 신랄한 지적이 나왔다. 곧이어 1993년 6월 5일 하네다 공항을 떠나려는 이건희 회장에게 삼성 사내방송팀이 제작한 30분짜리 비디오테이프 하나가 전달됐다. 그리고 15시간 뒤 프랑크푸르트에 도착한 이 회장은 호텔에 도착하자마자 비디오테이프를 틀어서 충격적인 내용을 확인했다. 앞서 이야기했듯, 세탁기의 제조 과정에서 금형의 잘못으로 세탁기 문이 닫히지 않는 모습, 플라스틱 모서리를 칼로 잘라내며 응급조치를 하는 과정이 고스란히 담긴 것이었다.

곧바로 서울로 긴급 전화가 울렸다. 삼성 핵심 경영진의 비상소집을 알리는 전화였다. 6월 7일, 200명의 삼성 경영진이 프랑크푸르트의 켐핀스키 호텔로 모여들었다. 그리고 마라톤 회의가 시작되었고 그 결과로 신경영 선언이 이루어졌다. 이후 4개월간 1,800명의 임원을 불러 모아 총 68일의 해외 간담회를 진행했다. 그리고 나서 변화의 신호탄인 7·4 출퇴근제가 1993년 7월 7일 오후 4시 전격적으로 시행된 것이다.

시간의 흐름상으로 보면 고작 6~7개월이 흘렀을 뿐이지만 이 시간이 삼성의 역사를 바꾼 순간이었음을 삼성인들 모두 인정하고 있다. 그런데 만일 이런 일련의 일이 말 그대로 '한 줄로 꿰어서[一連]' 일어나지 않고 띄엄띄엄 일어났다면 신경영이 발생할 수 있었을까. 숨 가쁘게 박차를 가해 진행될 수 있었을까. 위기의식과 간절함이 생겨날 수 있었을까.

삼성의 타이밍을 말할 때 빠지지 않는 것이 하나 더 있다. 바로 '해외 지역 전문가' 제도다. 사실 이 제도는 1989년부터 삼성물산과 삼성전자를 중심으로 시범적으로 운영되었다. 당시 파견 기간은 6개월에서 1년이었는데, 비서실이나 그룹 임원들은 이 제도에 반대했다. 업무에 관해서 구체적인 성과가 없었고, 비용이 많이 들어간다는 것이 이유였다.

하지만 이건희 회장은 사장단 회의에서 해외 지역 전문가 제도의 실행에 대해서 이렇게 질타했다.

"내가 부회장 시절인 15년 전부터 삼성맨의 국제화를 위해 사원 해외 파견을 지시했으나 이루어지지 않았어요. 내가 회장이 되고 나서도 계속 말했는데도 이행되지 않다가 화를 내니까 그때서야 실시할 정도로 회장의 말이 먹혀 들어 가지 않는 겁니다. 사원 해외 파견 제도가 10년 전에만 실시됐어도 삼성의 모습은 오늘날과는 크게 달라졌을 것이오."

그렇게 해서 해외 지역 전문가 제도는 1993년부터 그룹의 모든 계열사들에서 실행되었다. 실제로 이 제도가 시행된 이후 삼성은 세계화 시대에 가장 먼저 진입한 기업이 되었다. 반대했던 임원들은 곧 모두가 한결같이 조금 더 이 제도를 빨리 시작하지 않은 것을 후회했다. 그나마 다행인 것은, 나중에 이 제도를 벤치마킹한 기업들이 삼성의 시간 축적, 인재 축적을 쉽게 따라잡지 못했다는 것이다.

해외 지역 전문가 제도는 삼성의 경쟁력은 물론 직원 개인의 경쟁력과 국가 경쟁력까지 끌어올렸다. 현재 전 세계에 흩어져 있는 삼성 외국 주재원 35%가 이 제도를 통해 배출되었고 10만 명 이상의 전 세계 인적 네트워크가 탄탄하게 구축되면서 업그레이드 되고 있다. 인적 구성은 그 범위가 수직, 수평으로 폭 넓게 구성되어 있다. 현지에서 결혼하여 완전한 인맥으로 자리 잡은 경우도 많다. 1993년부터 20년 넘게 이어져 온 이 제도는 시간의 힘, 타이밍의 힘을 여실히 보여준다.

"시간이나 시계는 지키라고 존재하는 것이다."라는 말이 있다. 삼성에서는 시간을 개인이 아니라 공동의 개념으로 본다. 가령 10명이 모였거나 100명이 모였다고 한다면, 각각 '늦은 시간×모인 사람' 즉, '기다리는 사람×늦은 시간'을 계산하는 것이다. 1, 2분 늦었다고 무슨 문제일까 하는 생각은 싹 지우는 편이 좋다. 이런 자세는 학생에게도 필요하다. 강의실에서 100명이 강의를 듣는데 교수가 1분을 늦으면 100분이 낭비되는 것이고, 학생 한 명이 늦게 와서 수업 분위기가 잠시 멈추면 그 시간에 사람 수를 곱해서 계산해야 한다. 핸드폰을 끄고, 시계를 보지 않아도 되는 시간을 제외하고는 개인적인 시간이 아니다. 회사에서는 특히 직급이 올라가면 올라갈수록 시간당 중요도가 더 높아진다. 아침 산책이 5분 늦어지는 것은 개인적인 일이므로 별 문제가 없다.

그러나 만약 수능 시험에 5분 늦으면 시험장에 아예 들어가지도 못한다. 이때의 5분은 1년과 맞먹는 가치가 있는 셈이다. 시간의 질이라는 것이 존재하는 것이다.

드라마를 보면 일반적으로 회의 시 대부분의 경우 직급이 높은 사람들은 사람들이 다 모이고 난 뒤에 등장한다. 실제도 그런 편이다. 왜냐하면 높은 사람들이 처음부터 기다리고 있으면 본인도 불편하고 뒤에 오는 사람도 불편하기 때문이다. 그렇다면 나중에 오는 사람은 그동안 무얼 하고 있을까를 생각해본 적이 있는가. 비서가 "다 모였습니다."라고 할 때까지 가만히 앉아 있을 것이라고 생각하는가. 아니다. 무수한 결재 사항과 이메일, 방향 설정 등을 검토하면서 시간을 알차게 채운다. 이것도 처음부터 가능한 일은 아니다. 나도 임원 초창기 땐 아무 것도 안 하고 대기를 하는 경우, 신문을 보는 것이 대부분이었다. 그러다 시간이 지나 훈련이 되면 분 단위로 일을 할 수 있게 된다. 중간에 끊을 수 있는 일과 빨리 처리 가능한 것을 순식간에 구별하고 정리하는 일이 가능해지는 것이다.

지각과 관련해 삼성의 극단적인 에피소드 하나를 이야기해 보려 한다. 전체 임원회의나 교육을 할 때에는, 회의실 문을 아예 잠가버렸다. 회의 시간에 늦는 사람은 회의에 들어오지도 못 하는 것이다. 2004년도에 신임 임원이 되었을 때 5박 6일 정도의 교육을 받았었다. 마지막 날에는 부부 동반으로 신라호텔에서 1박을 하고, 다음날 아침에 식사를 한 뒤 교육을 받았다. 당시 삼성그룹 전체 신임 임원 200여 명이 참석했는데, 아침식사가 끝난 후 교육장 테이블에는 아예 빈자리도 있었다. 회의 시간이 몇 분밖에 지나지 않았는데도 문을 잠가버렸기 때문이었다. 부회장님과 같이 높은 분들도 칼같이 참석하는데 중간에 들어오는 사람이 있으면 분위기가 어수선해지고, 또 당혹감 속에서 훈련이 될 것이라는 판단 아래 그냥 잠가버린 것이다.

이럴 땐 '530이론'이 답이다. 스스로에게 질문을 해보자. 5분 빨리 가는 게 쉬울까, 30분 빨리 가는 게 쉬울까. 답은 30분이다. 왜냐하면 5분이라는 시간은 너무 짧기 때문이다. 훈련되지 않은 사람이 처음부터 5분이라는 시간에 맞추어 움직이기는 어렵다. 우리가 낚시를 가거나, 예비군 훈련을 가거나, 골프를 치러 가거나, 공항에 갈 때처럼 정해진 출발 시간이 있다면 아무리 게으른 사람이라고 하더라도 새벽 4시에 일어나서 여유 있게 준비한다. 30분 일찍 도착하겠다고 결심하면 이미 전날부터 마음을 정리할 수 있기 때문이다. 밤 늦게 드라마를 보거나 술을 마시는 일 등이 애초에 없어지는 것이다.

시간 관리는 강력한 습관이다. 지각하는 사람은 상습적인 지각생인 경우가 많다. 곧 스스로 깨치기 전에는 고쳐지기 어렵다는 뜻이다.

핑계를 대기 시작하면 끝이 없다. '깜빡 잠이 들었다.', '내릴 역을 놓쳤다.'는 말도 애초에 잠을 자지 않거나 서 있었다면 되는 문제다. 밤을 새고 깜빡 잠이 들었다는 학생에게 새벽 4시나 5시가 됐으면 차라리 강의실 앞에 와서 자라고 말한 적이 있다. 그것이 시간 전략이고 습관이 되는 것이다. 지키겠다는 각오가 없으면 시간은 세상에서 가장 하찮은 선물이다. 내일은 꼭 약속시간에 늦지 말아야지, 내일은 꼭 지각하지 말아야지 하는 '내일은 꼭'의 공수표 리셋을 날리지 말라. 오늘 하지 못한 리셋은 영원히 하지 못 한다.

오늘 할 일은 꼭 오늘 안에 끝내고 오늘 지킬 시간은 오늘 반드시 지키도록 하자. 중국의 옛 격언에 '현명한 자는 내일이 아니라 오늘조차도 늦었다고 한다.'는 말이 있다. 시간을 낭비하고 지키지 못하는 것은 인생 낭비이며 자신에 대한 공격과 같다.

리셋은 '실행'이다

'부뚜막의 소금도 집어 넣어야 짜고, 구슬이 서 말이라도 꿰어야 보배'라는 말은 결국 무엇이든 실행하지 않으면 변화가 일어나지 않는다는 말이다. 영어에도 'Everything demands some work.'라는 비슷한 속담이 있다. 제 아무리 좋은 생각이나 계획도 실행으로 연결되지 않으면 아무 소용이 없다. 그래서 극단적으로 '실행 없는 열정은 쓰레기'라고 말하는 사람도 있다.

호아킴 데 포사다의 《마시멜로 이야기》에는 이와 관련된 재미난 글이 하나 나온다.

어느 여름날 오후, 개구리 세 마리가 나뭇잎에 올라탄 채
유유히 강물에 떠내려가고 있었습니다.
그중 한 마리가 벌떡 일어나 말했습니다.
"너무 더워. 난 물속으로 뛰어들 테야."

다른 개구리들은 그저 묵묵히 고개를 끄덕였습니다.

자, 이제 나뭇잎 위에는 몇 마리의 개구리가 남았을까요?

제출해야 하는 문서나 해결해서 보고할 사안의 기한이 곧 다가오는데 아직도 자료를 모으고 있거나 아예 시작도 안 한 사람을 가끔 본다. 양질의 정보를 모으는 일에 더 큰 비중을 두다가 정작 해야 할 일에 손도 못 대는 것이다. 이런 사람은 차라리 탐험가나 수집가를 하는 게 낫다.

과거에는 정보가 곧 돈이고 생명으로 연결되었다. 지금이라고 해서 그렇지 않다는 말이 아니다. 다만 정보가 넘치는 정보화 시대에는 단순히 많은 양의 정보를 모은다고 해서 끝나는 것이 아니다. 그것을 내 것으로 만들고 곧장 실행해야 한다. 일단 해봐야 문제점도 툭툭 튀어나오고 또 다른 정보도 얻을 수 있다. 실행하지는 않고 예측만 하면서 모은 정보와, 실행하면서 도출되는 또 다른 문제로 인해 얻는 정보는 다르기 때문이다. 완벽을 추구하다 보면 실행이 너무 늦을 때도 있다. 그럼에도 우리는 종종 신속함이 더 중요하다는 사실을 잊어버리는 것 같다. 그런데 보다 못해 '지금 시작하라.'고 이야기 하면, '더 좋은 정보를 나중에 알면 문서에 오류가 생길 것 같다.'는 등의 말을 하면서 미루는 사람이 있다. 그렇게 해서 결과가 좋았을까? 열에 아홉은 아니다. 실행하면서 고쳐도 모자란 시간을 헛되게 버리는 바람에, 나중에는 실행할 시간도 없게 만들었기 때문이다.

대학에서 만나는 청춘들을 지켜보면, 초일류 기업인 삼성은 저리 가라 할 정도로 바쁘다. 책도 읽고, 강의도 듣고, 자기 계발도 하고, 외국어 청강, 봉사 활동, 각종 전시나 공모전 참가, 놀러가는 것이 아닌 경험 쌓기 여행 등도 한다. 그 가운데서도 강의를 듣는 경우가 많은 것 같다. 그런데 정말 뛰어난 전문가의 강의를 시간과 돈을 투자해서 들었다면 배운 내용을 실행에 옮겨야 하는데, 그저 '와! 과연 그렇구나.' 하며 그치는 경우가 태반인 것이 문제다.

눌언민행(訥言敏行)이란 말이 있다. '군자(君子) 욕눌어언(欲訥於言) 이민어행(而敏於行)' 즉 군자는 말은 더디고 느리게 하며 신중해야 하지만, 몸은 가벼워서 실행(實行)하고 실천함에는 민첩해야 하는 것이다. 《논어》의 〈이인(里仁)〉 편에 나오는 말이다. 여기에서는 또 소인은 군자와 반대로 말만 앞세우고 행동에 옮기는 것은 더디다고 말하고 있다. 오늘날 기업에서 말만 그럴싸하고 행동력은 지극히 낮은 친구들이 바로 소인이라고 할 수 있다.

백문이 불여일견이고 백견은 불여일행이라는 것은 직접 실행해보면 안다. 신속한 실행력의 장점은 여러 가지가 있겠지만, 실제로 해보면 머릿속으로만 그려보는 것과 다른 차원의 문제점을 발견할 수 있다. 머릿속에서 예상되는 문제점은 말 그대로 예상에 그칠 뿐이다. 그것은 자기가 경험한 세계의 정보만을 바탕으로 한 지극히 협소한 크기의 안전장치에 불과하다. 실제로 해보는 것은 그래서 중요하다. 따라서 실행력을 높이려면 머릿속으로 생각만 하지 말고 실행으로 옮기는 것이 좋다.

업무든 공부든 미루지 말고 즉시 처리하려면 언제나 실행할 수 있는 환경 앞에 있어야 한다. 곧 미리 준비와 정리를 해두어야 한다는 말이다. 부엌에 가서 요리를 바로 할 수 있는 것은 식재료와 도구와 불이 준비되어 있기 때문이다. 심지어 어디에 무엇이 있다는 것을 알 정도로 정리가 끝나 있어야 한다. 업무 공간을 이처럼 정리정돈해 빨리 실행할 수 있는 환경을 만들어 놓는 것이 중요하다.

실행력을 높이기 위해 수백 명이 참가하는 크고 복잡한 프로젝트를 찾아서 하는 것도 좋지만, 그 전에 간단한 일을 하나 선택한 뒤 실행을 해서 실패든 성공이든 실험(Experimentation)의 경험을 맛보는 것이 더 좋다. 서로 다른 성격의 작은 일들을 실행하고 실험해 나가다 보면 나중엔 큰 경험이 되어서 앞서 말한 예측의 크기도 커지는 결과를 낳는다. 처음부터 욕심부리지 말고 작은 성공을 하나씩 쌓으며 점점 더 큰 목표로 옮겨가도록 해야 한다. 이런 방법이 소위 말하는 린스타트(Lean Start)나 디자인 사고(Design Thinking)의 실험법이다.

많은 사람들이 자신에게 부족한 부분을 수없이 생각하고 고민하면서 일을 대한다. 그러나 막상 일을 추진하기 위해 구체적인 단계로 접어들면 두려움이 앞서 주저앉아버리거나 미루게 된다. 그런 사람들은 "난 시간이 좀 많았다면 도전해 보았을 거야."라거나 "그때 그 일은 해도 그렇게 좋은 결과는 없었을 거야."라고 합리화한다. 정말 '내가 오늘 미루지 않은 일은 야식으로 시킨 치킨뿐'이라는 말처럼, 대부분의 사람들은 일과 관련해 스스로 피했던 것이나 미루는 것에 대해 깊이 생각하기는커녕 해결할 생각조차 하지 않는다.

회사에서나 대학 도서관에서나 항상 존재하는 미루기 대왕들의 특징은 비슷하다. '집에 가서 해야지.', '커피 한 잔 하고 생각해보자.', '밥 먹고 해야지.',

'배부르니 조금만 쉬었다 하자.', '이 장면만 조금 보고 해도 괜찮겠지.', '스마트폰 좀 보는 여유는 있어야지.', '밤 새워서 하면 되지 뭐.', '내일 새벽에 일어나서 하자.' 등의 말을 입에 달고 산다.

직장에서 보이는 안타까운 경우는, 처음부터 끝까지 미룬 상황이 아니라 초반에 집중하고 잘하려고 하다가 나중에 차츰 미루고 결국은 부실한 보고서를 제출할 때다.

분명 나중에 더 큰 후회를 한다는 것을 알면서도 우리는 왜 실행보다는 미루는 것을 좋아할까. 이유는 간단하다. 어떤 일을 미루는 데에는 아무런 노력도 필요하지 않기 때문이다. 어떤 이유건 갖다 붙여 합리화를 하면 그것으로 정리가 된다. '오늘은 정말 컨디션이 별로다.', '그 친구는 꼭 오늘 만나야 해.', '내일 오전에 해도 될 일을 오늘 저녁에 해야 할 필요가 과연 있을까?'

경제 전문가들은 전체 인구 중 약 40%가 미루는 습관 때문에 경제적 손실을 입는다고 추정하고 있다. 개인적으로는 멀쩡한 척 하지만, 실제로는 씻을 수 없는 자책감이나 자기 멸시로 자존감에 상처를 입는다. '나란 놈은 역시 어쩔 수 없어.', '내가 하는 일이 항상 그렇지 뭐. 내가 뭘 한다고.'라면서. 문제는 이런 미루기 결과들이 다음에 또 반복되면 실행력은 0%에 가까워진다는 사실이다.

실행력을 가진 사람은 대단한 사람이다. 《레미제라블》과 《노트르담의 꼽추》의 저자이자 19세기 프랑스 최고의 작가 빅토르 위고는 글을 쓸 때면 하인에게 옷을 몽땅 벗어주며 해가 진 다음에 가져오라고 했다. 옷이 없으면 밖에 나가 놀고 싶어도 그럴 수 없기 때문이었다. 아예 유혹 자체를 차단해 글을 쓸 수밖에 없는 환경에 자신을 집어넣은 것이다. 당대 프랑스 최고 작가라는 사람에게도 실행은 이처럼 힘든 것이었다. 그도 게으름이나 미루기의 유혹을 받았다. 그럴 때 하지 말아야 할 일은 하지 못하도록, 해야 할 일은 할 수밖에 없도록 상황을 조절해주는 훈련이 필요하다.

실패학에서는 이른바 '하인리히 법칙'이라는 것이 있다. 미국의 손해보험회사에 근무하던 하인리히가 발견한 것으로, 한 건의 큰 사고나 재해가 발생하는 이면에는 29건의 가벼운 재해가 있고, 그 뒤에는 약간 아찔한 수준의 사건 300개가 숨어 있다는 것이다. 이를 간단히 '1:29:300의 법칙'이라고도 한다. 하인리히 법칙을 뒤집어 실패나 사고가 아니라 성공이나 실행으로 단어를 바꾸어 생각하면 300개의 결심이 있고, 29개의 시도가 있고, 한 번의 성공이 있다는 말도 될 수 있다. 그만큼 결심과 시도가 필요한 것이 실행이다.

"질 쪽에 100% 중점을 두어라. 양은 완전히 무시해도 좋다."
신경영은 질 경영이라고도 불린다. 이건희 회장은 미래에는 양이 아니라 질이 중요한 가치가 될 것이라고 본 것이다. 그러나 1993년 당시에도 국내 최고의 기업이었던 삼성이 힘차게 추진했음에도 왜 신경영의 실행이 그처럼 더뎠던 것일까. 행해야 하는지 말아야 하는지에 대해서 모든 임직원이 갈등하고 있었고, 모두가 의지가 약했기 때문이다. 이때 이건희 회장은 지난 '양의 시대'를 만들고 오가던 다리를 완전히 부수고 불살라버렸다. 1994년 3월 9일, 삼성전자 구미사업장 불량제품 화형식이라는 초강수였다. 결과는 성공적이었다. 그것을 본 사람들 몸 안의 세포가 적극적으로 꿈틀거리면서 변화의 몸짓을 시작했다. 실행의 의지가 자발적으로 생겨난 것이다.

결심만 한다고 되는 것이 아니라, 자극에 의해서 결실이 맺어진다는 것을 보여준 일이 삼성에도 있었다.

"삼성 TV는 왜 1등을 못하는 겁니까?"

2005년 7월, 한남동 승지원에 그룹의 주요 사장단이 모인 자리에서 나온 말이다. 질책이나 지시라기보다 단순한 물음이었다.

그런데 그냥 지나칠 일이 아니었다. 이 회장뿐만 아니라 당시 삼성을 이끌던 임직원에게도 TV는 큰 부담이 되는 문제였다. TV는 삼성전자의 상징이었지만 일본을 넘어서기가 어렵다는 생각이 지배적이었다. 그러나 가전회사에서 TV가 차지하는 비중을 생각하면 일본이라는 막강한 1위가 있다는 사실을 그저 인정하고 넘길 일도 아니었다. 집의 TV가 무엇인가에 따라 세탁기, 냉장고의 종류도 결정되었기 때문이었다.

이날 하얏트 호텔에서 'TV 일류화 프로젝트 팀'의 신호탄이 쏘아올려졌다. TV 일류화를 위해서 패널, 기술 개발, 디자인, 마케팅의 모든 역량을 모으기로 한 것이다. 최고경영자가 이 TF팀장을 맡는 초유의 일도 함께 발생했다.

경쟁사들과의 '비교우위'와 '비교열위' 요인 파악, 원가 경쟁력, 기능 요소, 사용자 편의성, 화질, 디자인, 선행기술 확보 등 냉정하고 엄밀한 분석이 이루어졌다. 이를 통해서 '5대 전략 과제'가 만들어졌다. 2006년 3월 승지원에서 이건희 회장에게 중간 보고된 후, 회의체 전면 개편으로 '8인 위원회'가 신설되는 등 대대적 조직 개편이 단행되었다.

이 과정에서 과감한 승부수까지 띄웠다. 이른바 '배불뚝이'라고 불린 브라운관 TV의 생산 중단이었다. 당시 브라운관 TV의 비중이 전체 TV 판매량의 27%, 매출의 9%였다는 점을 감안한다면, 생산 중단 결정은 살을 내주는 일이 있어도 1등 시장을 가져가겠다는 확고한 의지였다. 양적 사고에서 벗어나 과감하게 버릴 것은 버리고 간다는 전략은 마침내 삼성 TV를 세계 1위로 끌어올린 '보르도 TV'를 탄생시켰다. 이전까지 삼성 TV를 찬밥 취급하던 베스트바이, 서킷시티 등 미국 대형 유통업체로부터 디자인과 화질의 우수성을 인정받았고 세계적인 평가기관들의 호평도 함께 얻었다. 그리고 1969년 흑백 TV를 생산하기 시작한 지 37년 만인 2006년 글로벌 시장에서 삼성 LCD TV가 13.5%의 시장 점유율로 세계 1위를 차지했다.

2013년 1분기 기준으로 삼성전자의 전 세계 평판 TV 세계시장 점유율은 10년 연속 세계 1위를 유지하고 있고, 종합 점유율 25%, 고급형 TV 점유율 50%에 육박하고 있다. 1만 3,000명이 넘는 시장 연구 전문가들이 100개 이상의 국가를 바탕으로 한 데이터를 제공하는 Gfk그룹과 전 세계 1,200개 제휴사와 16만 5,000개의 소매점에서 나오는 실시간 구입 정보를 바탕으로 하는 NPD 시장조사기관그룹에 따르면 삼성전자는 전체 조사 대상 67개국 가운데 63개국에서 점유율 1위를 차지했다. 업계 최고의 브랜드 파워에 차별화된 제품력과 철저한 해당 국가 및 지역 마케팅의 산물이다. 의지와 행동력의 산물이다. 행하고자 하는 자는 반드시 행하고, 가고자 하는 자는 반드시 그 길을 걸어서 목적지에 도착한다.

'거거거중지 행행행리각(去去去中知 行行行裏覺)'이란 말이 있다. '가고 가고 가는 중에 알게 될 것이고, 행하고 행하고 또 행하다 보면 그 속뜻을 깨닫게 될 것이다.'라는 의미다.

이 말은 아직 어떤 일을 시작하지도 않고 망설이는 사람에게 시작하도록 하는 말이고, 동시에 이미 일을 시작했는데 성과가 빨리 나오지 않아서 조급한 사람에게 더 가라고 이야기하는 말이기도 하다. 말만 그럴싸하게 하지 말고 행동을 보여주라는 것이다. 그것도 그냥 '행'이 아니라 '행행행'이다. 정상에 오르는데 목표를 두고 등산을 하는 사람은 출발하기 전에 한 번 정상을 보고는 그저 묵묵히 오른다. 오르고 또 오르고, 가고 또 간다. 그러다보면 절대 못 오를 것 같던 그 산이 어느새 자신의 발 아래 있는 것을 보게 된다.

'보보시도량(步步是道場)'이란 '한 걸음 한 걸음이 인생'이라는 뜻으로 이병철 선대 회장이 자주 인용하던 구절이다. 1987년 11월 19일 세상을 떠나면서 남긴 "행하는 자 이루고, 가는 자 닿는다."라는 말은 이 구절의 연장선에 있다. 이는 그의 행동주의적인 삶과 경영철학을 가장 정확하게 표현하고 있다. 그가 '이룰 수 있었던 것'은 결국 그가 '행했기' 때문이고, 자신이 목표한 바를 이루기 위해 '가고 또 갔던 것'이다. 게으른 행동에 대해서 하늘이 주는 벌은 두 가지라고 한다. 하나는 자신의 처절한 실패에 몸서리치는 것이고, 또 다른 하나는 내가 하지 않은 일을 해낸 옆 사람의 빛나는 성공을 지켜보는 것이다.

참고로 이 장 맨 앞의 문제의 정답은 세 마리의 개구리다. 그런데 내 생각에는 그런 게으른 세 마리의 개구리 옆으로 더 많은 게으른 개구리가 모여들어서 최소한 세 마리 이상이 정답이 아닐까 싶다. 끼리끼리 모이는 법이니까. 행하고자 한다면, 가고자 한다면, 그곳에서 벗어나 강으로 뛰어들어야 한다.

리셋은 '자신'이다

요즘 젊은이들은 우리 때와는 비교도 할 수 없는 양질의 교육과 혜택을 받아서 그런지 참 똑똑하다. 그런데 그에 비해 자신감은 많이 떨어져 보인다. 취업이나 상대적 박탈감 같은 문제 때문인지 자존감이 생각보다 약한 것 같다. 윈스턴 처칠의 'never give up(절대로 포기하지 마라)!'이라는 짧은 연설이 있다. 연설 당시 처칠은 2차 세계대전의 전시 지도자로서 영국은 물론 전 유럽의 기대를 한 몸에 받고 있었다. 하지만 그 시절 영국 국민은 매일같이 반복되는 히틀러의 런던 공습에 시달리고 있었고, 2년 이상이나 독일군에 맞서 고전을 면치 못하고 있었다. 1941년 10월 29일, 그는 모교인 해로우 스쿨에서 학생들에게 이렇게 말했다.

절대로 굴하지 말 것,
절대로, 절대로!

이 말은 학생들에게 전쟁의 공포에 지지 말고 힘 내라는 말로도 해석되지만, 어쩌면 처칠 자신이 무너져 내리지 않기 위해서 스스로에게 던진 신념의 각오였는지도 모른다.

'비관론자는 어떤 기회가 찾아와도 어려움만을 보고 낙관론자는 어떤 난관이 찾아와도 기회를 본다.'는 그의 또 다른 말처럼, 한번 굴복하기 시작하면 인간이란 존재는 생각보다 쉽게 무너져 내린다.

'낮은 자신감은 계속 브레이크를 밟으며 운전하는 것과 같다.'는 맥스웰 말츠의 말처럼 한창 달려가야 할 시기에 스스로 그 속도에 제동을 거는 행동만큼 어리석은 일은 없다. 세상 모든 것을 다 리셋해서 준비해 두어도 정작 그것을 행할 자신을 리셋하지 못하면 만사 무용지물일 뿐이다. 남의 자기 계발을 들여다보아도 정작 그것을 자기 것으로 가져오지 못하면 헛수고이고 마음만 우울해진다. 스스로 알을 깨면 한 마리 병아리가 되지만 남이 깨주면 계란 프라이가 된다는 말은 그냥 흘려 듣기에는 생각하게 하는 바가 크다.

자신을 리셋하기 위해서는 먼저 자신의 능력을 신뢰해야만 한다. 스스로 신뢰하지 못하면 남을 설득시킬 수 없다. 겸손하지만 합리적인 자신감 없이는 성공할 수도 없다.

좋은 일을 생각하면 좋은 일이 생기고, 나쁜 일을 생각하면 나쁜 일이 생긴다. 자신이 자신감을 가지면 자신감은 생겨나는 것이고, 자신이 자신감을 못 가지면 자신감은 결코 가질 수 없는 것이 된다. 나에 대한 자신감을 잃으면 온 세상이 나의 적이 되고, 자신을 의심하는 사람은 마치 적군에 가담해서 스스로에게 열심히 총을 쏘는 바보와 같기 때문이다.

자신에 대한 신뢰를 전제로 한 다음에 개인의 역량을 지금보다 강화할 필요가 있다. 스스로 가장 잘 할 수 있는 것을 찾고, 성격이나 흥미에 맞는 분야에 도전하는 것이 효율성 및 능력을 향상시키는 데 상승 효과가 있을 것이다. 기업의 사업 선택과 집중이 여기에 해당한다고 할 수 있다. 다음은 거창한 목표가 아니라 계획한 시간 안에 실현 가능한 구체적인 목표를 세우고 실행하도록 한다. 그 와중에도 놓치지 말아야 할 질문은 '내가 지금 어디에 있는가.'이다. 내가 속한 기업이나 업종이 지금 어떤 상태에 있고 어떻게 발전할 것인지 끊임없이 관찰하고 내 위치를 잊지 말아야 한다. 그래야만 적응이 빠를 수 있다. 과거의 경험이나 지식으로 섣불리 판단했다가는 위험을 부를 수 있다.

멘토, 오픈 마인드(Open Mind), 벤치마킹 등의 개념은 나를 끌어올리는 중요한 도구가 된다. 아무리 뛰어난 사람이라도 전지전능은 아니기 때문이다. 때문에 나보다 뛰어난 사람이나 조직을 눈으로 보고 그들이 가진 지식, 기술, 노하우를 배울 필요가 있다. 아울러 그들과 지속적인 신뢰 관계를 쌓아가는 게 중요하다. 그것이 곧 인적 네트워킹 및 자산이 되기 때문이다. 인맥 관리의 핵심은 내가 그 사람을 얼마나 아는가가 아니라 그 사람이 나를 얼마나 생각하는가에 달렸다. 기업 임원으로 퇴임한 사람 중에도 인맥에서 좌절하는 경우가 있다. 임원일 때의 인맥에는 기업이란 뒷받침이 작용했다는 사실을 잊어버린 까닭이다. 반대로 기업에 근무할 때보다 더 탄탄한 인맥을 활용하는 사람도 있는데 이것은 순전히 자신의 노력에 달렸다.

자신에 대한 확신이 약할 경우, 간혹 자신을 어쩔 수 없다는 명분과 함께 '타협'이란 보다 손쉬운 공간으로 밀어 넣는 사람들이 있다. 하지만 타협해서는 결코 리셋할 수 없다. 리셋은 '이것 아니면 저것(All or Nothing)'이라는 제로섬 게임에 가깝지 타협이 아니기 때문이다.

1993년 신경영 선언 당시 이건희 회장은 정보화를 통한 PI(Process Innovation) 작업을 개혁의 핵심 방법론으로 생각했다. CAD/CAM 등을 활용한 '수주 → 설계 → 생산·공정관리 → 재고관리 → 출고'로 이어지는 프로세스를 모두 종합적이고 유기적으로 컴퓨터를 통해 관리해 오류가 없는 정보화 시스템을 구축하겠다는 복안이었다. 사실 1991년에 이미 종합적인 정보 인프라 구축 필요성은 강조된 것이었다. 그러나 제대로 추진되지 못하고 있다가 1993년 신경영 추진 과정에서 여러 차례 정보 인프라 구축에 대한 자신의 지시 사항을 말하며 '댐의 높이'란 비유적 언급으로 유명해졌다.

"10개 공정 가운데 6개 공정을 자동화해 놓고 '60% 자동화됐다.'고 보고하는 임원이 있는데 이것은 자동화율 60%가 아니라 0%다. 댐의 높이가 10m로 일정하게 유지되어야 하는데 한 군데만 5m로 낮아져도 그 댐의 높이는 5m다."

정보화가 여러 갈래에서 동시에 동질의 수준으로 추진되지 않을 경우 그것은 신경영도 정보화도 아니라는 것을 말한 것이다. 이것을 개인으로 바꾸어 말하면, 다방면에서 모두 뛰어난데 인성에 결함이 있으면 그 사람은 사실 뛰어난 점이 없다고 보아도 좋다는 의미다. 결함이 있는 다이아몬드는 제대로 된 사파이어보다 낮게 평가되는 것과 같다. 스스로 결함이 있다는 것을 알고 있다면 그것을 극복할 생각을 반드시 해야 한다. 타의에 의해서 발견되고 언급되면 자발적 리셋이 아니기 때문이다.

삼성 제품이 퀀텀 점프를 이루어 낸 배경에는 타협 없는 자신감의 리셋이 있다. 2000년 이후 삼성의 반도체 사업 전략은 일명 '투 트랙'으로, 메모리 분야에서 D램 의존도를 줄이면서 동시에 낸드플래시 등으로 시장을 확대하고 시스템 LSI는 씨앗을 뿌린다는 쪽으로 사업구조를 전면 재편하였다. D램이 본궤도에 올랐지만 시황에 따라 가격 등락의 폭이 컸고, 전통적으로 세계 반도체 시장은 D램으로 대표되는 메모리와 시스템 LSI 시장이 30:70의 규모였기 때문이다. 더 큰 시장을 향해 가지 않으면 안 되었다. 삼성이 메모리 시장에 먼저 뛰어든 이유는 초기 투자비가 시스템 LSI에 비해 훨씬 적게 들기 때문이었다.

삼성 낸드플래시 사업의 분수령은 2000년 초에 일본 A사가 구조조정의 파트너로 삼성을 선택하고 접촉하면서 생겨났다. 그러나 결론적으로 삼성은 A사의 제안을 모두 거절했다. 제안 배경을 간파하고 있었던 것이다. 세계 1위 낸드플래시 업체였던 A사는 불황을 맞아 삼성의 현금 유동성을 활용하면서 동시에 강력한 잠재적 경쟁자를 잡아두겠다는 생각이었던 것이다. 거절하기 어렵고 유혹받기 쉬운 타협의 순간이었다.

2001년 8월 오쿠라 호텔 인근 식당에서 삼성전자 사장단 회의가 끝날 무렵 이 회장은 충분히 독자적으로 진행할 수 있다는 당시 반도체 사업부장의 말을 듣고 최종적으로 A사의 제안을 거절했다. 타협하지 않는 쪽을 선택한 것이다. 이 결정은 1년도 지나지 않아 옳은 것으로 판명되었다. 삼성이 1기가 낸드플래시 메모리 개발에 성공하면서 이듬해 낸드플래시 점유율 세계 1위에 올랐기 때문이다. 삼성의 점유율은 급등한 반면 A사의 점유율은 떨어져 내렸다. 이후 낸드플래시 시장 장악은 몇 년 뒤에 만개한 휴대폰 핵심 칩으로 인해 모바일 시장에서 또 한 번 삼성에게 기쁨을 안겨주었다. 휴대폰의 핵심 칩이 낸드플래시였기 때문이다.

만약 이때 타협이란 선택을 했다면 지금 삼성은 낸드플래시뿐만 아니라 시스템 LSI의 성장도 기대하기 어려웠을 것이고, 기존에 유지하던 D램 분야에서도 흔들릴 수 있었다. 이런 면에서 본다면 사실 타협은 전략적 패배를 스스로 인정하는 것과 마찬가지다.

혁신(革新)과 혁명(革命)은 같은 혁(革) 자를 쓰지만 그 내용은 전혀 다르다.

혁신은 묵은 관습이나 방법으로는 발전할 수 없음을 인식하고 합법적인 방법으로 급속히 새롭게 바꾸는 것이고, 혁명은 지배계급에 불만을 가진 세력이 정권을 빼앗아 헌법의 범위를 벗어나 자기들이 생각한 방식대로 바꾸는 것이다. 흔히 혁명을 한 방의 원자폭탄에, 혁신을 원자력발전소에 비유한다. 하나는 파괴를 동반하는 폭력적 산물이고 다른 하나는 에너지를 만들어 내는 산물이다. 혁신과 혁명의 논리를 미식축구의 전술과 연관시켜 보면 패스 플레이, 러닝 플레이로 이해할 수 있다. 쿼터백(quarterback)이 전방의 자기편 선수에게 긴 패스로 공을 던지면 한 번에 많은 거리를 전진할 수 있는 장점이 있다. 이것이 패스 플레이(passing play) 전술이다. 그런데 이 전술은 실패의 확률이 높고 만약에 던진 공을 빼앗기면 바로 역습을 받을 수 있기 때문에 대단히 위험하다. 반면 러닝백(runningback)이 쿼터백에게서 볼을 전달받아 상대 진영으로 뛰는 러닝 플레이(running play)는 패스 플레이처럼 한 번에 먼 거리를 가기는 어렵지만 실패의 위험성이 적다. 실제로 패스 플레이와 러닝 플레이는 미식축구의 양대 전술로 사용되고 있다.

언뜻 보기에 과격하고 파괴적인 것이 혁명이다. 그럼에도 불구하고 혁신이 혁명보다 어렵다고 흔히 말한다. 그 이유는 세상에서 가장 바꾸기 힘든 것이 자기 자신이고 혁신은 바로 그런 자신을 바꿔야만 가능하기 때문이다. 온 세상을 다 알지만 정작 자기 자신을 모르는 것이 사람이다. 만 권의 책을 읽고 천 권의 책을 외우고 천 년의 역사를 모두 다 알고 있다고 대답할 수 있는 사람이 있다고 해도, 그 사람이 자기 자신에 대해 다 알고 있다고 당당하게 대답할 수는 없을 것이다. 혁신이 혁명보다 어려운 두 번째 이유는 혁신을 하기 위해서는 필연적으로 새로운 시스템을 향해서 변화를 해야 하는데, 이 변화 과정 속에서 피로감이 동참자들한테 먼저 가게 되기 때문이다. 모든 혁신의 실패는 초기 참여자들이 혁신 과정 속에서 나타나는 피로감을 견디지 못하는 데에 있다.

붕정만리(鵬程萬里)라는 말이 있다. 《장자》〈소요유(逍遙遊)〉 편에 나오는 말이다. 장자는 전설적인 새인 붕(鵬)을 다음과 같이 표현했다.

"어둡고 끝이 보이지 않는 북쪽 바다에 물고기가 사는데 그 이름을 곤(鯤)이라고 한다. 곤의 크기는 몇 천 리나 되는지 모를 정도로 큰데, 이것이 변해서 새가 되었고 그 이름을 붕이라고 한다. 붕의 날개는 몇 천 리나 되는지 알 수 없다. 한 번 떨쳐 일어나 날면 그 날개가 하늘을 덮는 구름과 같았다. 날갯짓 한 번에 3천 리를 날고 하늘 높이 9만 리를 올라가 6개월을 날다가 비로소 한 번 쉰다."

붕은 전설적인 상상속의 새를 말한다. 그런데 곤이 변해서 붕이 되는 시간은 나와 있지 않다. 얼마나 많은 시간을 스스로 준비했을까 짐작하기 힘들다. 단 한 번의 날갯짓으로 대한민국 끝에서 끝까지 갈 수 있는 힘이 있고 한번 날아오르면 6개월을 쉬지 않고 견딜 수 있는 힘이 있다니 놀랍다. 그래서 웅대한 뜻을 품고 먼 길을 떠나는 사람에게 '붕정만리'라는 말도 썼고, '대붕의 뜻을 메추라기 같은 새는 알지 못한다.'는 말도 사용한다.

날갯짓 한 번에 3천 리를 날아오르기 위해서는 막대한 에너지가 필요하다. 그 에너지는 이미 하늘 위에서 상승기류를 탄 것처럼 쉬운 일은 아닐 것이다. 날기 위한 최초의 힘은 가장 많은 에너지를 필요로 한다. 인간이 만든 비행기는 최대 항속 거리가 15시간 내외다. 붕이 나는 6개월에는 턱없이 못 미친다. 고도 역시도 국내선은 2만 피트, 국제선은 3만 피트가 순항고도인데 곧 6~10km 내외다. 비행기의 운항은 세 단계로 나누어 볼 수 있는데, 이륙할 때의 상승 곡선, 안정 고도에 도달한 이후의 수평 운항, 착륙할 때의 하강 곡선이 그것이다. 국제선의 경우 안정 고도인 3만 피트(약 10km)를 상승해서 제트기류를 타야 경제적으로 운항할 수 있다. 그래서 비행기의 전체 운항 가운데 연료를 가장 많이 사용하는 구간은 바로 이륙에서 수평 운항하는 지점에 도달할 때까지다. 국내선은 연료의 50%, 국제선은 10% 이상을 이때 사용한다.

붕은 9만 리를 올라간다고 했다. 이것은 무려 35km의 높이다. 왜 이처럼 높이 날아오르는가. 바로 6개월을 날아가는 힘이 여기에 있기 때문이다. 사람이나 조직이 어떤 개혁을 하겠다면 이와 마찬가지의 이론이 필요하다. 초기에 자신의 모든 역량을 기울여 추진하고 더 멀리 가고 싶다면 더 높이 올라가는 끈기 있는 개혁을 해야만 이후에 가속도가 붙어 안정적으로 일을 할 수 있게 된다. 그것은 남이 대신해 줄 수 있는 일이 아니다. 스스로 해야만 개혁이 되고, 개혁의 근육이 생긴다.

　찰스 코언이라는 생물학자는 번데기가 나비로 변태하는 과정에서 나비들이 바늘 구멍보다 조금 큰 구멍으로 비집고 나오는 모습이 너무나 안타까워 쉽게 나오라고 번데기의 구멍을 가위로 잘라주었다. 그러자 가위로 번데기의 구멍을 잘라준 나비들은 날지 못하고 땅으로 떨어져 힘없이 뒹굴었다. 나비가 작은 구멍을 빠져나오려고 애쓰는 동안 몸통에서 액체가 나와 날개를 적시게 되고, 안간힘을 쓰며 빠져나오는 와중에 단련된 날개는 날 수 있는 힘을 자연스럽게 얻게 되는 것이 자연의 이치였기 때문이다. 혁신은 더 큰 목표를 향해 날 수 있는 스스로의 능력을 키우는 것이다.

　여기에 더해 자신에 대한 리셋의 마음가짐은 그야말로 대인춘풍 지기추상(待人春風 持己秋霜)으로 해야만 한다. 스스로에게는 가을 서리처럼 엄하게, 상대방에게는 봄바람처럼 부드럽게 대한다면 남에게 욕먹을 일도 없고 자신을 나태하게 만들 일도 없을 것이다.

Chapter 3
직장인을 위한 리셋 트레이닝

직장인을 위한 리셋 트레이닝 - 하루 리셋

'네가 헛되이 보낸 오늘은 어제 죽은 이가 그토록 그리던 내일이다.'

그리스 극작가 소포클레스가 남긴 말이다. 부유한 가정에서 태어났지만 애국심과 진지함을 바탕으로 그리스 시민들의 존경을 받았던 소포클레스는 삶과 죽음, 존재와 사라짐에 대한 지혜로운 글을 많이 썼다. 우리가 너무나 잘 아는 〈오이디푸스 왕〉 역시 이 사람의 작품이다.

내일을 보지 못하고 죽는 생물이라고 하면 언뜻 짧은 생을 사는 하루살이를 떠올리기 쉽지만 사실 하루살이는 1년 정도 산다고 한다. 그런데 많은 직장인들이 "오늘도 또 이렇게 하루가 가는구나!" 하는 하루살이식 푸념을 하면서 저녁을 맞는 경우가 많다. 그 말에는 오늘도 무의미하게 하루가 간다는 한탄이 섞여 있다. 그러면서 오늘은 이랬지만 내일부터는 좀 달라져야지 하는 사람이 많을 것이다.

프랑스를 대표하는 미식가이며《미식예찬》이란 책을 쓴 브리아 사바랭은 '내게 네가 무엇을 먹는지 말해다오. 그러면 네가 누구인지 가르쳐 주겠다.'는 말을 했다. 그 말을 직장인에 맞게 바꾼다면 아마 '내게 네가 오늘 하루 무엇을 했는지 말해다오. 그러면 네가 누구인지 가르쳐 주겠다.' 정도가 아닐까.

많은 사람들이 한 번쯤 경험해 봤겠지만, 원인 없는 결과가 없듯 내일부터 시작하겠다는 계획은 계획이 아니다. 실행된 적이 거의 없기 때문이다. 결과는 항상 앞으로 역추적해보면 정말 사소한 것이 원인이 되어서 굳어져 버린 경우가 많다.

오래전 다큐멘터리에서 미국은 더 큰 로켓을 만들고 싶어도 운반할 열차의 궤도 폭이 일정해서 그러지 못한다는 내용을 본 적이 있다. 미국 표준 철도의 철길 너비가 1.435m라고 한다. 이 수치는 어떻게 만들어진 것일까. '5whys' 기법으로 기원을 찾아보자. 숫자가 딱 떨어지진 않지만, 영국에서 철도를 이렇게 만들었고, 이를 영국 사람들이 미국에 그대로 적용했다고 한다. 그렇다면, 다시 영국에서는 왜 철길 너비를 이렇게 만들었을까? 철도의 전신이랄 수 있는 광산의 궤도를 만든 사람이 똑같이 1.435m로 철도를 만들었기 때문이라고 한다. 그렇다면, 광차 궤도는 왜 그렇게 만들었을까? 그것은, 마차를 만들 때 썼던 것과 같은 도구와 자를 사용해 광차 궤도를 만들었기 때문이며, 당시 사용하던 마차의 양 바퀴 간격이 1.435m였다고 한다. 그렇다면, 도대체 누가 왜 마차의 바퀴 간격을 그렇게 만들었을까? 옛날 영국에 마차를 달리게 한 도로의 가운데에는 바퀴의 홈을 만들어서 바퀴가 이탈하지 않도록 하는 장거리 도로가 있었는데 이 도로의 폭이 바로 1.435m였다는 것이다. 그럼 이 도로는 누가 처음 만들었는가. 바로 천 년 전 로마제국 사람들이 영국에 건설한 것이 그 기원이라고 한다. 로마 전차가 달리던 길이었던 것이다. 그럼 왜 로마제국에서는 이런 간격을 택한 것일까? 여기에도 이유가 있다. 로마제국 전차의 바퀴 간격이 이 너비가 되어야 말 두 마리가 끌기에 알맞았기 때문이다. 결국, 전 세계를 대표한다는 미국 표준 철도의 철길 너비는 로마제국 전차를 끌던 말 두 마리의 엉덩이에서 비롯된 것이다.

하루의 첫 시작은 바로 출근시간을 포함한 아침이다. 프로젝트에 몰두하던 임원 시절 나는 종종 부하직원들에게 이렇게 말했다.

"시간에 쫓기면 안 된다. 시간을 쫓아야 한다."

아침 같은 경우가 대표적으로 시간을 쫓아야 하는 시간이다. 직장인이 지각을 해도 되는 날은 언제일까. 회사를 그만둔 다음 날부터다. 직장생활을 하는 동안 지각은 없다고 생각하고 살아야 하루가 제대로 굴러간다. 하루가 제대로 굴러가야 일주일이 가고, 한 달이 가고, 1년이 간다. 24시간, 1440분이란 톱니바퀴의 첫 물림이다. 어떤 책을 보면 '전체 아침회의가 있는 날이나 월요일 아침, 휴일 다음날 등에 지각을 하면 보통 때보다 훨씬 눈에 잘 띄니 이런 날은 절대 지각하면 안 된다.'는 말이 있다. 그럼 다른 날은 지각을 해도 된다는 말인가? 아침 시간은 지각도 하지 않아야 하고 활용도 잘 해야 한다.

회식한 다음 날, 월요일, 전체회의가 잡힌 날을 빼고 하루를 택해서 한 번 6시에 출근해보라. 6시에 일어나란 말이 아니라 6시에 회사의 책상에 앉아보라는 말이다. 회사에 따라서 문 여는 시간이 정해져 있다면 가장 빠른 시간 안에 도착해서 책상에 앉아보라. 그리고 아무도 없는 사무실에 혼자 앉아서 그

날 해야 할 일을 집중해서 해보라. 어디까지, 얼마나 많은 일들을 할 수 있는지 한번 해보라. 사람들은 8시 반이 지나면 등장할 것이다. 2시간 반 동안 집중하면 아마도 그날 하루에 할 일의 절반 이상의 성과를 거둘 것이다. 아침시간에는 잠을 자고 일어난 뇌가 움직이기 시작하고, 피로물질이 쌓이는 저녁과는 달리 머리가 쌩쌩하게 돌아간다. 문자나 전화가 올 일도 없고 옆에 와서 말을 붙이거나 신경 쓰이게 하는 사람도 없다. 그야말로 무아지경으로 일을 할 수 있는 시간인 셈이다. 이런 아침 시간의 장점을 한번이라도 느낀 사람은 다음부터 1시간 정도 일찍 출근할 수 있는 준비가 되었다고 보아도 좋다.

그런데 왜 회식한 다음 날, 월요일, 전체회의가 잡힌 날은 빼라고 했을까. 회식 다음 날 늦게 출근할 것을 염려해서 아예 회사 근처나 사무실의 숙직실 등에서 자는 사람이 있기 때문이다. 월요일과 전체회의가 잡힌 날은 발표자가 일찍 올 수 있다.

주변에 보면 항상 5분 정도 늦는 상습 지각생이 있다. 그런데 5분 늦는 사람은 사실 5분만 빨리 오겠다는 생각 때문에 계속 지각한다. 실제 지각을 면하고 싶다면 35분 일찍 오겠다는 생각을 하고 움직여야 제 시간에 올 수 있다. 5분이란 시간은 아침 출근 시간에서 사실 절대로 지킬 수 없는 시간이다. 버스나 지하철을 한 번만 놓쳐도 그것으로 끝이기 때문이다.

출근하는 동안에는 회사에 가면 무엇을 할 것인지, 미팅은 언제 누구와 있으며 무엇을 준비할지 다시 한 번 꼼꼼히 챙겨보는 시간을 가지도록 하자. 전날 컴퓨터에 다음 날 일정과 체크리스트를 붙여 두고, 이를 스마트폰으로 찍어서 아침 출근길에 확인하고 체크하는 방법도 좋다. 이렇게 하면 책상에 앉자마자 바로 일을 시작할 수 있다.

저녁이 되면 크게 두 가지를 하는 쪽으로 정리가 된다. 하나는 상사, 선배 등과 대화를 겸한 자리의 마련이고, 다른 하나는 6개월 또는 1년 단위의 목표로 정한 공부를 하는 시간이다.

먼저 일 잘하는 상사나 선배의 노하우는 가능한 빨리 전수받는 것이 좋다. 업무 중에는 진지하게 대화를 할 여유가 없으므로 결국 저녁밖에 시간이 나지 않는다. 그나마 당신이나 대상인 상사, 혹은 선배가 항상 시간을 비워 두고 있으란 법도 없다. 결국은 정중하게 코칭을 해달라는 의미로 자리를 적극적으로 마련해야만 한다. 배우려는 자세를 적극적으로 내비치면 상사나 선배는 사실 좋아할 것이다. 가르치고 키워서 제대로 써먹으면 자신들도 좋고 보람도 느끼기 때문이다. 성공담이나 실패담이 나온다고 해서 지겹다는 표정을 짓기보다는 그 이야기가 지금은 어떻게 바뀔 수 있고 적용될 수 있는지 생각하면서 들어야 한다. 상사나 선배와의 대화는 돈을 주고도 살 수 없는 간접경험을 가져다 준다. 여기에 더해서 어려웠거나 까다로운 클라이언트, 내 시각으로는 해결되지 않았던 고질적인 문제에 대해서도 상담할 수 있다.

두 번째 선택은 공부다. 회사나 조직에서 살아 남으려면 배우고 때때로 익히는 방법밖에 없다. 퇴근 후와 휴일이 결국 그 몫으로 돌아간다. 직장인들의 출발점은 비슷한데 시간이 지나면서 격차가 생기는 것은 전적으로 자기 탓이다. 그런데 업무 시간은 대부분 다 힘들고 정신이 없다. 어느 회사라고 해서 '완전 천국'이라고 부를 수 있는 곳이 있는 것이 아니다.

따라서 남은 시간인 퇴근 후나 휴일의 시간을 활용해 얼마나 실력을 쌓고 끊임없이 공부하는가에 따라서 인정받느냐 아니냐가 정해진다. 그래서 직장인들이 언어를 배우고 회계를 배우고 법을 배우는 것이다. 공통적으로 어느 회사에서도 필요로 하는 항목이기 때문이다. 장기 공부와 단기 공부의 두 가지를 정해 두고 지치지 말고 계속 나가야 한다.

어느 날 오랜만에 만난 다른 회사 다니는 대학 동창이 술자리에서 '잠깐만'이라고 하면서 중국어로 거래처와 통화하는 모습을 보고 충격 받는 친구들이 많다. 단순히 '야! 대단하다. 부럽다.'에서 그치지 말고 그 친구가 들인 시간과 노력을 인정해 주자. 당신도 당연히 할 수 있다. 다만 하지 않기 때문에 성취하지 못할 따름이다.

직장인에게 하루란 시간은 프로페셔널이 되기 위해서 업무 능력 발휘, 전문지식 습득, 어학력 향상, 인간관계 폭 증가, 매너 및 리더십 함양을 복합적으로 수행하는 첫 단추다. 하루라는 시간은 매일매일 돌아오는 실탄이지만, 매일매일 과녁을 맞추지 못하는 사람도 생긴다.

하루를 어떻게 리셋하는가에 따라서 결국 인생이 어떻게 리셋되는가가 정해질 것이다.

직장인을 위한 리셋 트레이닝 - 업무 리셋

"업무는 어디서 하는 것일까?"라고 지나가는 말로 물어보면 아무 생각 없이 "책상에서 하죠."라고 대답하는 사람도 있을 것이고, "회사에서 하죠."라고 하는 사람도 있을 것이다. 그런데 가끔은 너무 당연한 말을 물으니 조금 생각하고는 "회사에 다니는 동안에 하는 모든 일이 업무 아닙니까?"라고 하는 사람들이 있다. 물론 이것은 립서비스일 수도 있다. 그런데 업무를 보는 시야, 눈과 마음의 크기가 서로 차이가 나는 것은 어쩔 수 없다. 누가 미래에 더 좋은 평가를 받을지에 대해서 한번 생각해볼 문제다.

신입에서 벗어나서 대리(代理)가 되기 전에 내 옆자리엔 팩스기가 있었다. 지금이야 대부분 정보를 이메일로 보내니 일부 직종을 제외하고는 팩스를 보내는 일이 많이 줄었지만, 당시는 팩스로 보내오는 문서가 정말 많았다. '팩스 심부름'은 단순한 것 같지만 수량과 횟수를 따지면 그것도 엄연한 업무였다.

여기에 단순히 전달하는 심부름뿐만 아니라 팩스를 보내고 복사하여 가져가는 일이 따라오기 때문에 처음에는 '내가 복사하고 팩스 받으려고 삼성에 왔나.'라는 생각도 했다. 그러다 문득 기계적으로 이 일을 할 것이 아니라 관점을 바꿔서 좀 적극적으로 해보자는 생각이 들었다. 복사하거나 팩스로 주고받은 내용을 살펴보면서 나름 공부를 한 것이다. 예전에는 팩스의 전송 속도가 느린 편이었다. 그래서 다음 장을 기다리는 동안 멀뚱멀뚱 서 있는 것이 아니라 전송된 문서를 읽어보면서 회사의 각 부서들이 어느 지점에서 무슨 일을 하고 있구나 하는 '감'도 잡았다. 그리고 관계 회사의 각종 문서 양식을 살펴볼 수도 있어서 나중에 크게 도움이 되었다. 전체가 20장 정도 되는 팩스는 순서대로 오지 않고 섞여서 오기 때문에 정리하는 시간에도 읽을 수 있었다.

어떤 날은 팩스 문서를 서서 읽다가 야단맞은 적도 있었다. 다른 부서의 팩스였는데 '네가 그걸 왜 읽고 있냐. 읽으면 뭔지 아니?' 하면서 말이다. 그런데 사실 대외비 문서는 당사자인 부장급들이 직접 받으러 오기 때문에 크게 문제되는 것은 아니었다. 또한 어떤 임원들은 내가 읽고 정리해서 요약해 주면 오히려 무척 좋아하는 분도 계셨다. 업무를 할 때는 그렇게 다른 시야에서 보고 파악하고 행동하는 것도 일정 부분 필요할 것이다.

업무의 시작과 끝, 정리정돈

삼성전자 수원사업장에 와 본 사람은 느꼈겠지만, 삼성에 출입하려고 하면 인천공항에 출입하는 것보다 훨씬 더 까다롭다. 직원들 중에도 가끔 출장을 간다든지 하면서 챙겨 둔 USB를 잊고 있다가 검색대에 걸려서 보안 위반 사유서를 쓰는 경우가 있고 부서장에게 혼나는 경우도 많다. 기밀과 보안유지 때문이다. 특히 삼성은 보고서 같은 서류 위에 '대외비(confidential)' 마크처리를 하는 것들이 많다. 그래서 초기에는 캐비닛에 넣고 자물쇠로 잠그는 장치를 했고, 최근 종이에서 데이터로 넘어가면서는 문서 자체에 보안 시스템을 깔아 둬서 인트라넷에 있는 내부 시스템에서 바깥으로 메일을 보낼 때 기밀 사항이라든지 또는 경쟁사에 대한 언급이라든지 이런 것들이 있으면 기본적으로 바깥으로 파일 자체를 보내거나 읽을 수 없도록 되어 있다. 그러니 정리하는 습관을 안 들일 수가 없다. 책상 위에는 절대로 보안 문서 같은 것이 올라와 있어도 안 되며 열어놓고 퇴근하면 안 된다. 과거에도 한때 퇴근하고 난 후 총무과 직원이 돌아다니면서 캐비닛을 열어 보고, 열리면 거기다 경고장을 붙이고 갔다. 내용물을 잘 정리하고 제대로 잠그고 다니라는 것이다. 거기에다 책상 서랍 열쇠 같은 것을 분실하거나 집에서 안 가져오는 경우가 있어서 남의 눈에 안 띄게 화분 밑 같은 곳에 숨기는 경우도 있었는데, 그것이 적발돼 사유서를 쓰는 일도 많았다. 그리고 개인 PC도 개별적으로 보안 설정 잠금을 하도록 되어 있다. 이러다 보니 삼성의 경우는 잡다한 것들이 책상 위에서 점점 사라지는 추세다.

대개 퇴직한 임원들이, 다른 사항들은 의견이 일치하지 않을지 모르지만, 정리정돈을 소홀히 하는 사람이 일을 못한다는 말에는 이구동성으로 찬성표를 던진다. 예외 없이 일처리가 느리고 업무 내용이 부실하다는 것이다. '수신제가(修身齊家)도 못하면서 어떻게 치국평천하(治國平天下)를 하겠느냐.'는 말이다. 당장 자료며 서류며 명함 같은 것을 정리하지 않는 사람이 어떻게 일을 잘하고 회사의 프로젝트를 끌고 나갈 수 있겠는가. 눈에 보이는 서류만이 아니다. 컴퓨터 안의 폴더와 파일까지 포함해서 하는 말이다. 정리정돈을 하지 않으면 찾는 데 당연히 시간이 걸리고, 맞는지 확인하는 데 또 시간이 걸린다. 이 서류 저 서류를 찾으면서 시간만 가고 질책을 당하는 것이다.

임원의 방에 온 사람들은 책상 위가 너무 깨끗해서 놀라는 경우가 많다. 임원 방에 서류가 산더미처럼 쌓여 있거나, 제자리에 물건이 없는 경우가 거의 없다. 어느 서류가 몇 번째 서랍에 있는지도 머릿속에 있는 사람이 임원이다. 그렇게 하지 않으면 주어진 시간 안에 프로젝트를 파악하고 지시하고 점검하는 일을 할 수 없기 때문이다.

업무의 시작과 끝, 업무일지

모든 회사가 빠짐없이 쓰고 있는 공통 문서가 바로 업무일지다. 업무일지는 그만큼 기본이면서 또 중요하다는 말이다. 일일 업무일지, 주간 업무일지가 대표적이다. 그런데 업무일지도 결국은 일종의 보고서에 가깝다. 누가 누구에게 보고하는지에 따라 대표성과 취합 문제가 있다. 임원들은 직원들의 일일 일지나 주간 일지를 보지는 않는다. 삼성의 팀장(다른 회사의 본부장급) 밑에는 그룹장이 있다. 그 다음이 파트장, 그 밑이 유닛장, 조장 식이다. 부서마다 다소 차이가 있지만 유닛장이나 조장들이 직원을 서너 명 데리고 있는 셀 단위는 그 해당 셀의 일일 일지나 주간 보고를 셀장이나 파트장, 더 올라가서 그룹 단위, 팀 단위로 보고한다. 보통 팀장들은 파트장, 두 단계 밑까지는 보고를 받아서 본다. 이 말은 아래의 업무일지가 왜곡되면 위쪽에서는 편차가 더 커진다는 말이다. 처음에 각도 1도만 어긋나도 점점 그 각이 커지는 것이다. 그래서 정확하게 써야 한다.

직원이 쓰는 일지와 위로 갈수록 쓰는 일지의 성격이 조금은 다르다. 직원일 때는 내가 얼마나 열심히 했는지를 쓰려고 굉장히 노력한다. '내가 열심히 했다, 내가 여기서 다른 어떤 사람보다도 역할을 더 많이 했다.'는 것을 보이려고 하는 것이다. 중간 간부일 때는 어차피 또 위에 보고를 해야 하는 거니 밑에 있는 여러 사람들의 밸런스도 봐야 하고, 또 윗분의 지시에 대한 피드백이 있기 때문에 선별과 우선순위의 개념이 들어간다. 즉 어떤 것을 보고하고 어떤 것을 보고하지 않을지를 고민한다. 보고 가치가 없는 것을 먼저 순위에 올릴 수는 없는 노릇이기 때문이다. 임원이 되면 전략적인 사고라든지, 여러 가지 큰 그림과 흐름을 파악해야 한다. 소위 말하는 빅 픽처(big picture, 전체상)나 빅 트랜드(big trend, 주요 경향), 그리고 문서에 있는 팩트(fact)가 숨겨 둔 함의가 뭘까 하는 것들을 들여다보기 때문에 생각하는 시간이 무척이나 많아진다.

직급을 떠나서 공통점이 있다면, 기록된 것으로 복기하고, 하루나 한 주를 반성하고, 돌출된 문제점을 파악하고, 동일 실수를 반복하지 않고, 고치고 해결하는 방법을 찾는 쪽으로 작성한다는 것이다.

업무일지를 보통 오후 4시 정도에 쓰는 사람들이 많은데, 오늘의 업무일지는 사실 어제 쓰는 것이 맞다. 오늘 할 업무와 미팅은 대부분 정해지고, 예측된 것이 80% 수준이다. 생각해보라. 보고할 사항, 연락할 사항과 사람, 내용, 제안 관련으로 미팅할 사람과 준비된 제안서의 성격, 오후에 잡힌 회의 주제와 논의 사항, 점심 약속으로 잡힌 거래처와 할 이야기 등은 이미 어제 일정부분 틀이 잡힌 것이다. 그렇기 때문에 오늘 업무일지의 80%는 어제 작성이 가능하다. 나머지는 실제 겪은 내용과 현장감을 메모 등으로 기록했다가 바로 끝날 때마다 기억이 무뎌지기 전에 쓰는 것이다.

회의를 건성으로 하지 마라

회사에는 여러 종류의 회의가 있다. 정기적으로 정해진 요일(보통 월, 수, 금)에 하는 정기회의가 있고, 프로젝트나 긴급한 변동사항에 대한 대처로 하는 임시회의 등이 있다. 이처럼 회사에서 진행되는 회의는 저마다 목적이 있고 주제도 다르다. 대부분 자신이 직접 발언하는 것보다는 참관해서 듣고 전달 사항을 이야기하는 경우가 더 많을 것이다. 하지만 아무리 수동적인 회의라고 해도, 잘 듣는 사람의 수업이 나중에 하는 복습보다 낫다. 1년이면 최소 20일 가까운 시간을 회의로 채우는 회사에서는 회의에서 잘 듣는 것이 엄청난 훈련이고 업무가 된다. 실제로 나는 상무 때 주로 사업부단위 월간회의에 많이 들어갔고, 전무 때는 대표이사가 주재하는 주간회의에 많이 들어갔다. 그런데 대표이사 주관 월간회의는 휴대폰, TV, 반도체 등의 분야로 나누어 진행하는 경우가 많았다. 당시 내가 있던 조직은 이런 3개의 중심 조직은 아니었지만, 큰 조직의 촉매제 역할을 하는 성격이 강했기 때문에 3개 회의에 모두 참석할 수 있었다. 회의에서는 듣기만 하는 것이 아니라 그게 내 조직에 미칠 영향이나 3개 조직이 각 조직에 미칠 영향을 파악했다. 이 과정에서 공부가 엄청나게 되었다. 전략과 비용, 기간과 모델, 계획과 실행이란 단어로 온통 뭉쳐진 영양제 덩어리를 매 회의마다 삼키면서 업무의 근육을 키우는 느낌이었다. 그러면서 대표이사가 시킬 것까지 미리 준비하는 능력을 키웠다. 3개 조직의 흐름이 이렇다면 반드시 우리 조직은 이런 조사도 하고, 경쟁사는 어떻게 하는지, 고객들은 어떤 것을 선호하는지 등등을 조사해서 어느 정도 준비를 해놓는 능력을 키우게 된 것이다.

회의에 참석했다면 남들보다 더 들으려고 하고, 남들보다 더 생각하려고 하고, 남들보다 더 다음을 준비하려고 해야 한다. 그래야 시간도 절약하고 생산적인 업무로 전환도 가능하며 능력도 평가받을 것이기 때문이다.

위로 올라갈수록 아침은 빨리 온다

일반적인 신입사원의 출근 시간은 특별한 일이 없는 한 8시 50분이다. 대리급이나 과장으로 올라가면 출근시간이 20~30분 정도 당겨진다. 부장을 넘어 임원급으로 가면 보통 40분에서 1시간 정도 당겨진다. 왜 그런가. 세상에서 가장 귀한 시간은 아침이다. 아침은 꿀처럼 달다고 한다. 아침잠에서 헤매는 사람들에게는 정말 맞는 말이다. 그런데 일찍 일어난 사람에게도 같이 해당한다. 꿀처럼 영양가가 높은 시간이 아침이다. 굳이 '아침형 인간'을 들먹이지 않더라도 어느 분야든 성공한 사람들의 대부분은 아침을 활용하는 데 능숙하다. 남들보다 일찍 일어나 사무실에 오면 시간에 휘둘리지 않고 하루를 준비하고 예측할 수 있기 때문이다.

일은 크게 세 가지로 나눌 수 있다. 준비할 일, 처리할 일, 잡일이 그것이다. 만약 아침에 1시간만 일찍 출근한다면 사전 준비와 잡일을 모두 몰아서 처리할 수도 있다. 아무도 불러대는 사람이 없기 때문에 책상에 앉아서 집중하면 그것들을 모두 끝낼 수 있다. 그렇게 되면 실제 회사가 공식적으로 업무를 개시하는 시간이 되면 바로 핵심으로 처리할 일에 몰두할 수 있게 되고 시간에 쫓기면서 그 일을 하지 않으니 양질의 성과가 나오는 것은 당연하다. 남은 시간을 활용해서 또 다른 아이디어와 정보 수집을 할 수도 있고, 정해진 시간에 편한 마음으로 퇴근해서 다른 공부를 할 수도 있다.

2012년 기준 우리나라 직장인들은 연간 2,163시간, 하루에 10시간(근무 일

수 200일 기준)을 일한다고 한다. 사실 야근이다 뭐다 해서 일을 많이 하기는 하지만 그게 피해지는 일도 아니고 피한다고 될 일도 아니다. 결국 받아들이고 일해야 한다. 그리고 회사에서 승진을 하면 할수록 아침은 더 빨리 온다. 더 승진을 할 생각이 없다면 모를까, 아니라면 미리미리 훈련해서 아침 시간을 활용하는 습관을 들여야 한다. 하루에 1시간을 일찍 출발하면 1년이면 다른 사람보다 200시간을 더 활용할 수 있다. 그 차이는 누적되면 될수록 생각하는 것 이상으로 큰 힘을 발휘하게 된다.

직장인을 위한 리셋 트레이닝 - 보고 리셋

　삼성과 관련된 몇몇 책들을 보면, 삼성은 출장 보고서를 비행기 안에서 쓴다는 내용이 있다. 비행기 안에서 쓰는 이유는 현장감이 살아있을 때 기록하기 위해서다. 미루면 잊고, 잊으면 기록할 수 없고, 기록할 수 없으면 되새기지 못하고, 되새기지 못한 잘못이 반복되면 리셋할 수 없기 때문이다. 사실 더 정확히 말하면 보고서를 출장에서 돌아오는 비행기 안에서 쓴다기보다는 비행기 안에서 '마무리'를 하는 것이다.

　좀 더 구체적으로 설명하자면, 출장을 간 첫날부터 실시간으로 쓰기 시작해서, 호텔에 돌아와서는 마지막 순간에 한 회의까지 포함해서 정리하는 식으로 매일 쓰고, 비행기에서 마무리하는 것이다. 출장 중 회의 중간중간에 한 메모까지 모두 참고한 후 정리해 두면서 없는 틈도 쪼개어 쓰다가 마침내 비행기에서 마감하는 것이다. 주로 출장은 저녁 비행기나 새벽 비행기를 이용해서 간 후, 밤 비행기로 돌아와 아침에 바로 출근을 한다. 그때 보고를 할 수 있어야 한다. 보고를 하는 것 자체가 중요한 것이 아니라, 출근하면 프린트 된 보고서 내용을 가지고 행동에 들어가야 하기 때문에 그렇다. 회의를 해서 다음 실행을 결정하기 위해서는 따끈따끈하고 제대로 된 보고서가 아침에 반드시 필요한 것이다.

임원 시절에 출장을 가면 호텔에서는 잠만 잘 정도의 시간밖에 없었다. 어떤 출장에서는 회의 내용을 정리하고는 침대 커버를 벗기지도 않고 그 위에서 자버리다가 출장이 끝난 때도 있었다. 사실 삼성 임원들이 머무는 호텔의 등급은 상당히 높은 편이다. 임원의 품위 유지와, 차기 임원 예비자들인 부장, 과장급들에 대한 동기 부여의 성격도 있기 때문이다. 그런데 어떨 때는 호텔비가 너무 아깝다는 생각이 들 때도 있었다. 호텔의 수영장이나 스파 시설을 임원 생활을 하는 10년 동안 거의 이용해본 적이 없다. 아침 6시에 식사를 시작하는 것으로 일과를 시작해서 보통 밤 10시 정도에 돌아와 하루를 정리하면 편의시설의 이용시간이 지나 사용이 허락되질 않았다. 너무 체력이 떨어진다는 느낌이 있던 시기에는 운동화를 따로 챙겨 가서 헬스장을 이용한 경우는 몇 번 있었지만, 이를 제외하고는 편의시설을 이용한 적이 없다.

비행기 안에서 보고서를 마무리할 때는 기억을 생생하게 담을 수 있다는 장점도 있지만, 그보다도 사무실 밖에서 작성할 때 더 객관적으로 쓸 수 있다는 사실이 중요하다. 만일 보고서를 쓰는 공간이 사무실이라면 지금 해야 할 일들 때문에 시야가 좁아지기 때문이다. 하지만 현장에서 파악한 살아 있는 정보와 판단을 계속적으로 메모해 두었다가 이를 정리해 비행기 안에서 보고서를 완성할 때는 느낌이 다르다.

보고와 관련해서 내가 직원들에게 제일 많이 지적했던 것은, 보고를 제시간에 못하는 경우, 그리고 중간보고 때 했어야 할 일을 마감 직전에 하는 경우였다. 보통 지시를 내리면 직원들은 2~3일 고민을 하면서 시간을 보낸다. 사실은 그때가 바로 중간보고나 문제점 보고를 할 시점이다. 그런데 혼자 끙끙대다가 일주일 정도 지나고 나서야 보고를 한다. 그것도 황당한 보고를 하는 경우가 적지 않다. 예컨대 통신사에 가서 누구를 만나 처리해야 하는 사항을 지시했는데, 그때만 해도 통신사가 절대적인 '갑'이고 핸드폰 제조사는 '을'이었기 때문에 통신사에서 쉽게 만나주지 않았다. 그럴 땐 문제를 보고하면 임원이 나서서 뒤에서 밀어주고 앞에서 끌어줘서 다음 단계로 넘어가도록 할 수 있는데, 혼자 끙끙대다가 타이밍을 놓친 경우가 있었다.

'회사 생활에 그렇게 보고가 중요해?'라고 생각하는 사람이 있다면 반대로 가슴에 손을 얹고 한번 생각해보라. 자신이 진짜로 보고를 제대로 하고 있다고 생각하는가? 대부분의 직장인들은 업무 수행 능력만 높으면 좋은 평가를 받고 당연히 승진하거나 리더가 될 수 있다고 생각한다. 하지만 그것만큼이나 중요한 것이 제때 하는 제대로 된 보고다. 그것이 있어야만 상사에게 인정받을 수 있다. 아니 더 정확하게는 '업무 수행 능력'에는 당연히 보고 역시도 포함되어 있고 비중이 생각보다 높다.

임원 시절 내가 '보고의 농도와 빈도를 높이라.'는 말을 자주할 때 직원들이 속으로 하는 말이 들렸다. '뭘 맨날 보고하래?'

하지만 실제로는 제대로 보고하는 사람이 업무 능력도 높은 편이다. 그래서 직장인들이 보고가 중요하다는 것을 알게 되는 때는 자신이 보고를 받는 위치에 오게 되는 바로 그 순간이다. 상사가 되면 그때서야 '아! 우리 전무님이 왜 그때 보고하는 것으로 나를 그렇게 지적을 했고, 무슨 에로 비디오도 아닌데 농도와 빈도를 높이라고 했는지 이제 알겠다.'는 생각을 한다. 실제로 임원으로 발탁된 후배가 나중에 사석에서 그런 말을 농담으로 했었다.

가수 김건모의 1995년 히트곡으로 기억하고 있는 〈잘못된 만남〉에는 이런 가사가 나온다.

"너와 내 친구는 어느새 다정한 연인이 돼 있었지. 있을 수 없는 일이라며 난 울었어. 내 사랑과 우정을 모두 버려야 했기에."

그런데 이 노래를 만약 '잘못된 보고'로 바꿔서 불러보자면 이런 것이 아닐까.

"상사와 내 동료는 어느새 다정한 단짝이 돼 있었지. 있을 수 없는 일이라며 난 울었어. 내 승진과 고과를 모두 버려야 했기에."

잘못된 보고의 유형 중 최악은 '보고하려고 하고 있는데……' 타입이다. 상사가 "지시한 것은 어떻게 되었나, 아직도인가?"라고 물었다면 이미 그 보고는 문제가 생긴 것이다. 중간보고 또는 문제보고를 하지 않았거나 시간에 늦은 보고인 것이다.

보고는 상사의 말이 나오기 전에 해야 빛을 발한다. 그런데 많은 사람들이 그런 지적을 받으면 '내일 제대로 보고하려고 하고 있었는데'라고 생각한다. 이런 수동적인 '내일의 보고'는 피하는 것이 좋다. 상사가 원하는 것은 능동형의 '오늘의 보고'이기 때문이다.

'보고하면 할수록' 타입도 문제다. 이런 보고는 상사가 대개 "다시 보고하게." 하고 말하도록 만드는 보고다. 그야말로 보고인 듯 보고 아닌, 하나마나한 보고인 경우가 대부분이다. 상사가 당연히 그 보고에 만족하지 않고 자신이 알고 싶어 하는 것을 포함해서 다시 피드백을 달라는 의미로 '다시 보고'하라는 것이다. 이런 일이 생기는 것은 상사가 언급한 부분이 빠졌거나, 결과만 수동적으로 취합해 나열하거나, 누가 봐도 할 수 있는 뻔한 내용을 제시한 경우에 발생한다.

보고의 TPO

마케팅 용어의 하나인 TPO 즉 시간(Time), 장소(Place), 상황(Occasion)은 보고 시에도 중요하다. 여기서 말하는 시간은 보고하는 타이밍이다. 지시에 따른 결과가 나왔을 때 하는 '결과 보고'와 과정 도중에 해야 하는 '중간보고'가 있다. 그 사이라도 장기간 일이 진행된다면 변동보고, 추가보고, 약식보고, 정보자료보고 같은 형식으로 시기 적절하게 보고해야 커뮤니케이션이 원활해진다. '지금부터 보고하려고 했다.'는 것은 통용되지 않는다. 적절한 시기를 놓치지 말고 보고하자.

장소의 경우는 상사와 1:1로 보고하는 개별적인 장소, 예를 들어 점심이나 저녁의 식사 공간이나 카페가 있고, 회의석상에서 전체를 두고 보고할 경우 사용되는 전체적인 장소로 나눌 수 있다. 개별적으로 상사에게 보고를 할 때는 다소 편한 분위기가 조성되기 때문에 애로사항, 진척 중 발생한 문제점, 좋았던 점이나 희망적인 사안 등을 입체적으로 보고할 수 있다는 장점이 있다.

여기에 상사 역시도 다소 여유 있는 시간에 편한 공간에서 열린 마음으로 듣기에 부담이 없다. 하지만 회의에서의 보고는 철저한 준비, 예상 질문에 대한 답변, 보고 내용에 대한 의문 사항과 응답 준비 등을 철저히 하는 것이 좋다. 그래서 보고의 좋은 패턴은 먼저 개별적으로 상사와 1:1 보고를 통해서 충분히 상황을 납득시키고, 그것에 더해 상사의 주의 사항, 변동 체크사항 등을 포함해서 수정된 보고를 전체회의 석상에서 진행하는 것이다.

이렇게 되면 상사는 이미 보고 내용을 충분히 사전에 인지하고 있었기 때문에 다른 사람의 돌출 발언 등에 대해서 대신 답변을 하거나 방향을 정해주는 것도 가능해진다.

또한 진행 중이라도 변경 사항이나 예상치 못한 문제, 새로운 정보가 생겨났을 경우 해당 내용의 중요도에 따라서 즉각적으로 보고를 하는 것이 좋다.

상사에게는 사실 '보고하는 놈 떡 하나 더 준다.'는 마음이 있다. 물론 제대로 된 보고를 할 경우다. 상사도 사람이다. 활동적이고 적극적인 나조차도 직급이 올라가면 갈수록 부하직원들이 조금 어려워하는 것이 서운하게 느껴질 때가 있었다. 좀 핑계인지는 모르겠지만 보고를 이유로 한 번이라도 더 얼굴을 비추는 친구에게 더 좋은 말이나 방향을 이야기해 주면서 챙기게 되는 것은 인지상정이다. 돌이켜 생각해보면 나 역시도 부하직원이었을 때 상사에게 성실하게 보고를 해서 상사와의 관계를 좋게 만든 기억이 있는데, 아마 상사도 그런 마음이 약간은 있지 않았을까 싶다. 그러니 보고를 핑계로라도 상사와의 접촉을 늘려보는 것이 좋다.

결과보고의 핵심은 가능한 신속하고 정확하게, 그리고 직접 하는 것이다. 이것은 물론 상사가 생각한 시간보다 빨리, 상사가 예측한 것보다 더 정확하게, 메일이나 타인 혹은 보고서 서류철로 올려두는 것이 아닌 것을 의미한다.

보고는 결론부터

물론 따로 출력해 제출하는 보고서가 있을 것이지만 3~4문장 정도로 요약해서 함께 구두로 보고하면 상사는 좋아한다. 이때 주의할 점은 상사가 한 번 듣고 바로 이해할 수 있도록 보고하는 것이 핵심이다.

"A했습니다. 그 결과 B로 정리되었습니다. 앞으로의 방향은 C로 나타납니다. 제 생각은 D입니다."의 ABCD보고가 그것이다. 이야기를 지지부진하게 끌면 안 된다. 1분(分) 보고를 생각하라. 1분 안에 정리되고 이해되도록 말하는 연습을 해보자. 그 시간 안에 기승전결과 해결책을 모두 담아서 말하는 습관을 들이도록 하자.

참고로 상사뿐만 아니라 당신이 사회생활을 하면서 만나게 될 투자자와 같은 '갑'도 바쁘기로 말하면 회사 상사보다 더 바쁘고 만나기도 어렵다. 그래서 엘리베이터 타고 10층에서 내리기 전에 투자자의 마음을 얻는 것을 두고 엘리베이터 보고법이라고 한다.

직장인을 위한 리셋 트레이닝 - 문서 리셋

직장인 10명 중 7명이 보고서나 제안서 같은 문서 작성에 어려움을 느끼고 있다는 설문조사 결과를 본 기억이 있다. 또 그중에 절반 이상이 상급자에게 제출한 문서가 불만족스럽다는 평가와 함께 되돌아와서 재작성을 한 경험이 있다고 한다. 대학생이 4년 내내 하는 것이 리포트 제출이고, 직장인이 밥 먹고 하는 일이 보고서 쓰는 것인데 왜 이런 일들이 생겨날까.

현대 경영학을 대표하는 인물인 피터 드러커(Peter Drucker)는 글쓰기, 곧 문서의 작성과 관련해서 이런 말을 했다.

"대학에서는 학생들이 장래 회사원이 되었을 때 아주 가치 있는 한 가지를 가르치고 있는데 극소수의 학생들만이 그것을 배우기 위하여 열심이다. 그것은 어떤 아이디어를 정리하여 글로 쓰거나 말로 표현하는 능력이다."

직장인 70%가 문서와 관련된 업무에 대해 어려움을 느낀다는 결과는 대학

때부터 이러한 글쓰기 훈련이 되어 있지 않은 것이 미국이나 한국이나 모두 똑같이 겪는 문제라는 것으로 들린다.

직장에서의 글쓰기는 문제와 해결, 시행과 결과에 대한 표현물이다. 따라서 이것을 글로 잘 표현하기만 해도 직장인 글쓰기의 문제점 중 절반은 해결된 것이나 마찬가지다.

잘 알다시피 수필, 소설, 산문, 시 등의 문학적 글쓰기는 감동을 주는 수단이다. 그러나 품의서, 보고서, 제안서, 기획서 등의 비즈니스 글쓰기는 말 그대로 회사의 업무와 관련된 의사소통의 수단이다.

내 직장생활에서의 경험으로 비추어보면 앞서 상사에게서 재작성 요청을 받은 문서는 틀림없이 아래 4가지 경우 중 하나 이상이 발생한 경우다.

1. 기본적인 틀이 갖춰져 있지 않아 읽기 불편하다.
2. 내용이 정리되지 않고 자료의 나열 수준이며 초점이 없다.
3. 읽으면 읽을수록 오히려 더 궁금한 점, 의구심이 생긴다.
4. 그래서 어쩌란 말인지 모르겠다. 근본적인 문제 해결 의식이 보이지 않는다.

따라서 위의 4가지만 주의해도 훌륭하다고까지는 아니더라도 재작성하라는 소리는 듣지 않을 것이다. 문서 작성과 관련된 책이나 정보는 사실 차고 넘친다. 하지만 회사 사업 방향과 성격, 업무 특성, 상사의 성향, 일의 성격 등에 따라서 조금씩 문서의 양태가 달라지기 때문에 무엇이 정답이라고 하기는 힘들다. 다만 참고로 대기업 부장급 이상이 문서를 볼 때의 관점에서 특히 주의할 점만 일부 소개하려고 한다.

우선 읽을 사람을 생각하라. 비즈니스 관점에서 볼 때 문서는 소설이나 시가 아니다. 따라서 감동이 아니라 의사 전달이 1차적인 목적이다. 내가 제출하는 문서를 읽는 사람을 얼마나 효과적으로 설득할 수 있는가가 포인트인 셈이다. 상대를 내 편으로 만들어야 하는 것이다. 그러기 위해서는 상대를 먼저 설득시켜야 한다. 설득을 하기 위해서는 읽을 사람을 명확히 파악하고 그 사람을 의식하고 써야만 한다. 단순히 잘 정리되었다거나 단순히 논리적이라는 것만으로는 부족하다. 성공적인 의사 전달의 글쓰기가 되고 긍정적인 답변을 얻어내려면 먼저 읽을 사람을 정확히 알아야 한다. 뜻밖에도 많은 사람들이 이 사실을 놓치고 있다.

'문제 속에 답이 있다.' 무슨 뜻일까. 보고서건 제안서건 기획서건, 쓰라고 지시한 사람의 머릿속에는 이미 '그러지 않을까.' 하는 대강의 내용이 잡혀 있다. 나아가 어떤 방향, 어떤 방식, 어떤 절차, 어떤 위험이 있을지 스스로도 이미 어느 정도는 생각해 두었을 것이다. 그런데 그것을 자기 말고 다른 사람의 눈에서 얼마나 파악되고 변수는 없는지 정리해 오라는 소리다. 그러면 그런 문제에 맞는 답을 가져와야 한다. 문제를 낸 사람이 고객이라면 고객, 거래처라면 거래처, 상사라면 상사, 사장이라면 사장이 되어서 들여다보는 것이다. 그런 관점에서 쓰면 제대로 썼다고 평가받을 것이다. 역지사지(易地思之)라고 상대방이 생각하는 그곳까지 가서 원하는 답을 가져와야 한다. 상대방이 듣고 싶어 하고 알고 싶어 하는 내용, 주의할 사항, 예상되는 문제점과 해결방식을 읽는 사람의 눈높이에서 써야 한다.

그러니 자료를 모으고 목차를 잡고 쓰기 전부터 이미 누구를 위해, 누구의 눈높이에서 볼 문서인지 먼저 생각해야 한다. 그런 생각으로 머릿속을 채운 다음 매순간 그 사람이 이 글을 읽는다면 무엇을 지적할지 시뮬레이션을 하면서 써보라.

자신이 작성하는 문서의 탄생 배경, 즉 목적만 파악해도 일의 절반은 해결된다. 뜻밖에도 많은 사람들이 이런 목적 파악을 하지 않고 글을 쓴다. 그래서 결국은 상대방의 의도에서 일정 부분 벗어난 문서를 제출하고 중요 내용도 빠뜨리게 된다. 문서를 작성하기 전에 반드시 왜 쓰는지, 누가 읽을 글을 쓰는지 분명히 생각하고 항상 염두에 두면서 쓰도록 한다.

비즈니스 문서는 퇴고가 생명이다

흔히 문학작품에서 '아직 퇴고(推敲)하지 못했다.'는 관용어를 사용한다. 완성도에 이르지 못해서 아직 작품을 끝내지 못했다는 뜻이다. 그런데 문학작품보다 더 중요하게 퇴고해야 하는 것이 비즈니스 문서다. 비즈니스 문서는 퇴고가 생명이라고 해도 좋다.

퇴고는 한자 그대로 '미는 것과 두드리는 것'이다. 당나라 때 가도라는 시인이 거리를 거닐면서 한참 시 짓기에 골몰하고 있었다. 그가 생각한 시의 마지막 구절은 '스님은 달 아래 문을 두드리네(僧敲月下門)'였는데, 문을 '두드리네[고]'가 나은지 '미네[퇴]'가 나은지로 고민을 거듭하고 있었다. 그때 당나라의 유명한 시인인 한유가 그 모습을 보고 같이 고민하면서 "내 생각에는 '두드리네'가 좋을 듯 하군."이라고 했다는 것이다.

퇴고의 고사가 말하는 것은 문장의 한 글자도 금 한 줌처럼 귀하고 진중하게 정해야 한다는 것이다.

그런데 실제로 비즈니스 문서는 '아'와 '어'에 따라서 사업이 성사되기도 하고 접히기도 한다. '0' 하나를 잘못 표시하면 문제가 당장 커지고, 쉼표 하나를 어디에 찍는가에 따라서 몇 백 억이 혼동되기도 한다. 너무도 당연한 말이지만 퇴고와 교정을 하면 할수록 문서에 실수가 줄어든다. 당장 오자, 탈자, 고유명사, 표현상 오류, 숫자, 의미 불분명, 비(非)문장, 주객(主客), 갑을관계 등을 체크만 해도 문서의 완성도는 올라간다.

생각나는 대로 퇴고와 정리하는 것이 힘들다면 아예 자주 사용하는 기본적인 체크 사항은 정리를 해서 체크 리스트로 작성해서 검토하는 것도 좋은 방법이다. 일반적으로 사용할 수 있는 문서 체크 리스트 공통 항목은 이런 것들이다.

· 반드시 필요한 정보는 모두 파악하고 정리해서 담았는가?

· 짧고 간결한 문장으로 작성했는가?

· 구체적인 단어를 사용했는가?

· 읽는 이의 관점에서 문서를 구성했는가?

· 지시 및 요구 사항이 빠짐없이 포함되어 있는가?

· 불필요한 것들을 늘어놓지는 않았는가?

· 제목, 소제목 등이 일관성 있게 구성되었는가?

· 표와 그림이 텍스트를 이해시키기에 충분한가?

· 목차만 보아도 내용을 파악하고 관심을 둘 수 있는가?

· 논리 전개가 비약적이거나 허황되거나 독선적이지 않은가?

· 목적, 문제의식이 간결하고 정확하게 제시되고 있는가?

· 데이터와 자료에서 잘못된 부분은 없는가?

· 해결책, 개선방안은 구체적이고 실천 가능한가?

대응까지 염두에 두라

모든 문서나 회의가 그렇지만, 반대를 위한 반대가 아니라면 제시된 문서에 대해서 반드시 전혀 다른 시각이나 우려의 목소리가 나오는 것은 당연하다. 그럴 때 단순히 시간에 쫓겨서 '문서만' 잘 만들어서 제출하는 것과 '문서와 의견'까지 염두에 두는 것은 능력의 차이로 보이게 된다. 문서를 만들면서 제일 먼저 반대나 예상되는 질문을 알 수 있는 사람은 글을 쓰는 본인이다. 그러니 제출하거나 발표하기 전에 최종적으로 문서를 들여다볼 사람을 염두에 두고, 완전히 그 사람이 되었다고 가정하고 문서를 읽으면 본인과 그 사람의 간극이 반드시 발생한다. 그 간극이 바로 대응 포인트이다. 약점과 대응할 것이 보인다. 반론 준비까지 마치게 되는 셈이다.

질문자, 혹은 검토자는 대부분 '일이 된다면'과 같은 관점에서 접근한다. 그렇기에 종종 문서를 받아 본 뒤 현실 가능성, 예산과 일정, 현재 시장 상황과의 대치점, 굳이 해야 하는 이유, 유사 안건 혹은 사업의 문제, 우리 기업의 차원 등을 묻는 것이다.

보고서와 기획서에 대한 조언

보고서는 상황이나 결과를 그대로 알리는 문서다. 따라서 경과 파악, 정리가 한눈에 될 수 있어야 한다. 늘어지는 문장은 삼가고 추측해서 쓰지도 마라. 요점만 명확하게 써야 한다. '간단명료, 일목요연'의 핵심은 한눈에 보이고 한눈에 파악된다는 것이다. 그렇게 쓰도록 훈련해보라. 마지막으로 제시할 것은 해결 방안이다. 보고서는 사실 기록과 (보고자 나름의) 해결 방안으로 구성된다. 사실과 현황을 있는 그대로 기술하는 것도 중요하지만 여기서 더욱 중요한 것은 해결 방안이다. "자네 생각은 무언가?" 혹은 "결론이 무언가?"라는 질문에 대해 명확하고 구체적인 답변과 해결 방안을 제시할 수 있어야 완성된 보고서라고 할 수 있다.

흔히 일반적인 보고서보다 어려운 게 기획서다. 그런데 기획에서 가장 중요한 것은 결국 목표다. 파워포인트이든 워드이든, 불꽃놀이 혹은 꽃꽂이와 같은 화려한 기획서는 잠시 눈을 행복하게 할지는 모르지만 남는 것이 없다. 기획서는 결국 목표 설정과 추진 및 해결 방안(나아가 목표 관리까지 포함)을 담아낸 문서이다. 이것을 놓치면 100장짜리 기획서도 한 장의 기획서를 이기지 못한다. 기본 양식과 나머지 내용은 각 회사마다 다 마련돼 있을 것이다. 그런 내용은 역으로 생각하면 설정된 목표를 추진하고 달성하기 위해서 무엇이 필요한지를 나누어서 보여주는 것에 불과하다. 공략 대상, 시장 조사, 경쟁시장 분석, 시장 선점 전략, 실시 방법, 예산, 집행 시기 등이 그런 것이다.

이메일을 우습게 여기지 마라

직장인들이 대수롭지 않게 여기거나 편한 생각으로 작성하는 문서 중 대표적인 것이 이메일이다. 받는 상대가 눈앞에 보이지도 않으며 쓸 당시의 심정이 드러나지도 않기에 이래저래 부담이 줄어서 편하게 쓰곤 한다. 그러나 이메일만큼 제대로 써야 할 것이 또 있을까 싶다. 보고서나 기획서를 일주일에 한 건 작성한다면 이메일은 하루에도 10통 이상 쓸 경우가 많기 때문이다. 빈도에서 그 어떤 보고서보다 압도적으로 많은 비중을 차지한다. 그런데 어떤 친구들은 이메일을 받는 사람과 좀 가깝고 격이 없다는 핑계로 제목조차 무성의하게 쓰는 경우가 있다. 거래처 부장이나 이사에게 보내는 메일에 '이사님, 접니다!'라고 보낸다는 우스갯소리가 가볍게 들리지 않는다. 성이 접 씨도 아니고, 어떻게 이렇게 보낼 수 있을까. 메일은 제목부터 중요하다. 구체적으로 써야 나중에도 찾을 수 있고, 받는 사람도 열기 전에 중요도나 상황을 바로 인식할 수 있기 때문이다. 완전체 문장으로 써주는 것이 좋다는 말이다. 예를 들어서 거래처에 보내는 메일의 제목으로 '홍길동 부장님. **전자 기획3팀 김철수입니다. 내일 저녁 미팅 장소에 대한 변경 사항입니다.'라고 쓰면 누가 왜 보냈는지 바로 안다. 그리고 내일 저녁 미팅이 변경되었음을 파악하고 메일을 열어서 확인하게 될 것이다.

이메일은 매너가 필요한 글쓰기다. 짧지만 정확하게, 내용은 간결하고 오해 없이, 문장은 정중하면서도 따뜻하고 배려하는 느낌이 나도록 써야 한다. 훈련을 해서라도 그렇게 되도록 하는 것이 중요하다. 사실 손 편지를 직접 써 본 세대는 이런 이메일에 격식을 알려주지 않아도 알아서 잘 쓴다. 그런데 손 편지라는 것을 본 적도 없는 세대로 넘어오면서 문제가 생기는 것이다. 재밌는 사실은, '꼭 그렇게까지 격식을 갖춰야 해?'라고 편하게 이메일을 쓰던 친구들이 과장, 부장이 되어서는 '뭐, 이런 식으로 이메일을 보내는 거야?'라고 화를 내는 것이다. 아무리 시대가 변해도 글을 주고받는다는 것은 그만큼 민감한 문제다.

직장인을 위한 리셋 트레이닝 – 관계 리셋

인간 경영의 바이블이라는 《카네기 인간관계론》은 1937년에 처음 나왔으니 벌써 80년이 다 된 책이다. 그럼에도 여전히 이 책이 한국에서만이 아니라 전 세계 수많은 언어로 번역되어 팔린다는 것은 인간관계로 고민하는 사람들이 여전히 그만큼 많다는 증거일 것이다. 이 책에서 말하는 '비난하지 마라', '진심으로 칭찬하라', '상대방의 입장에 서라' 등 3가지 기본 원칙은 인간이 존재하는 한 사라지지 않을 금언과도 같다.

"죽을 때까지 남에게 원망을 받고 싶은 사람은 남을 신랄하게 비판하라. 그 비판이 확실하면 할수록 효과는 더 커진다. 대개 사람들을 다루는 경우 상대를 논리의 동물이라고 생각하면 안 된다. 상대는 감정의 동물이며 심지어 편견에 가득 차 있고 자존심과 허영심에 의해 행동한다는 것을 명심하지 않으면 안 된다."

이 말의 가치와 의미가 100년이 지난다고 해서 과연 사라질 것인가. 인간관계에 있어서 이 말이 여전히 적용되지 않는다고 감히 단언할 수 있는 사람이 몇이나 될까.

직장생활의 좋은 점은 폭넓은 인간관계를 형성할 수 있다는 것이다. 동시에 직장생활의 나쁜 점은 인간관계로 고통을 받는다는 점이다. 이 둘의 차이가 과연 무엇일까. 관계 맺는 사람이다. 이 둘의 공통점은 또 무엇일까. 그 역시도 관계 맺는 사람이다. 싫어하는 일도 할 수 없이 해야 하고, 싫은 사람도 할 수 없이 만나야 한다는 점에서 볼 때 직장은 인생의 혹독한 훈련장 같은 곳이다. 잔잔한 파도는 노련한 뱃사공을 만들어내지 못한다고 했다. 이 직장의 인간관계가 싫어서 저 직장으로 옮긴다면 문제가 과연 깨끗하게 해결될까? A라는 문제가 사라지고 대신 B라는 문제가 생겨나는 식밖에는 되지 않는다. 여기서 생긴 인간관계의 문제는 여기서 풀어야만 한다. 그것도 빠른 시간 안에.

경청, 인간관계의 시작

다른 직장인보다 인간관계를 원만히 하기 위해서 많은 대화를 나누었다고 자신 있게 말하는 사람들이 있다. 그런데 실제로 속사정을 알고 보면 자신의 생각과 지시를 일방적으로 전달한 것에 지나지 않는 경우가 많다. 경청에는 상대를 빨아들이고 상대와의 거리를 줄이는 묘한 힘이 있다. 고작 그 사람의 말을 들어주는 것뿐인데도 그 사람과 나 사이에는 어느새 공감대가 형성되는 것이다. 물론 들을 때는 몸을 상대방 쪽으로 향하고 눈을 바라보면서 적극적인 자세로 들어야 한다. 상대방의 감정까지 흡수하고 이야기의 기복에 맞추어

적절한 리액션을 보여주는 것은 더욱 효과적이다. 예를 들어서 그냥 듣는 것은 동일한 크기의 반복일 뿐이다. '1+1+1+1+1=5'와 같은 식이다. 하지만 '적극+감정이입+공감+리액션'을 합하면 '1+2+3+4+5=15' 이상의 관계 점수가 형성되게 된다.

상사와의 관계

자신에게는 한없이 관대하고 남에게는 엄격한 잣대를 들이대는 것이 우리네 사람이다. 그런데 상사 때문에 미치겠다는 사람이 있다고 하면, 사실 그 상사도 그 사람 때문에 미칠 지경인지도 모른다.

세상에 완벽한 사람이 없는 것처럼, 완벽한 상사도 없다. 상사는 전지전능한 신이 아니다. 정말 완벽한 상사를 기대한다면 본인도 결국 완벽한 부하직원이 되어야 한다. 두 가지 모두 가능한 일이 아니다. 일견 상사가 무능해 보일 수도 있으나, 이것은 철저하게 자신의 관점에서만 봐서 그럴 뿐이다. 어떻게 저 자리에 올랐을까 하는 의구심이 생긴다면 상사의 다른 면을 보지 못했기 때문일 수 있다. 상사는 신도 아니며 팔방미인도 아니다. 설령 본인이 상사보다 조금 나은 면이 있다고 해서 그것 하나로 상사를 무시한다면 그것보다 어리석은 행위가 없다. 자신이 상사보다 나은 면이 있다면 그것을 상사에 보태어 상사를 보완할 생각을 하는 것이 상사와의 관계는 물론 자신의 입지에도 이득인 일석이조의 효과라는 것을 명심하자.

서먹서먹한 관계가 현재 형성되어 있거나 밋밋한 수준의 관계라면 먼저 상사가 극복하거나 헤쳐온 시간을 이해할 필요가 있다. 역사에 기록된 왕위 쟁탈이나 당파 싸움은 단순히 들여다보면 단지 밥그릇 싸움으로만 보일 수 있다. 하지만 그 속에는 복잡한 관계가 서로 얽혀 있다. 힘과 이익의 이동과 그에 따른 인간의 이합집산 스토리다. 그런 세월을 당신의 상사도 분명 거쳐 왔다. 당신이라고 해서 그 시간을 안 겪는다는 보장은 없다. 가끔 듣는 이야기라도 그 속에는 분명 건질 보석들이 있을 것이다. 그리고 상사의 고충, 상사의 고독을 외면하지 말고 그 입장에서 나라면 어떻게 할까, 내가 무슨 도움이 될까를 생각해보라. 상사의 입장이 되어보지 않고 무작정 상사를 비난하거나 평가하는 것은 직장생활이나 개인적인 발전에 아무런 도움이 되지 않는다. 그럴 시간에 먼저 다가가서 시간을 적극적으로 만들고, 관계를 공유해보라.

그러나 함께하는 시간이 길어지고 관계가 좋게 형성되었다고 해서 당연히 상사가 밥을 사고 당연히 술을 사며 커피를 산다는 생각을 하지는 말아야 한다. 상사의 돈 만 원도 만 원이고, 내 돈 만 원도 만 원이다. 밥을 사면 커피 정도는 살 수 있는 지각이 있어야 한다. 가까워졌다고 해서 허물이 없다는 생각은 절대 하지 마라.

인사, 예절 등 기본적으로 예의바른 행동에는 변함이 없어야 한다. 상사와의 관계가 극단적으로 좋다고 해도 '형'이 되지는 않는다. 필요한 격식과 행동은 상사에 대한 예의일 뿐만 아니라 그렇게 함으로써 자신도 여전히 상사에게 존중받게 된다.

부하직원과의 관계

부하직원과의 관계를 좋게 하기 이전에 먼저 스스로에게 물어서 솔직하게 답해야 할 부분이 있다. 직장에서 어쩐지 싫은 부하직원은 단순히 내 성향과 개인적인 느낌, 혹은 어떤 키워드 때문에 그런 것은 아닌지, 반대로 어쩐지 좋은 직원이 단지 내 동향이거나 동문이거나 아는 친구의 동생이기 때문은 아닌지 냉정히 생각해 보라. 관계가 나쁜 이유가 부하직원의 업무 미숙에 따른 고충이라면 충분히 그것을 고칠 시간을 주고 멘토링을 해주며 개선할 시간을 지켜보는 것이 먼저다. 그 다음에도 문제가 지속될 경우 직원과 면담을 통해서 부적절한 행동을 수정하도록 강력히 요구하고, 그래도 안 된다면 특단의 조치를 취하는 순서로 가야 한다. 그래서 야단을 치고 지적을 할 때도 감정이 아니라 좋은 관계를 놓지 않겠다는 마음을 가지고 이를 행해야 직원도 서운한 감정이나 나쁜 관계로 빠지지 않는다. 예를 들어 어떤 일에 문제가 있어서 지적을 할 때에는 지적만 실컷 하지 말고 해결책도 함께 주는 것이다. 채찍질 다음에는 당근이다. 만일 게으름을 피워서 멈추어 선 상태라면 다시 도전할 의욕을 갖게 하는 정도에서 질책하고 격려해야 한다.

매너가 관계를 만든다

"매너가 사람을 만든다(Manner maketh man)."

영화 〈킹스맨〉 초반부에 비밀정보조직인 킹스맨의 베테랑 요원 해리(콜린 퍼스)가 곤경에 처한 주인공 에그시(태런 에저튼)를 구해주며 하는 말이다. 영화가 끝나고 나서도 화려한 액션 장면보다 콜린 퍼스의 단정한 수트와 이 명대사가 오래도록 기억에 남았다.

직장에서 흔히 말하는 비즈니스 매너란 몸가짐, 마음자세, 업무 능력을 말한다. 단정한 용모, 친절한 행동, 예의바른 말, 바른 자세, 겸손한 태도를 각각 사용하는 것이 아니라 이것을 모두 자신이 하는 업무에 녹여서 드러낼 때 진정한 비즈니스 매너라고 할 수 있다. 말로는 쉬워 보이지만 실제로 이 매너를

100% 구사하는 사람을 본 적은 없다. 매너는 끊임없는 자기 성찰과 반성을 통해서 몸에 배도록 하는 노력이 절대적으로 필요하다. 사원부터 임원까지의 직장생활 동안 내가 느낀 것 중에 하나는, 매너에는 '메아리의 법칙' 같은 것이 존재한다는 것이다.

내가 다리를 꼬고 팔짱을 끼고 껌을 씹으면서 말하면 상대도 다리를 꼬게 된다. 내가 그를 비아냥대면 그도 나를 비아냥댄다. 반면 내가 그의 이름을 호감 있는 말투로 정중하게 부르면, 그 역시도 나를 정중하게 불러준다. 거래처는 '갑', '을', '병' 관계이므로 더욱 조심해야 한다. 내가 상대방에게 어떤 메아리가 울리도록 행동했는지 점검해보고 오해를 살 일은 하지 않았는지 살펴야 한다.

그밖에도 인간관계, 특히 직장에서의 인간관계를 위한 무수한 말이나 이론이 많다. '나만 잘하면 만사 OK라는 생각을 버려라.'거나 '도움은 먼저 주고 나중에 받으라.'거나 '자신을 스스로 천한 존재로 떨어뜨리는 성적인 농담, 욕설을 하지 않는다.'거나 '스트레스가 풀린다는 단순한 생각에 얄미운 동료, 미운 상사를 향해서 뒷담화 하는 것은 그만두라.'는 것 등이다.

기우지만, 마지막으로 하나만 더 첨언하자면 아주 긴 시간을 공들인 인간관계도 술자리 한 번의 실수로 깨질 수 있다는 것이다. 술에 취해 느슨해진 마음에 매너가 사라져서 거래처, 부하직원, 상사와 트러블이 생기는 일이 주변에 보면 너무나 많다. 비단 주먹을 쥐고 고성이 오가야만 싸움이 아니다. 감정 싸움은 자신도 모르게 생겨나고 인간관계를 비틀수 있다. 편한 자리일수록 더 자신을 경계하고 바로 세울 수 있어야 한다.

Chapter 4
삼성이 가르쳐 준 리셋의 활용법

삼성이 가르쳐 준 리셋 - 교육과 평가

"일본에 가면 스시도 있고, 스시도 있고, 스시도 있고……." 이런 광고 아닌 광고를 본 기억이 있다. 누군가 이걸 보면서 이렇게 말했을지도 모른다. "삼성에 가면 교육도 있고, 교육도 있고, 교육도 있고……."

"삼성이 강한 진짜 이유가 뭡니까?"라고 묻는 사람에게 제일 먼저 답해줄 수 있는 것이 있다면 그것은 바로 사람이다. 삼성이 강한 이유를 들자면 무수하겠으나 우수한 인재를 많이 보유하고 있으며 철저히 교육을 시킨다는 점을 우선 꼽지 않을 수 없다.

삼성에 입사한 사람이라면 초기 능력이 100이건 90이건 모두 공평하게 교육의 기회를 가지게 된다. 본인의 노력 여하에 따라 얼마나 더 크게 성장할지 결정되는 것이다.

이건희 회장의 강력한 개혁 드라이브에는 '인재 경영, 핵심 인재 양성과 도입'이 들어 있다. 그래서 직원들에게 끊임없이 교육과 자기 계발을 시키고, 우수인재나 핵심 인재들을 외부에서 지속적으로 영입하고 있다.

미래학자인 앨빈 토플러는 21세기에 나타나는 문맹은 문자를 못 읽고 못 쓰는 사람이 아니라 언어를 이해하지 못하고 배우려 하지 않으며 낡은 지식을 버리지 않고 끊임없이 재학습하지 않는 사람이 될 것이라고 했다.

삼성은 미래 문맹자가 없는 기업이다. 사람은 교육으로 변화시키고 성장할 수 있다는 신념을 수행하는 회사가 바로 삼성이기 때문이다. 삼성은 철저한 교육으로 미래를 준비하고 있는 몇 안 되는 글로벌 기업 중 하나이다.

삼성의 교육은 신입사원 때만 진행되는 것이 아니다. 언제나 교육받을 기회는 열려 있다. 삼성에서의 교육은 실적이 부진한 사람이 받는 보충수업이 아니라 성과가 좋은 사람에게 조직이 베푸는 보상이며 더 크게 쓸 수 있도록 훈련하는 장이다. 따라서 교육을 받으면 받을수록 능력이 있다는 소리다. 고과와 승진에 유리할 수밖에 없다.

나는 신입사원 연수를 두 번이나 받은 정말 특이한 경우에 해당된다. 삼성에 입사 통보를 받고 1980년 2월 24일 군대에 입대하게 되었는데, 그 전인 1980년 2월 9일부터 열흘 정도 교육을 받았다. 그래서 입사일이 1980년 2월 9일이다. 그리고 군 제대(장교는 엄밀히 말하면 제대가 아니고 소집해제이다.) 뒤 1982년 7월 5일부터 2주 동안 다시 연수원에서 교육을 받았다. 각각 21기(1980년 2월)와 23기(1982년 7월)로 기억한다. 당시 첫 연수는 80년대 동방생명(지금은 삼성생명)에서 받았고, 두 번째는 용인의 삼성 호암관 연수원에서 받았다.

그 다음부터는 과장, 차장, 부장, 신임임원 교육을 받았으며 해외 나갈 때도 교육을 받은 것은 물론 학술연수를 갈 때도 받았다. 임원 때도 매년 보수교육을 받았다.

과거에 내가 신입사원일 때는 라마드(LAMAD)라는 판매 능력 계발 훈련이 있었다. 드라마 〈미생〉에서 양말 팔러 나가는 장면이 그런 것에 해당된다. 삼성 제품을 가지고 나가서 팔고, 그 판매비로 식사와 교통비를 해결했는데, 이후 다른 기업으로 전파가 되기도 했다. 지금은 없어진 것으로 알고 있는데 당시에는 '삼성이 이런 것까지 시키나?'라는 말도 있었지만 자사 제품을 얼마나 알고 있는지, 정말 애사심을 가지고 설명할 수 있는지, 막상 팔려고 하니 싫다는 사람이 있다면 그 의견을 잘 들어서 어떤 물건을 만들어야 하는지 생각해보라는 뜻이었다.

지금도 기억에 남는 교육이라면 2006년 하계수련대회에 참가했던 것이다. 신입사원은 기수마다 1~4차로 나눠서 뽑는데, 그 친구들이 그룹 각사에 배치돼 일하다가 여름에 전부 한 곳에 모이는 것이다. 보광 피닉스파크에 전자 출신 몇 백 명, SDS 출신 몇 백 명 등이 모두 모여 일주일 동안 훈련도 받고, 롤 플레이도 하고, 발표 대회도 하며 지내는 것이다. 당시 내 직급은 상무였다. 이전 대회에서는 대리급, 과장급이 멘토링할 친구들과 함께 어울리는 체험을 했었는데, 그해에는 임원들이 멘토링을 맡았다. 더 파격적이고 충격적인 요법인 셈이었다. 신입사원일 때 임원과 이야기하고 함께 움직인다는 경험은 생각하지 못했을 수 있을 것이다. 마지막 날에는 1박 2일 간 자기들이 준비했던 과제도 발표하고, 연극도 하면서 내가 맡은 조의 20명을 모두 데리고 등산을 갔었다. 함께 산을 올라가면서 회사 생활이나 인생 이야기도 많이 해주었다.

삼성에서 이루어지는 교육과정은 기본적으로 필수와 선택으로 나눌 수 있다. 신입사원 교육, 과장 교육, 임원 과정은 빠질 수 없는 필수 교육이다. 신입사원이 신입사원 교육을 안 받는다는 것은 입사를 안 하겠다는 뜻이다. 이른바 전공필수라고 할 수 있다. 두 번째는 선택적 교육이다. 예를 들면 어학 교육이 대표적이다. 업무 시작 전 아침 6시부터 7시까지, 또는 7시부터 8시까지, 또는 점심반인 12시부터 1시까지, 저녁반인 5시부터 6시까지 강좌를 개설한다. 그중에 시간을 택해서 듣는 식이다. 첫 한 학기 동안은 기초반을 무료로 수강할 수 있다. 그런데 무료인 것은 같지만 두 번째 수업부터는 시험을 봐서 지정된 등급을 받아야 한다. 만약 지정된 등급을 못 받으면 두 번째 들어간 경비의 비용을 개인이 부담해야 한다. 열심히 하라는 동기부여의 의미가 크다. 페널티를 부여하면서 스스로 하도록 만드는 것이다. 그렇게 해서 일정한 급수에 올라가면 연수원으로 100일짜리 어학 합숙 프로그램에 보내기도 한다. 나도 어쩌다 보니 일본어, 영어 합숙 프로그램에 모두 다녀왔다. 일본어는 대학 시절에 재미로 익힌 것이라 약간 고급화할 필요가 있다는 판단에서 부서장이 보낸 경우에 해당했다. 이처럼 교육은 개인이 받겠다는 의지와 성과만 나오면 정말 천국이라고 해도 좋을 만큼 잘 되어 있다.

게다가 삼성의 교육 체계에는 분야별로 XYZ의 입체적 짜임새가 있다. X축은 직급별로 모든 신입사원, 모든 과장, 모든 임원이 다 들어야 되는 수평적 커리큘럼이다. Y축은 인사팀, 재무팀, 엔지니어가 받아야 되는 수직적인 것이다. 어학 수업 같은 경우 Z축에 해당한다. 핵심 인재 교육, 국제화 교육, 계층

교육, 기술 교육 등 체계적으로 전문화된 교육 시스템을 운영하고 있는 것이다.

그런데 결국은 사람이 문제다. 부지런하고 시간 관리를 잘 하는 사람은 그런 혜택을 듬뿍 누리면서 배운다. 그래서 삼성에서는 어느 정도 시간이 지나고 보면 '괄목상대(刮目相對)'하는 친구들이 꽤 있다. 반대로 바빠서 절대 못 배우는 사람도 있다. 그런데 사실은 진짜 바쁘다기보다는 시간 관리가 안 되는 것이다.

시간이 지나면서 조금씩 올라가는 친구, 그야말로 성장판이 살아 있는 사람도 있고 닫힌 사람도 있으며 심지어 퇴보하는 사람도 있다. 처음에 들어왔을 때부터 조건이 동일하게 주어졌는데도 더 열정적으로 한 사람이 있는 셈이다.

재미난 것은 업무를 하면서 동시에 업무를 통하여 공부하는 개념을 파악하는 친구들도 있다는 것이다. 굳이 이름을 붙이자면 '스터디 앳 워크(study at work)'가 그것이다. 말 그대로 스터디 인 클래스(study in class)와 배치되는 개념이다. 강의 시간에 배우거나 유학을 가거나 야간 대학원에 다니는 것이 스터디 인 클래스다. 그런 공부는 스터디 앳 워크, 즉 일하면서 배우는 것과는 많이 다르다. 일본어를 학원에서 배우는 방법도 있지만, 일본인하고 같이 일을 하면서 배우는 방법도 있는 것이다. 실제로 학원에서 배우는 것이 아닌 일본인과의 업무 및 교류에서 배우는 일본어 회화는 발음은 둘째치고라도 음식에 대한, 역사에 대한, 문화에 대한 것들을 많이 배울 수 있었다.

사실 교실(classroom)에서 배운다는 것은 어떤 선생님이 배워온 것을 한참 뒤에 나에게 가르치는 것이다. 이것은 약간 시사성이 떨어질 수 있다. 그런데

직장에서 배운다는 것은 직접 부딪히면서 살아 있는 것을 배울 수 있다. 예를 들어 오사카 사람을 만나서 업무를 하면 오사카 사투리도 배울 수 있는 것이다. 이것은 학원에서는 배울 수 없는 것이다. 일본말로 '히사시부리데스네(久しぶりですね)?'라고 하면 '오랜만입니다.'란 뜻이다. 그런데 오사카 사람들은 '히'자를 '시'자로 발음하는 경향이 있다. 그래서 얼핏 '시사시부리데스네?'로 들린다. 잊어버렸다는 말은 '와스레테시맛타(忘れてしまった)'이다. 그런데 이것을 '와스레잣따?'라고 말하면 우리말로 하자면 경상도 사투리 어감의 '이자뿌릿다(잊어버렸다)!' 정도라고 할 수 있다. 이런 말을 쓰면 듣는 사람에게 굉장히 가깝게 느껴진다. 비즈니스로 거래하는 사람이 호감을 갖도록 하는데 문화적 접근만큼 좋은 것도 없다. 마치 중국에 가서 그들이 사용하는 사자성어를 잘 인용하면 호감을 얻는 것처럼 말이다. 이런 식으로 하다보면 점점 더 그 언어가 좋아지고 빠져들게 된다.

보통 우리가 언어 공부를 포기하는 패턴은 이렇다. 우선 책이 1과부터 20과까지 있다면 1~2과에는 새까맣게 필기도 잘 되어 있는데, 갈수록 시들한 경우가 대부분이다. 그러니 꼭 공부를 학원 가서 한다거나 교육 받는 공간에서 하겠다는 생각을 벗어나서 일하면서도 배우라는 것이다.

일하면서 배운다는 것이 거창한 것이 아니다. 학생들의 아르바이트도 마찬가지다. 돈을 준다고 무조건 기계적으로 일하지 말고, 경제 또는 경영학과라면 고객들이 어떤 습관으로 물건을 구입하는지 구매습관(consumer behavior), 구매동기를 파악해낼 수도 있고, 동선, 마케팅, 디스플레이까지 모두 생각하면서 자신이 문제를 스스로 만들어가며 배울 수 있는 좋은 기회가 된다고 생각해보는 것이다.

예전에 직원 중 고졸 출신 사원이 한 명 있었는데 이력 사항으로 보자면 어학을 잘할 이유가 전혀 없었다. 그런데 일본어를 굉장히 잘했다. 당시 부장이었던 내가 대학시절부터 치자면 15년 이상 일본어를 공부했는데, 그런 내가 보아도 잘하는 것이었다. 우리가 보통 알고 배우는 정석 일본어뿐만 아니라 사투리와 속어, 축약어, 비어까지 모두 자유자재로 구사하는 것이었다. 그래서 "너는 대학에서 일본어과를 나온 것도 아니고, 고등학교에서 제2 외국어로 배운 것도 아닌데 어떻게 그렇게 일본어를 잘하니?"라고 물었던 일이 있다. 알고 보니 이 친구는 일본 만화, 애니메이션을 너무 좋아했다. 일본 만화의 경우 출간이 안 되는 것이 많으니 직접 일본 원서를 사서 읽고 공부한 것이다. 또 애니메이션을 보면서 한번 언어를 빨아들이기 시작하니 온통 일본어로 보였고, 더욱 일본 만화, 애니메이션, 영화, 드라마에 몰입한 것이다. 이 친구는 어학연수를 간 것도 아니고, 일본어 문법과 문장 구성이 뭔지도 모른 채 덤벼들어서 여기까지 온 것이다.

'아는 사람이 좋아하는 사람을 못 이기고, 좋아하는 사람은 즐기는 사람을 못 이긴다.'는 말이 정말 딱 맞는 경우였다. 삼성이 아무리 좋은 교육 시스템을 가지고 있어도 정작 본인이 스스로 하지 않으면 무용지물이다. 누가 더 적극적으로 하는가에 따라 같은 삼성맨이라도 더 크는 사람이 분명히 존재할 것이다.

이제 교육과 성장을 평가하는 고과, 인사평가를 이야기해볼까 한다.

삼성의 고과 평가 제도는 굉장히 섬세하게 구성되어 있고 늘 개선되며 발전한다. 평가 제도는 삼성 인사팀에서 굉장히 신경 쓰는 부분이라서 빠르게 개선되고 진화하는 시스템 중 하나라고 할 수 있다. 보통 업적 고과는 전반

기와 하반기에, 능력 고과는 1년에 한 번씩 한다. 그런데 삼성맨들을 지켜보면 능력은 불변의 숫자가 아니라는 사실을 알게 된다. 처음부터 능력이 뛰어난 사람이 있고, 처음에는 능력이 없었는데 자기 계발을 많이 해서 능력이 올라간 사람도 있다는 말이다. 거꾸로 사원이나 대리 때는 능력이 있었는데 과장이나 부장이 되면서 능력을 충실히 계발하지 않아 성장판이 완전히 닫히는 사람도 있다.

회사 생활을 하다보면 인사고과 때문에 무너지는 사람이 있고 회사를 그만두는 사람도 있다. 삼성이라고 예외는 아니다. 개인적으로 이야기하면 나는 임원이 된 사람 중 과거 고과가 가장 낮은 부류에 속하는 사람일 것이다. 1982년 7월에 부서에 배치받아 12월에 첫 고과를 받은 게 D 고과였다. 부서를 통틀어서 입사 동기나 이웃 신입사원이나 기존 사원 중에서 가장 나쁜 고과였다. 말그대로 꼴찌였다. 사고를 많이 쳤기 때문이다. 컴퓨터를 망가뜨리거나 시키지 않은 일도 많이 했었다. 당시 나는 경북 구미에 있었는데, 첫 고과를 준 과장님을 찾아가서 상의를 했다. 고과에 대한 불만보다는 내가 한 일이 과연 잘못된 것인지 알고 싶었던 것이다. 나쁜 고과를 받지 않는 방법을 듣고 싶었던 셈이다.

나중에 임원이 되어서는 부장, 과장들이 고과 불만으로 찾아오면 설득하고 솔직하게 이야기해주는 편에 속했다. 그럼에도 자기 기준으로는 잘못된 게 아니라고 불만을 가지는 친구들이 가끔 있었다. 그런데 그럴 땐 백 마디 말보다 효과적인 방법이 있다. 내 고과를 프린트해서 조용히 보여주는 것이다. 그러면 십중팔구가 '에이 이 고과 가지고 어떻게 임원이 되었어요?'라거나 '전무님 저랑 농담하지 마시라.'며 정색을 한다. 하지만 시스템에 나온 고과를 보여주니 할 말이 없는 것이다. 뒤에 마무리를 한다. "고과가 중요하지만, 고과에 매달리지 마라. 고과에 무너지지 마라. 그 정도에 무너지면 못 큰다."

그럼에도 불구하고 삼성은 인간이 인간을 평가하고 조직이 조직을 평가하면서 발생할 수 있는 약간의 주관성 내지는 편향성을 수정할 수 있는 제도를 계속 만들어가고 있다. 그래서 상대평가로 낮은 고과가 나왔다면 면담과 부서 재배치를 통해서 기회를 다시 부여한다. 나 역시도 그런 기회 부여의 혜택을 일부는 받았다고 볼 수 있다.

삼성의 고과는 평가자 자신도 고과를 주는 순간 평가 대상이 된다는 점이 무섭다. 인사팀에서 ABC 고과를 몇 %씩 할당하는데, 부서 인원이 딱 100명이면 숫자가 딱 떨어지지만 25명, 23명인 경우에는 소수점이 발생하기 마련이다. 그런데 예를 들어 3~4명에게 A를 줘야 한다면 3명이 아닌 4명에게 주는 경우가 많다. 이 경우 나중에 여러 부서를 모으면 A대상자가 100명이 아니라 110명이 된다. 그럼 평가자는 그 10명에 대해서는 하향 조정해야 하는 책임을 져야 한다. 어떤 경우에도 사적 감정이 안 들어간다는 전제 하에 운영된다. 따라서 평가하는 것 자체가 다시 임원이나 간부를 평가할 수 있는 좋은 기준이 된다. 룰을 만들어서 부여해 주고, 이 룰을 사적으로 쓰는지, 개인 감정으로 쓰는지, 부서 공평성으로 쓰는지, 잠재력과 가능성으로 쓰는지, 모든 앵글로 지켜보는 것이다. 그래서 고과를 줄 때 지난 5년 동안 고과를 엄밀하게 들여다보고, 과연 이 점수가 나온 것이 개인적인 능력 때문인지, 탁월한 부서의 덕택인지, 아니면 당시의 상황이 유리했기 때문인지를 분석한다.

좋은 교육 환경과 객관적이고 공평한 평가 시스템, 이 두 가지를 갖춘 기업은 분명히 성장한다. 왜냐하면 이 두 가지야말로 기업을 구성하는 최대 자본인 인적 구성을 좋아지게 하는 요소이기 때문이다. 삼성은 이 두 가지를 정말 잘한다. 그냥 잘하는 정도가 아니라 주마가편(走馬加鞭)한다. 다른 기업이 따라오기 전에 더욱 앞서간다.

삼성이 가르쳐 준 리셋 - 업의 본질

2003년 9월 25일. 일본에서 어느 할머니의 죽음을 안타까워하는 애도의 물결이 일었다. 그 할머니의 장례식에는 내로라하는 정치인, 예술인, 언론인들이 문이 닳도록 다녀갔으며 심지어 《아사히》나 《요미우리》 같은 일본의 유력 언론들이 노인의 죽음을 대서특필했다. 그 할머니의 이름은 아리마 히데코. 도쿄 긴자에 있는 작은 술집의 마담이자 호스티스였다. 더욱 놀라운 것은 호스티스로 마지막까지 일한 나이가 101세였다는 사실이다. 세상을 떠나기 전까지 개업 이후 52년 동안 현역으로 일했던 일본의 최고령 호스티스였다.

단지 최고령이었기 때문에 존경을 받은 것은 아니었다. 아리마 히데코는 호스티스라는 '업의 개념'을 바꾼 사람이었다. 그녀에게 호스티스란 술시중이나 들면서 손님과 술이나 마시는 사람이 아니라 손님이 즐겁게 술을 마실 수 있도록 도와주는 사람이며 동시에 인생 상담사였다.

따라서 그런 그녀의 하루 일과도 여느 호스티스와 달랐다. 날마다 밤 12시에 마지막 손님을 배웅한 뒤 가계부를 정리하고 새벽 2시에 잠들었다. 그리고 아침 6시면 어김없이 일어나 전날 가게를 찾은 손님들의 이름과 생김새뿐만 아니라 관심사까지 꼼꼼하게 메모했다. 아침밥을 먹고 나면 승진하는 손님에 겐 축하 편지를, 좌천되는 손님에겐 위로 편지를 보냈다. 손님들과 대등하게 이야기꽃을 피우기 위해 매일 아침 신문 3개의 광고와 인사 이동, 부고란까지 남김없이 모두 읽었으며, 일주일에 한 번은 미용실에 들러 머리 손질과 마사 지, 손톱 정리까지 하면서 자신을 꼼꼼하게 가꿨다.

이렇게 52년을 보낸 호스티스 할머니의 단골손님은 놀랍게도 엔도 슈사쿠, 시바타 렌자부로와 같은 유명 작가에서부터 이토츠 상사의 회장이던 세지마 류조, 그리고 전직 총리, 고노 이치로 같은 정치계 거물들까지 그야말로 다양 한 스펙트럼의 유명 인물들이었다.

그리고 2014년 11월 10일. 이번엔 영국 BBC가 한 할아버지의 죽음을 애도 하기 시작했다. 그 할아버지의 이름은 코타라파투 차투 쿠탄. 스리랑카 갈레 페이스 호텔의 도어맨이었다. 이 분도 도어맨이라는 '업의 개념'을 달리하신 분이었다. 이 할아버지 또한 마지막까지 일한 나이가 94세. 18세부터 도어맨 을 하게 된 그는 무려 72년 동안 도어맨으로 근무하여 기네스북에 오른 최고 령 도어맨이었다. 한결같은 미소로 인사를 건네는 이 할아버지의 가장 놀라운 점은 72년 동안 딱 10일만 쉬었다는 것이다. 그리고 그처럼 긴 시간 동안 할 아버지는 단순한 도어맨이 아니라 해당 호텔의 얼굴이자 상징이 되기에 충분 했다. 히로히토 일왕, 리처드 닉슨 전 미국 대통령, 자와할랄 네루 전 인도 총 리, 그리고 영국 여왕이 되기 전의 엘리자베스 공주 등까지 많은 유명 인사들이 오히려 그를 기억하며 호텔의 주요 고객이 된 것이다.

앞서 언급한 두 사람은 모두 자신이 종사한 '업'의 가치를 확장한 사람들이었다. 남들에게는 초라해 보일지 몰라도 그 안에서 새로운 가치를 발견하고 일반적인 업의 개념에서 차이를 만들어냈으며 결국엔 세상에 흔치 않은 독보적인 존재가 되었다. 물론 처음엔 먹고 살기 위해 생업으로 시작했던 일이었다. 히데코 할머니는 2차 세계대전이 끝난 후 생존을 위해 일을 해야 했지만 여자라는 한계 때문에 술집으로 출발을 했고, 쿠탄 할아버지 역시 18세에 부모를 잃고 살아갈 능력이 없자 경찰의 도움으로 호텔 도어맨이 되었다고 한다. 시작은 우연, 혹은 누군가의 도움으로 할 수 있다. 그러나 계속하는 마음, 어떻게 일하겠다는 각오는 순전히 본인의 의지에 달려 있다고 할 것이다.

주위를 둘러보면 우리와 같은 직업을 가졌지만 전혀 다른 가치를 자신의 '업'에 부여하고 살아가는 사람들이 있다. 똑같은 영업을 하는데도 누구는 스스로가 시답잖은 물건을 파는 세일즈 영업을 한다고 말하고, 누구는 세상에서 가장 빛나는 물건과 가치를 제공하는 컨설팅 영업을 한다고 말한다. 그래서 누구는 '갑'의 시중을 드는 '을'에 불과하지만 누구는 비즈니스 파트너로서 동등한 대접을 받는다.

청소부도 예술적 가치를 지니고 있다면 한낱 청소부가 아니라 아티스트일 것이다. 디즈니랜드의 청소부는 다른 청소부와 다르다. 놀이기구를 타려고 길게 줄을 서 있는 사람들을 위해 그들은 빗자루와 물로 바닥에 그림을 그린다. 어떤 청소부는 쓰레기통을 두드리며 난타 연주도 한다. 한마디로 디즈니랜드 청소부는 그냥 쓰레기 치우는 사람이 아니라 '공연 예술가'다. 사람들은 이런 청소부를 피하지 않고 오히려 그들의 공연을 즐긴다. 이런 차이는 모두 '업의 개념'이 섰는가 아닌가에서 출발한다.

그렇다면 업의 개념이란 무엇인가? 업의 개념은 바로 업의 본질과 특성을 알고 일에 임하는 것이다. 업의 개념은 '우리의(혹은 그) 사업의 본질은 무엇인가'라는 본질적인 질문에 대한 답이며, 업의 본질은 시간이 지나도 변하지 않는 그 업의 기본 가치를 의미한다. 또한 업의 특성은 시대나 환경 등의 조건에 따라 달라지는 업의 속성을 말한다.

이러한 업의 본질과 특성을 제대로 알고 핵심 성공 요인을 찾아 관리 역량을 집중하는 것이 바로 경영의 근본이다. 따라서 경영자가 자기 업의 개념을 제대로 모르면 올바른 전략과 전술을 생각할 수 없을 뿐만 아니라 기업을 제대로 경영할 수도 없다.

업의 본질에 대한 관점은 기업 중심적 관점과 고객 중심적 관점으로 구분할 수 있으며 대부분의 경우 두 관점이 복합적으로 나타난다. 먼저 기업 중심적 업의 관점으로 보면 백화점업의 본질은 부동산업이다. 좋은 입지를 선정하는 것이 사업 성공의 기초이다. 주점업(술집)의 본질은 수금(收金)이며 매출을 늘리는 것도 중요하지만 수금이 가능한 매출, 손님을 기분 나쁘게 하지 않는 수금 방법, 수금 기간을 줄이는 방식들을 고민해야 한다. 카드업의 본질은 채권 관리이며 회원 수를 많이 늘리는 것보다 부실 채권을 어떻게 관리할 것인지가 성공의 키워드이다.

다음으로 고객 중심적 업의 관점으로는 본다면 게임 산업의 본질은 재미, 놀이, 즐거움이다. 비록 한때 스마트폰 때문에 회사가 어려워졌지만 닌텐도는 게임업의 본질이 재미라는 것을 제대로 이해했기 때문에 재미보다는 기술, 비주얼, 스케일을 중시하는 소니(SONY)와의 경쟁에서 승리했다. 게임 업계의 전설로 통하는 미야모토 시게루는 지금의 닌텐도를 있게 만든 최고의 게임 프로듀서이다. 슈퍼마리오를 만들고 위(Wii)를 기획한 그는 게임업의 본질을 확실히 체득했다. 이러한 재미는 최근 '포켓몬스터 고(Go)'라는 AR게임으로 다시 부활하는 밑거름이 되었다.

영화관은 단순히 영화를 보는 곳이 아니라 영화를 보며 연인이나 가족 친구와 시간을 함께 보내는 곳으로, 그 업의 본질은 '함께 시간을 보내는 것(Time Spending Together)'이다. 아무리 IPTV나 컴퓨터, 스마트폰으로 영화를 볼 수 있어도 영화관은 영화관대로 손님으로 가득 차는 이유는 영화관이 곧 데이트와 교제의 장소이기 때문이다.

그러면 업의 본질(개념)을 찾는 방법은 무엇일까? 우선 그 업의 뿌리부터, 기초부터 진지하게 고민하고 끊임없이 '왜'라고 물어야만 알 수 있다. 예를 들어 신용카드업에서 성공을 거두기 위해서는 화폐가 무엇인지, 외상이 무엇인지, 그리고 이자가 무엇인지 등에 대해 먼저 자세히 알아야 한다. 그 이전에 신용카드가 왜 생겼는지의 본질적 물음도 던져야 한다. 그런 연후에 그 사업의 기본 철학과 사업을 성공적으로 이끌 핵심 성공 요인을 찾아야 한다. 변화하는 업의 개념을 제대로 파악하기 위해서는 입체적 사고와 발상의 전환을 통해 거시적, 미시적 관점으로 업을 바라볼 수 있어야 하고, 업의 하드웨어적 속성과 소프트웨어적 속성을 잘 이해해야만 업에서 성공할 수 있다.

'업의 본질'은 1993년 이건희 회장이 '신경영'을 발표할 때 처음 언급한 용어다. 당시 이 회장은 백화점과 호텔업의 본질을 유통업과 서비스업이라고 말한 계열사 CEO 등을 호되게 질책한 뒤, "백화점업은 부동산업, 호텔업은 장치산업으로 봐야 한다."며 업의 본질을 잘 따진 뒤 그에 맞는 경영을 해야 한다고 강조했다.

1994년 1월에 이 회장은 금융계열사 사장단과의 회의에서 '카드업은 외상관리가 핵심'이라고 말했다. 한마디로 외상값을 잘 받아야 한다는 것이다. 아무리 영업을 잘해도 돈을 제때 받지 못하면 망하는 경우가 많으니 채권 관리가 생명이라는 것이다. 외형을 부풀리고 실적 우선으로 나가다가 연체와 부실 채권에 발이 묶이면 낭패를 겪는다는 것을 말하였다. 그 덕분에 2002년 한국 경제를 또 한 차례의 위기로 몰아넣었던 '카드 대란' 때 삼성카드는 그나마 적은 피해를 입고 위기를 면할 수 있었다. 20년의 세월이 흘렀지만 당시 이 회장이 설파한 업의 개념은 지금도 삼성 내외부에서 '선견력의 결정판'이라는 평가를 받는다.

고갱의 작품 중에 '나는 어디서 왔으며 어디에 있고 어디로 가고 있는가'라는 꽤 길고도 철학적인 질문을 던지는 그림이 있다. 그는 증권 브로커라는 직업을 그만두고 남태평양 타히티 섬에 가서 평생 그림을 그리다가 죽었는데 그때 그린 대표적인 그림이 바로 이것이다.

업이란 결국 기업에게 '나는 누구인가?', '어디에 있으며', '무엇이고 싶은가?'라는 질문에 대답하기 위한 최초의 정의에 가깝다. 그리고 이런 기본적이며 철학적인 질문의 답은 결국 기본으로 돌아가야 한다(Back to the basic)는 것이다. 선대의 이병철 회장은 물론 이건희 회장도 회사를 경영하며 늘 생각하고 스스로에게 묻고 전문가에게도 물음을 던지며 배웠다고 한다. 일, 곧 업에 대한 질문들은 그때부터 생겨난 것이다.

- · 이 일은 무엇이고 어떻게 생겨났는가?
- · 이 일의 뿌리는 무엇인가?
- · 이 일의 핵심기술은 무엇인가?
- · 이 일은 어디에서 와서 어디로 흘러가고 있는가?
- · 이 일의 경쟁력의 핵심은 무엇인가?
- · 이 일의 고객은 누구인가?
- · 고객은 무엇을 원하고 있는가?
- · 우리의 경쟁사는 누구이며 그들과 우리의 차이는 어떠한가?
- · 우리의 현 수준은 어디인가?
- · 이 일의 전문가는 누구이며 누가 추진할 것인가?

이러한 물음을 통해 '업'의 본질을 이해하고, 그 본질로부터 기업의 생존 전략을 파악하고, 앞으로 나아갈 바를 알아차리려 고심한 것이다.

구매의 예술화

이건희 회장이 말하는 '지행 33훈' 중에서 내가 가장 높게 보는 것이 바로 '구매의 예술화'이다. 비록 부품에 대한 예를 들었지만, 이 회장의 구매 예술화 개념을 경영자들이 스마트 시대의 소프트웨어나 콘텐츠 서비스 확보의 오픈 이노베이션(Open Innovation)에 제대로 적용했으면 오늘날의 스마트폰 위기나 생태계에 대한 위기를 사전에 막을 수 있었을 것이다.

구매의 예술화도 결국 제조업이란 업의 본질적 접근에서 나온 대책이다.

"부품의 품질이 확보되지 않으면 삼성은 100년이 지나도 일류가 될 수 없다. 삼성전자 같은 조립업은 원가의 80~85%가 구매 원가다. 경쟁력을 높이려면 협력사의 질을 높이는 지도와 육성이 중요하다. 자본주의의 효율은 내가 직접 하는 것보다 남을 시켜서 하되 자기 것처럼 하게 하는 것이다. (중략) 이렇게 협력사를 키우는 것이 자본주의의 극치다."

2010년 9월 중순, 이건희 회장이 경영진으로부터 협력사 경영 진단 결과를 보고 받는 자리에서 벌컥 화를 내며 했던 말이다.

지금 우리나라 대부분의 기업들이 동참하는 창조혁신센터도 구매의 예술화, 협력의 예술화로 이어지지 않고 단순히 외주화나 정부 시책에 동참하는 정도의 수준이면 지속 경영에 문제가 생길 것이다. 이제 내가 속한 기업, 내가 하는 일에 대해서 진지하게 생각해볼 시간이다. 업의 본질에 접근할 시간이다. 이에 따라 도출된 간결하고 명확하고 확고한 기준에서 출발하는 자만이 성장점을 가질 것이다. 스스로에게 계속해서 물어보고 또 그 정해진 답을 버리지 않고 끊임없이 노력하자. '내 회사는 무엇을 하는 회사인가?', '내가 하는 일, 곧 업의 본질은 무엇인가?', '나는 그것을 잘하기 위해서 무엇을 해야 하는가?'라고.

삼성이 가르쳐 준 리셋 – 지행용훈평

알아야 하고[知], 행동해야 하며[行], 시킬 줄 알아야 하고[用], 가르쳐야 하고[訓], 평가할 줄 아는[評] 종합예술가. 이건희 회장이 말하는 '지행용훈평(知行用訓評)'이다.

이를 기초로 신경영 실행 원칙을 모은 것이 '지행 33훈'이다. 위기의식, 미래 통찰, 업의 개념, 지역 전문가, 구매 예술화 등 흔히 들으면 알만한 용어들이 모두 '지행 33훈' 안에 들어 있다. 지행 33훈은 경영자, 사업 전략, 경영 인프라, 인사 조직, 연구 개발, 제조 생산, 마케팅, 글로벌, 기업 문화의 9개 항목 33개의 카테고리로 구성되어 있다.

지행용훈평은 다섯 개의 개념이지만 단순히 둘로 나누면 '아는 것'과 '행하는 것'이라고 할 수 있다. 시키고, 가르치고, 평가하는 것도 다 행하는 것의 범주에 넣을 수 있기 때문이다. 왜 '지행'인가. 아는 것으로만은 충분하지 않기 때문에 실제로 할 줄 알아야 한다. 그래야 시키고 감독하고 평가할 수 있기 때문이다.

삼성은 대표적인 패스트 팔로어(fast follower)로 세간에 알려져 있다. 사람들은 삼성이 무언가를 먼저 하는 집단이 절대로 아니라고 말한다. 다만 따라하기는 굉장히 잘한다고 평가한다. '삼성은 끝났다!'고 말하는 사람이 나타나기 무섭게 또 금방 무언가를 따라해서 삼성은 살아난다. 이유가 뭘까. 과연 삼성은 처음부터 팔로어였을까. 어떻게 그렇게 지겹도록 따라올 수 있었을까.

사실 삼성에는 선행개발팀, 선행연구팀 등의 부서가 매우 많다. 이런 부서에서 일하는 사람은 MIT 연구소와 같은 세계 최고의 시설로 파견을 보내서 대비토록 한다. 이런 면에서 본다면 삼성은 팔로어라기보다는 오히려 매복자(ambush)에 가깝다.

'우리도 삼성처럼 하자.'고 생각하면서 삼성이 여름휴가 때 개울에 몸을 담그고 있는 모습을 보고 똑같이 따라하는 사람들이 있다고 치자. 그런데 사실 삼성은 단지 물에 몸만 담그고 있는 것이 아니라, 발밑의 조약돌과 계곡물의 수량, 계곡의 생물 등이 어떠한지 미리미리 알아보고 있는 것이다. 휴가를 즐기면서도 그 순간에도 가족도 모르게 일을 하는 것이다. 실제로 삼성의 임직원들은 협력회사와 가까운 거리에 휴양지를 정해서 가족들은 쉬게 하고 자신은 협력회사와 심도 깊고 편하게 논의하는 매복 전략을 대단히 많이 구사한다.

아는 것을 행하는 것에 얼마나 공을 들였는지는 삼성의 지나온 세월을 보면 여실히 드러난다. 삼성은 우리나라 사람들이 반도체가 무엇인지 알지도 못하던 시절에 이미 반도체 산업을 준비했다. 그 준비란 것은 철저한 공부였다.

핵심 인재를 설득하려면 그 분야에 대해 미리 알아야 하는 것은 당연하기 때문이다. 삼성은 일류가 되기 위해 다른 것을 팔로우한다. 그리고 초일류가 된 지금은 남들보다 앞서 나아가고 있는 것이다.

삼성그룹의 특이한 문화 중 하나는 수요일 아침에 이루어지는 3시간 정도의 사장단 회의다. 이때 삼성의 핵심 인재들이 앉아서 하는 이야기는 기업이나 경영에 대한 것이 아니라 역사, 자연에 대한 것들이 주를 이룬다. 왜 그럴까. 이류에서 일류로 갈 때는 벤치마킹을 잘하는 것으로도 충분할 수 있다. 그러나 초일류가 될 때는 사람이 만든 것 중에서는 더 이상 배울 게 없는 법이다. 사람의 머릿속에서만 한정적으로 생각하고 논의하는 순간 미래는 어두워지기 마련이다. 그래서 어떤 날은 역사 속 사건을 이야기하고, 또 어떤 날은 바이오산업에 대해 이야기하고, 어떤 날은 거미줄을, 어떤 날은 나비의 날개와 두꺼비를 들여다보는 것이다. 애플, 노키아, 소니를 들여다보던 시대는 가고, 이제는 자연과 세상의 흐름을 들여다보는 팔로어가 되어 배우는 것이다.

이처럼 '지행용훈평'은 33훈이라는 굳어진 개념의 세부 항목을 지키자는 것이 아니다. 1990년대의 지(知)와 2020년대의 지(知)는 배울 내용은 다르겠지만 다만 배워야 한다는 사실 자체는 동일하다. 그리고 지(知)를 끝내고 행(行)으로 가고, 행(行)을 끝내고 용(用)으로 가고, 용(用)을 끝내고 훈(訓)으로 가고, 훈(訓)을 끝내고 평(評)으로 가는 시간 흐름의 운용을 지행 33훈이라고 하지는 않는다. 지행훈용평은 교집합과 합집합, 융합과 복합, 유기적인 관계로 얽혀서 하나로 돌아가는 구조다. 시작도 끝도 없는 것이다. 그렇기에 일회성의 끝나는 개념이 결코 아니다.

뫼비우스의 띠는 좁고 긴 직사각형 종이를 180도 꼬아서 끝을 붙인 면과 동일한 위상기하학적 성질을 가지는 곡면으로, 독일의 수학자 A. F. 뫼비우스가 처음으로 제시한 것이다. 이 띠는 바깥쪽에서 칠을 해가면 안쪽도 모두 칠해지며, 안쪽과 바깥쪽의 구별이 없다. 지행용훈평은 뫼비우스의 띠와 같다. 시대의 흐름과 변화에 맞춰서 새롭게 매번 태어나고 정의되는 구조다.

많은 사람들이 지행 33훈을 통해 삼성의 대단함, 이건희 회장의 선견지명과 철저함을 알게 됐고 이를 높이 평가하고 있다. 하지만 단지 지행 33훈을 인용하고 대단함을 칭송하는 데서 끝나고 만다. 그런데 과연 그것만을 바라고 세상에 나온 개념이 지행 33훈일까? 벽면을 장식하는 글귀로만 볼 것이 지행 33훈일까? 그것이 과연 기업에만 국한된 사항일까? 나는 지행 33훈이 회사에만 적용될 수 있는, 단지 삼성의 업적을 입체적으로 돋보이게 만드는 구실을 하는 체크 리스트 같은 것에 불과한 것일까 하고 10년이 넘도록 생각해 보았다. 내가 내린 결론은 '아니다.'이다.

지행 33훈의 목표는 자율 경영을 통해 훈련된 전문 경영인을 만들어내는 것이다. 그런데 이 지행 33훈을 제대로 숨 쉬는 것처럼 실행할 수 있는 제대로 된 최고경영자(CEO) 한 명을 만들어 내기까지 최소한 수백 억의 비용과 30년의 세월이 걸린다. 그렇게 길러진 최고경영자가 해야 할 일이 바로 지행용훈평을 통한 기업의 성장이다. 만일 이것을 개인이 목표로 삼고 도전해보는 것은 어떨까.

지행용훈평을 개인의 목표로 삼는 경우 지(知)는 내가 누구인지, 내가 하는

업(業)이 무엇인지를 알고 무엇을 더 알아야 하는지 아는 것이고, 행(行)은 그렇게 안 것을 단순히 아는 데서 그치지 않고 행동으로 옮겨서 내 삶을 적극적으로 변화시키는 것이며, 용(用)과 훈(訓)은 비단 내 주변의 아랫사람뿐만 아니라 가족들, 자식에게까지 미쳐서 생각하고 적용해보고, 시비지심을 가지고 정확하게 평(評)해서 사사로운 원망이 없도록 하고, 더 좋은 쪽으로 관련된 사람들을 이끄는 것으로 생각할 수 있지 않을까.

망지일목(網之一目)이라는 말이 있다. '그물의 한 코'라고 직역되는데, 새는 그물의 한 코에 걸려 잡히지만 그물을 한 코만 만들어 치면 새가 잡히지 않는다는 의미다. 비슷한 예로 갑옷은 화살이 날아와 몸에 맞는 것을 대비한 것인데 화살이 맞을 한 지점을 생각해서 한 조각의 갑옷만 만드는 사람은 없다. 성공은 하나의 목표가 완성되는 것이다. 하지만 그런 성공을 위해서는 무수히 많은 요소들이 모여서 그물처럼, 혹은 갑옷처럼 준비되고 또 시행되어야 가능하다.

인간의 삶은 단순히 아는 것[知]만으로도 살 수 없고, 무작정 행동[行]해서도 되는 일이 아닐 것이다. 지행용훈평의 그물을 정성껏 짜고 세상이란 바다로 나가 그물을 던질 때 비로소 원하는 물고기를 잡을 수 있을 것이다.

삼성이 가르쳐 준 리셋 – 메모

성공한 사람들의 성공 원인을 분석해놓고 보면, 그들이 '메모광'이라는 공통점을 찾을 수 있다.

실제로 이건희 회장의 비서진이 회장 어록을 복원할 때 80퍼센트 이상을 전임 부회장의 꼼꼼한 메모에 의지했다고 전해진다. 엔지니어로서 삼성에 처음 입사한 그 부회장은 치밀하고 꼼꼼해서 한 번 본 것은 꼭 메모를 해 두고 원리를 알아낼 때까지 파헤쳐보는 집중력이 있었다고 한다.

삼성의 1993년 신경영 선언 이후 글로벌 시장 공략의 강력한 무기가 됐던 3PI에서 구체적으로 임직원 이노베이션 항목에는 '철저한 업무 기록'이 '7시 출근, 4시 퇴근 제도 도입'과 함께 들어 있다. 그때까지만 해도 삼성에는 기록 문화가 정착되지 않았는데 이때부터 회의 내용을 녹음하는 등 뭐든지 서류로 남기도록 했다. 그래서인지 이건희 회장이 신규 임원진에게 만년필을 선물로 주기도 한다. "기록이 실수를 바로잡을 수 있다."고 강조하는 이 회장의 철학이 들어있는 선물인 셈이다.

메모를 하는 이유는 명확하다. 인간의 기억력에는 한계가 있기 때문이다. 사람에 따라 차이는 있겠지만 대부분 한 시간 내에 새로운 정보의 60% 정도를 잊는다고 한다. 따라서 매우 중요한 정보를 기억하기 위해 사람마다 나름대로 자기만의 방법을 사용한다. 그중 가장 쉽고 효율적인 방법은 메모를 활용하는 것이다.

어디서든 정보를 쉽게 접할 수 있는 오늘날에는 필요한 정보와 문득 떠오른 아이디어를 메모하는 습관이 더욱 필요하다. 메모하는 습관은 아주 사소한 일 같지만 비즈니스는 물론 우리의 삶을 풍요롭게 해준다. 메모한 자료를 정리하고 보관해 두면 잊어버렸던 일을 기억해내거나 나중에 여러 형태로 활용할 수도 있다. 따라서 남들보다 앞서나가는 사람은 머리가 좋은 사람이 아니라 메모를 잘하는 사람이다.

기억은 사실 기록하지 않으면 날아가버린다. 그리고 그것은 세찬 바람을 타고 끝없이 퍼져서 찾을 수 없는 민들레 홀씨 같은 것이다. 아이디어도 마찬가지다. 아이디어는 휘발성 물체의 성격에 가깝다. 끊임없이 머릿속에서 생성되지만 메모를 해서 이를 구체적인 정보나 기획으로 바꾸지 않으면 그냥 공기 중으로 흩어진다. 시간이 지나서 그 생각을 다시 떠올리기란 어쩌면 불가능에 가깝다.

스마트폰으로 대표되는 디지털 시대에 종이와 펜은 무용지물일까. '일견 미련해 보이는 필기가 총명한 머리를 이긴다.'는 뜻의 둔필승총(鈍筆勝聰)이란 고사성어를 기억할 필요가 있다. 여전히 종이와 펜이 사라지지 않는 것은, 기록하는 일이 인간의 생존과 직결되는 본능적인 행위이기 때문이다. '적자생존'이란 말을 '적는 사람만이 살아남는다.'는 의미로 보면 어떨까.

삼성에 근무했던 30여 년 동안 메모하는 것에 대해서 깊게 생각해 본 적은 없다. 당연하게 해왔던 습관이었기 때문이다. 업무와 관련된 메모의 활용에 대해서 조금 적어보기로 하겠다.

5W1H에 맞춰 메모하기

가장 기본적인 이야기지만 무작정 메모하지 말고 5W1H(누가, 무엇을, 언제, 어디서, 왜, 어떻게)에 따라 기록한다. 다른 것은 약어나 핵심어로 메모해도 되지만 고유명사나 숫자는 정확히 기록한다. 나중에 다시 읽었을 때 당시의 상황을 떠올릴 수 있어야 한다. 업무에 이 원칙을 적용한다면 무엇을 해야 하는지, 왜 해야 하는지, 그것을 하기 위해서 어떤 상황이 필요한지, 무엇이 있어야 하는지, 누구를 만나야 하는지, 어떤 자료를 찾아야 하는지, 어떤 학습을 받아야 하는지를 알게 될 것이다.

근본 이유 찾아보기(5Whys)

모든 결과에는 원인이 있다. 하지만 겉으로 보이는 원인은 근본 원인(Root Causes)이 아니다. 어떤 결과나 문제에도 이유를 하나씩 분석하여 5단계 아래로 내려가다 보면 비로소 근본 원인을 찾을 수 있다. 이 근본 원인은 물론 한 번에 찾을 수 없는 것이다. 틈틈이 생각날 때마다 그 다음 원인을 찾는 메모 훈련을 해본다.

도구를 하나로 통일한다

수첩이건 디지털 기기건 한 가지 메모용 도구로 통일하는 것이 좋다. 여러 가지를 쓰다 보면 나중에 해당 내용을 찾는 데 많은 시간과 노력을 들여야 하고, 최신의 메모가 어떤 것인지 파악하기 힘들어진다. 삼성 갤럭시 노트의 멀티기능을 이용해서 메모, 이미지, 영상, 스크랩, 캡처, 복사 등을 활용하는 것도 좋다. 통일된 내용은 정기 메모, 단기 메모, 메모의 성격 등으로 다시 백업 및 재분류하는 시간도 주기적으로 가지도록 한다. 물론 메모한 내용을 바로바로 숙지하는 것은 기본이다.

지시사항 메모하기

상사를 대할 때는 반드시 메모 준비를 한다. 그리고 지시하면 바로 그 앞에서 받아 적고 이해되지 않는 점은 바로 질문하고 정리한다. 이것은 비단 기록의 문제일 뿐만 아니라 소통하고 있다는 증거이며, 동시에 상사의 지시를 따를 충분한 준비와 자세가 되었다는 뜻이다. 들으면서 메모를 하면 업무를 보다 입체적으로 파악할 수 있고, 건성으로 들을 수 없는 진지한 자세가 자연스럽게 나오게 된다. 열심히 들어서 단 하나도 놓치지 않겠다는 그런 자세를 보고 상사가 어떤 마음을 가질지는 각자 생각해보자.

회의 메모하기

회의할 때는 요점을 정확히 파악해서 메모하도록 한다. 회의 주제, 참석자, 지난 상황 정리, 결정 사항 정리는 기본이다. 회의록 작성자로서 메모를 하는 것이 아니라 해당 회의의 핵심이 무엇인지 파악하는 회의 메모를 해야 한다.

발언자가 말한 중요한 부분, 인상적인 내용은 단 몇 분 뒤면 내 기억 속에서 사라진다. 정확하게 정리한 회의 메모는 앞으로 진행할 과제의 핵심이 무엇인지 분명히 알려준다. 찬성이나 반대의 이유와 현재 상황, 중요 발언과 진행 방향 등이 고스란히 담겨야 한다. 단지 귀로만 듣고 메모해서는 안 된다. 의견을 말하는 발표자의 눈과 얼굴을 마주보고 입술에서 나오는 말, 귀로 들리는 말이 아닌 표정과 마음속의 취지를 파악하여 메모하는 것이 중요하다. 무조건 적기만 했다가 본질을 놓치고 변죽만 두드리는 메모를 하는 것은 차라리 메모를 하지 않는 것만도 못하다.

자신만의 기록을 하라

보통 초등학교를 졸업하면 일기 쓰기를 손에서 놓는다. 성인이 되어서도 계속해서 일기를 쓰는 사람이 얼마나 될까. 100명, 또는 1,000명에 한 명은 될까. 그런데 직장인이 되면 정신없이 휘둘리는 가운데 자신이 떠내려간다는 느낌을 받을 때가 있다. 보통 '3, 6, 9'라고 하는 3년 단위로 오는 슬럼프가 바로 이런 경우다. 이럴 때 버티는 힘이 되는 일 중 하나는 의외로 자신만의 기록을 가지는 것이다. 꼭 일기는 아니더라도 하루에 한 줄이라도 기록으로 남기면 나중에 자신을 객관화시키고 버티는 힘이 되어 준다. 실수한 것도 좋고, 당시 상황을 한 줄로 써도 좋다. 또는 어떤 생각과 느낌을 한 줄로 써도 좋다. 중요한 것은 그날 가장 인상 깊었거나, 자신을 좌절시키거나 흥분시키거나 했던 사실을 잊지 말고 기록하는 것이다.

어떤 의미에서 메모는 낭비다. 계속 쓰고 있지만 활용되는 것은 극히 일부기 때문이다. 회의 중에 열심히 메모해도 그 메모에서 쓸 만한 내용을 찾기가 쉽지 않을 때가 있다. 그렇다고 해서 아예 메모를 하지 않으면 얼마 되지 않는 그 가능성조차 사라진다. 스케줄이 간단한 경우는 얼마든지 머리로 기억할 수 있다. 그러나 메모하지 않으면 언제 누구와 어디서 만났는지 금방 잊어버린다. 기억의 한계는 생각보다 짧다. 다행히 지금까지 메모하지 않고도 무리 없이 일을 진행했다고 하더라도 메모를 게을리하면 머지않아 실수를 하게 될 것이다. 세상에 완벽한 인간은 없고, 세상은 실수하는 인간에게 그다지 관대하지 않다.

조선 인조 때 학자 조위한이 홍문관에서 글을 읽고 있을 때, 한 유생이 책을 덮으면 잊어버리는 것을 뭐 하러 책을 읽어야 하냐며 책을 던져버린 일이 있다. 이때 조위한이 한 말이 메모에 대한 내 생각을 제대로 표현하는 것 같아 아래에 인용한다.

"밥이 항상 사람의 뱃속에 남아 있는 것이 아니라 똥이 되어 빠져나가고 그 정기만 남아 신체를 윤택하게 하는 것처럼, 책을 읽고 당장 그 내용을 잊어버린다 해도 무엇인가 진전되는 것이 있는 법이네."

메모한다는 것은 종이 낭비 같고 거추장스럽지만 시간이 지나면 반드시 빛을 발하는 작은 보물지도 같은 것이다. 시간은 이미 흘러가 버렸지만 그 내용은 영원히 메모지 안에 남아서 나에게 당시의 순간을 떠올리게 해준다. 그리고 나를 과거의 나보다 발전하도록 도와준다.

삼성이 가르쳐 준 리셋 - 경청

삼성에서 과장으로 근무하던 시절, 일본 출장에서 우연히 일본 전통극인 가부키[歌舞伎]를 볼 기회가 있었다. 그런데 극을 보던 중 대사와 대사 사이에 침묵하거나 동작을 한 다음에 잠시 멈추는 것을 볼 수 있었다. 당시엔 대사를 잊어버린 것일까 생각했는데, 나중에 알고 보니 배우들이 쓰는 말로 '마(ま, 間)'라는 것이었다. 군이 우리말로 바꾼다면 '잠깐의 여운' 정도로 해석이 가능할 듯하다. '마'는 아주 순간적인 경우도 있고, 2~3초 이상 되는 것도 있다. 마는 철저한 계산을 통해 연출되는 것으로 연기하는 인물의 심리상태를 선명하게 그려내려는 의도가 담겨 있다.

그 모습을 보고 든 생각이, 일상생활에서도 이런 '마'에 준하는 침묵이 상대방과의 이야기에서 주도권을 가져오는 경우가 있다는 것이다. 이야기를 하다 말고 상대를 보면서, 대답을 하거나 다른 말을 하기 전에 침묵하는 것이다. 만약 단가 싸움을 하고 있는 도중 침묵하는 모습을 보이면 아쉬운 사람이 결국은 '왜 저리지?'라는 불안에 사로잡혀 제 풀에 먼저 조금 더 낮춘 단가를 제시할 수밖에 없을 것이고, 뭔가 감추고 있던 상대라면 자기도 모르게 조금 더 깊이가 있는 정보를 털어놓게 될 것이다. 이는 침묵하는 힘이 말로 싸우는 능력보다 조금 더 중요하다는 뜻인지도 모른다. 그런데 이런 단편적인 침묵이나 여운보다도 삼성에서 내가 배운 의미 있는 것은 좀 더 진일보한 경청의 자세였다. 최근 몇 년 사이 자기계발서 제목에 다른 사람을 더 깊이 이해한다는 의미로 '경청'이 들어간 경우가 많다. 그런데 실제로 이 말은 훨씬 더 오래전부터 삼성에서 언급되었고 지금도 사용되고 있는 말이다.

1979년 2월 27일, 선대 이병철 회장은 자신의 3남인 이건희 회장을 후계자로 지목하여 《중앙일보》 이사에서 그룹 부회장으로 승진시킨 후, 출근 첫날 '경청(傾聽)'이라는 글을 써서 주었다고 전해진다. 이병철 회장이 말년에 배우고 익힌 서예 실력으로 직접 쓴 첫 글씨였다고 한다. 그와 함께 매사에 말을 아끼고 다른 사람의 의견을 많이 들을 것을 당부했다고 한다. 이병철 회장은 "사람은 잘난 순서대로 말하는 게 아니라 잘난 순서대로 듣는다."는 말도 했다고 한다. 이건희 회장은 이 경청이란 말에 대해서 이렇게 말하고 있다.

"선친께선 제가 부회장이 되자마자 직접 붓으로 쓰신 '경청'이라는 글귀를 선물로 주시더군요. 그래서 그 후엔 회의할 때나 현장에 갈 때 가능하면 한마디도 말을 안 하려고 했습니다. (중략) 당시 제 짧은 생각에도 참으로 좋은 가르침인 것 같았어요. 그렇게 10년 가까이 지내는 동안 상대방의 처지를 헤아리고 생각하는 힘을 키울 수 있었습니다."

듣는다는 의미의 한자는 '청(聽)'이다. 그런데 왜 그냥 '청'이라고만 하지 않고 '경청'이라고 할까? 경은 기울 '경(傾)'이다. 말 그대로 흘려듣는 게 아니라 귀를 기울여서 듣는 것이다. 몸과 마음을 온통 기울여서 듣는 것이 경청이다. 내가 힘이 낮고 지위가 낮기 때문에 억지로 듣는다는 수동적이고 부정적인 듣기가 아니라, 적극적인 듣기이다. 어떻게 보면 귀는 입에 비해 수동적 인체 기관이다. 그런데 경청이라고 하는 것은 철저한 능동적 행위다. 말하는 사람에 집중을 하고, 말의 행간까지 파악하는 듣기인 것이다.

그냥 생각 없이 들으면 말의 10%밖에 전달이 되지 않는다고 한다. 아무리 디지털 기기가 발달했어도 경청하는 것과 듣고 나서 되새김하는 것은 결국 스스로 해야 하는 아날로그의 지난한 배움과 같다. 지위에 상관없이, 아니 오히려 윗사람이 아랫사람에게 해야만 하는 것이 바로 경청이다. 창업주가 후계자에게 경청하라고 한 것은 엄청난 자제력을 가지고 오너의 입장에서 벗어나 비록 시각이 다르더라도 중간에 말을 끊지 말고 다 들어보라는 뜻이다. 당연한 말이지만 시간에 쫓기는 임원이나 고위직들은 길고 넓두리 같은 말을 듣기보다는 핵심에 접근해서 짧게 말하는 것을 더 선호할 것이다. 따라서 부하직원들은 상사에게 말할 기회가 오면 질적인 말하기를 시도하라는 충고도 아울러 해주고 싶다.

옛날 어느 나라에 금으로 만든 인물상 세 개를 가지고 온 사신이 있었다. 그런데 사신이 왕에게 세 개의 인물상 중 가장 가치 있는 것이 무엇인지 말해달라고 했다. 왕은 보석공을 불러서 금의 무게도 달아보고 가공 기술도 검토했지만 도무지 알 수 없었다. 그때 한 신하가 나서서 해답을 찾았다. 모든 인물상의 귓속에 작은 구멍이 있었는데 그 속에 가는 금실[金絲]을 집어넣으니 첫째 인물상은 다른 쪽 귀로 나왔고, 두 번째 인물상은 입으로 나왔고, 마지막 인물상은 가슴 안으로 떨어져서 나오지 않았던 것이다. 가장 가치 있는 인물상은 마지막 세 번째였다. 귀로 들은 말을 가슴에 새기는 것, 이것이야말로 경청의 본질이다. 그래서 신도 우리에게 귀는 두 개를 주고 입은 하나만 준 것인지도 모르겠다.

경청이 힘든 이유는 자신은 다 잘하고 있다는 착각이나 권위주의가 몸에 배어 있기 때문이다. 제대로 경청하지 못하는 오너나 윗사람한테 얘기하는 것은 한편으로는 기회이기도 하지만 한편으로는 위험을 무릅쓰는 일이다.

예를 들어 윗사람에게 아랫사람이 뭐라고 말할 때, 겉으로는 '그래 그래' 하면서 들어도 속으로는 '야, 내가 위에서 이렇게 잘하고 있는데 무슨 소리야?' 하는 마음이면 만사 헛수고인 셈이다. 어떻게 보면 경청의 원리나 소통의 원리는 같다. 그게 제대로 안 되면 경청이 아니라 맹청(盲聽)이다. 예를 들어 청소를 하는데 '담배 꽁초를 줍자.'고 하면, 어떤 사람은 담배 꽁초만 줍고 주변의 쓰레기는 하나도 안 줍는 일이 생긴다. 딱 하는 말만 듣고 그것만 지키는 사람을 만들어버리는 것이다.

전 직장에서 내가 중요한 의사 결정권이나 발언권이 있던 팀장의 자리에 있을 때, 상대방이 이야기할 동안 경청을 안 하고 내 차례가 돌아왔을 때 뭐라고 할지만 생각한 적이 있었다. 그렇게 몇 번의 말이 오간 다음에 느낀 것은 결국 똑같은 이야기를 다른 단어로 말을 하면서 말싸움을 한다는 것이었다. 그래서 당시 토론장에 모인 5명의 사람들이 하는 격렬한 말을 한발 물러나 들어보았다. 그러자 각자가 말을 하는 배경까지도 보이기 시작했다. 진짜 경청은 이처럼 이해관계에서 한 발짝 물러났을 때 더 확실하게 효과를 발휘한다. 가끔 출장을 가는 비행기 안이나 사무실에서 모두가 떠난 자리에 앉아서 눈을 감고 그날 들은 이야기를 복기할 때가 있다. 결론을 생각해 놓지 않고, 상대방에 몰입하고, 들으면서 거르지 말고, 충분히 듣고 난 다음에 다시 복기하고, 그 다음에 걸러도 충분하다는 것을 그 시간에 더 잘 깨닫게 되었다. 존중하면서 듣는 자세로 경청을 한다면 그 어떤 좋은 이론으로 훌륭한 스피치를 하는 것보다 많은 성과를 낼 수 있다. 여러 계층으로부터 여러 상황의 이야기를 들을 수 있으니, 그런 의미에서 내가 지시하는 것보다도 듣는 게 훨씬 낫다.

배리 리버트, 존 스펙터가 쓴 책 중에 《우리는 나보다 똑똑하고 그들은 우리보다 더 똑똑하다(We are smarter than me, they are smarter than us)》라는 책이 있다. 이제는 집단지성이 개인보다도 똑똑한 시대가 온 것이다. 곧 '크라우드 소싱(Crowd Sourcing)' 시대다. 소수의 사람들이 '팔로우 미(follow me)'를 외치면서 나를 따르라고 한다면 정해진 나만의 틀을 넘어설 수 없지만, '우리는 나보다 더 똑똑하다(we are smarter than me).'고 생각하고 경영철학을 담아 개선해 간다면 훨씬 더 성과도 좋을 것이다.

경청한다는 것은 또한 말하는 사람이 무의식적으로 듣는 사람에게 충분히 대접받고 있다는 느낌을 가지게 만든다. 들어주는 사람이 귀해진 까닭이다. 그런데 그냥 들어주는 것도 아니고 윗사람이 공경하면서 듣는 모습을 보면, 화자(話者)는 청자(聽者) 곧, 듣는 사람에게 더 몰입하게 되는 현상이 발생한다. 이것은 곧이어 듣는 사람에게 좋은 인상, 좋은 결과를 주기 위해서 자발적으로 더 열심히 하려는 동기 유발까지 일으킨다. 그래서 경청하는 오너나 상사는 신뢰도 주고 부하직원의 몰입과 긍정적인 결과물 창출에도 기여하는 것이다.

경청과 함께 이건희 회장에게 주어진 단어는 '목계(나무 닭)'였다. 원래 사자성어는 '목계양도(木鷄養到)'라는 말로 '나무 닭처럼 길러진다.'고 직역할 수 있다. 이 고사는《장자》〈달생(達生)〉편에서 유래한다.

기성자(紀渻子)는 왕을 위해 싸움닭을 길러냈다. 열흘이 지나서 왕이 물었다.

"닭이 싸움을 할 수 있는가?"

"아직 아닙니다. 허세를 부리고 교만하고 힘만 믿을 뿐입니다."

열흘이 지난 뒤에 다시 묻자 기성자는 다음과 같이 말했다.

"아직 아닙니다. 다른 닭의 소리를 듣거나 모습을 보면 달려듭니다."

또 열흘이 지나자 다음과 같이 말했다.

"아직 아닙니다. 상대를 노려보며 화를 내고 있습니다."

또 다시 열흘이 지나 대답했다.

"이제 되었습니다. 다른 닭이 비록 울더라도 아무런 변화가 없습니다. 멀리서 바라보면 마치 나무로 만든 닭 같습니다. 다른 닭들은 감히 대응하지 못하고 보기만 해도 도망치고 말 것입니다."

위의 말대로 하자면 최고의 투계가 되기 위해서는 네 가지 조건이 필요하다. 첫째는 교만함을 버려야 한다. 둘째는 상대의 위협에 흥분해서는 안 된다. 셋째는 상대를 바라보는 공격적인 모습까지 버려야 한다. 넷째는 상대의 움직임에 일일이 반응하지 않고 묵묵하게 관찰하는 것이다.

사실 나무로 만든 닭은 생명력도 없다. 그러나 단순히 생명력이 없어야 한다는 말이 아니라 감정이 드러나지 않도록 통제할 수 있는 능력을 키우라는 것이다. 그러면서도 냉혈한이 되어서는 안 된다는 뜻이다. 이런 이유로 삼성의 창립자였던 이병철 회장은 '경청'과 함께 '목계'라는 말도 남긴 것이다. 무협지나 영화에서 보면 무술을 어느 정도 익힌 중상급 수준의 무술가가 자신이 대단한 능력자라고 생각해서 상대의 능력을 가늠하지도 않고 싸움을 거는 모습을 종종 볼 수 있다. 하지만 그러한 모습은 스스로의 약점을 드러내고 그릇이 작다는 것을 인정하는 것이다. 이런 친구들이 제일 먼저 죽는다.

작은 승부에 목숨을 걸지 말고 진정한 승부가 발생하면 비로소 자신의 역량을 하나로 모아 폭발시켜야 한다. 에너지를 응집해서 성공이란 나무를 태우는 것이다.

이청득심(以聽得心)은 '남의 말을 들음으로써 마음을 얻는다.'는 뜻이다. 조선 중기의 유학자이며 송도 3절의 하나였던 화담 서경덕도 "소리는 귀로 듣는 것이 아니라 마음으로 듣는 것이다(音非聽之以耳 聽之以心)."라는 말을 했다. 우리는 사실 발표나 투자 유치, 협상, 설득과 같은 일상의 반복되는 행위들 속에서 다른 사람의 마음을 얻기 위해 엄청난 노력을 하고 있다. 그 핵심과 정답을 찾기 위해서 무수한 강의를 듣고 책도 본다. 그런데 정작 중요한 것은 잊고 있는 것 같다. 핵심은 기술이 아니라 사람이란 것을 잊어서는 안 된다. 고작 듣는 것, 들어주는 것이 답이라고 하면 우습게 여길지도 모르지만, 상대방의 말을 가만히 진정성 있게 집중해서 듣는 것은 결코 쉬운 일이 아니다. 더구나 상대방이 왜 그런 말을 하는지의 전후 사정과 입장까지 감안해서 듣는 것은 더더욱 어렵다. 들을 '청(聽)' 자를 파자하면 귀 이(耳), 임금 왕(王), 열 십(十), 눈 목(目), 한 일(一), 마음 심(心)으로 되어 있다. 해석하자면, 귀는 왕처럼 크게 하고, 열 개의 눈으로 바라보듯 상대에 집중하며, 하나 된 마음으로 들어야 한다는 것이다. 우리가 옹알이를 하고 말을 할 수 있게 되기까지 걸리는 시간은 3~4년이면 충분하다. 그러나 경청을 배우는 데 걸리는 시간은 누구도 알 수 없다. 단지 스스로 그 중요성을 깨닫고 실천하지 않는다면 평생을 걸려도 하지 못할 것이 경청이기 때문이다.

　비단 듣는 것뿐만 아니라 보는 것도 어쩌면 이와 같으리라. 겉껍질에 나타난 가짜가 아닌 내면의 진짜를 보는 것은 눈이 아니라 마음이다.

삼성이 가르쳐 준 리셋 – 위기와 기회

귀신 하나가 쏜살같이 들어와서 의자왕 앞에서 두 번 재주를 넘더니 말했다.

"백제가 망할 것이다. 백제가 망할 것이다."

그러고 나서 귀신은 땅속으로 들어가버렸다. 군사들이 땅을 파 보니 거북이 나왔다. 거북의 등에 글씨가 쓰여 있었다. 의자왕은 거북의 등에 새긴 글씨를 읽어보았다.

백제동월륜(百濟同月輪)

신라여월신(新羅如月新)

백제는 달과 같이 둥글고

신라는 달과 같이 새롭다.

의자왕은 뜻을 알려고 무당을 불렀다. 무당이 주저하면서 겨우 말했다.

"보름달은 꽉 찬 것이니 차면 기우는 것이 이치입니다. 초승달은 차지 않았으니 점점 채워져 가는 것이 또한 이치입니다. 즉 백제는 망하고 신라는 흥한다는 얘기입니다."

무당은 그 자리에서 죽었다. 옆에 있던 좌평(1품)의 임자가 말했다.

"백제가 보름달이라고 하는 것은 전하의 덕으로 백제가 빛나는 전성기를 맞이했다는 것이고, 신라가 초승달이라고 한 것은 어린아이처럼 약하다는 것입니다."

백제는 의자왕을 마지막으로 660년에 멸망했다. 그런데 비사에서 말하길 임자는 신라의 김유신과 연결된 첩자 조미곤과 내통하고 있었다고 한다.

큰 실패, 혹은 망할 기운이 보이기 전에는 반드시 징조가 있는 법이다. 그런데 이 신호를 감지하지 못하는 사람들이 대부분이다. 그것은 많은 사람들이 현재 일어나고 있는 일을 근시안적으로 보기 때문이다. 과거의 성공 경험이 크면 클수록 근시안은 더 확고해진다. 오너가 그렇게 되면 아랫사람들은 당연히 따라서 근시안이 된다. 제3자의 눈에는 위험한 상황이라는 것이 느낌으로도 오는데 '별문제가 없다.'고 여기는 것이다.

대한민국은 1997년에 집단 근시안에 빠져서 한국이 생기고 난 이래 최대의 위기라는 IMF 외환위기를 맞았다. 1997년 1월 23일 한보철강 부도, 이어 3월부터 6월까지 삼미, 진로, 대농 등 대기업 연쇄 부도, 7월 기아의 사실상 부도, 8월 인도네시아 루피아 화 폭락, 10월 쌍방울과 태일정밀 부도, 홍콩 증시 폭락, 주가지수 500선 붕괴, 11월 해태 부도, 뉴코아 부도, 미셸 캉드쉬 IMF 총재

극비 방한, 11월 21일 정부 IMF에 구제금융 공식 신청 발표, 1997년 12월 3일 국제통화기금이 외환위기에 처한 한국에 구제금융 지원 등이 연속적으로 일어났다.

당시 기업들이 도산하고 시중은행이 폐쇄됐으며 보험사는 영업정지에 온갖 이름난 기업들이 찢어져 해외 자본에 매각되었다. 매일 아침저녁 뉴스에는 기업들의 구조조정 소식이 들려왔다. 명예퇴직한 실직자들은 거리로 내몰렸고 스스로 목숨을 끊는 경우도 셀 수 없었다.

역사는 위기를 두려워하지 말라고 가르친다. 하지만 막상 그 역사 앞에 서게 되면 두려움은 엄청난 크기로 다가온다. 그런 거대한 중압감을 이겨내는가 이겨내지 못하는가에 따라서 살아남을 것인지 죽을 것인지가 결정되며 마침내 살아남은 자들에 의해서 다시 세계는 굴러가는 것이다.

이처럼 혹독한 시기였기에 당시의 아픈 상처가 20년이 지난 지금도 뚜렷하게 기억에 남아 있다. 당시 1달러에 800원 하던 달러의 가치가 순식간에 2,000원 이상으로 오르고, 삼성전자 주식은 2만 8,800원까지 떨어졌다. 말도 안 되는 일이 그때는 정말 자고 일어나면 생기던 시절이었다. 나는 1997년 7월 MBA 학술 파견 3기생으로 미국 일리노이 주 어바나 – 샴페인에 있는 일리노이주립대(UIUC)에서 유학 중이었는데 중도에 귀국 명령을 받았다. 삼성의 MBA 유학생 1기는 1997년 5월에 이미 졸업을 했고, 2기의 마지막 4학기를 앞두고 IMF가 터진 상황이었다. 3기생이었던 나는 MBA 과정을 겨우 한 학기밖에 이수하지 못한 상태였다. 후일 이 3기생만 따로 '브로큰(Broken) MBA'라고 부를 정도였다. 2기생들에게는 생활비가 반으로 준 대신 한 학기밖에 남지 않았으니 마치고 들어오라는 지시가 떨어졌다. 3기생인 나는 바로 회사로 돌아와야 했다. 당시 학술 파견된 다른 유학생보다 나이가 많았던 나는 공부란 것이 다 때가 있으니 이번이 아니면 못할 것 같다는 판단에 회사에 요청하여 계속 공부를 하기를 원했지만 여러 가지 외부 사정과 가족의 건강 악화로 결국 2학기를 마치지 못하고 중간에 귀국하게 되었고, IMF가 다소 진정되고 나서 회사의 배려로 2년 뒤 다시 유학을 가서 남은 3학기를 무사히 마치고 2001년 5월에 졸업을 할 수 있었다. 그래서 본의 아니게 보통 2년 걸리는 경영학 석사(MBA) 과정을 1997년에 입학하여 2001년에 졸업하기까지 4년 동안 이수하게 되었다.

1998년 초 회사에 돌아오니 명예퇴직과 감원의 구조조정 바람이 삼성에도 예외 없이 불고 있었다. 직원들의 20% 가까이를 줄여야 하는 상황이 눈앞에 펼쳐져 있었던 것이다. 부부가 모두 삼성에 다니는 경우에는 부득불 한 명이 퇴사 신청을 했다. 지금 생각해보면 잘 훈련된 괜찮은 친구들이 면담을 하기도 전에 퇴직해버린 경우도 있었다. 그 친구들은 잘나가는 삼성이 필요했지, 기울어가는 삼성은 필요 없다고 판단했을 것이다. 하지만 4~5년 뒤에 그 친구들의 생각이 오판임이 드러났다. 삼성은 IMF 전보다 훨씬 더 성장했고 나아가 세계적인 회사로 변했기 때문이다. 그런저런 우여곡절을 겪은 후 회사의 알토란 같은 부분들을 부실자산이란 이름으로 내주고서도 삼성은 살아남았고, 이제는 글로벌 시장에서 고수익을 올리는 기업으로 탈바꿈했다.

사실 IMF는 외부 환경에 의한, 철저한 타율적 리셋이었다. 다 같은 타율적 리셋이라도 규칙적이고 통상적인 타율이 있는데, 그것은 낮밤이나 사계절 같은 자연적 변화다. 이런 타율적 리셋은 대부분 사이클이 짧고 예측이 가능하기 때문에 이미 시스템적인 준비가 되어 있다. 하지만 이상 기온, 이상 경영 환경은 예측하기 힘들다. 그런 포괄적인 의미로 보면 IMF는 삼성에게 가장 큰 타율적인 리셋이었다. 그런데 여기서 중요한 것은 어떤 지점, 임계점, 혹은 한계점이 온다는 것을 인지하지 못하면 어떤 크기의 타율적 리셋이 온다고 해도 그것을 다시 기회로 전환하지 못하고 위기가 바로 실패나 파멸로 치닫는다는 것이다.

최근 유튜브에는 수박을 하나 갖다놓고 노란 고무줄을 이 사람 저 사람이 감는 장면이 나왔다. 20번, 30번, 40번 감아나가다 보면 곧 누가 감았을 때 터지겠다는 느낌이 온다. 그런데 49개의 고무줄을 감아도 터지지 않던 수박이 50개째에 갑자기 터져나간다. 낙타가 한 번 물을 마시면 한 달 동안 물과 음식을 먹지 않고도 묵묵히 사막을 잘 가다가, 마지막 순간에는 등에 파리 한 마리만 앉아도 바로 주저 앉아버리는 것과 같은 이치다.

그런 것처럼 한계점을 미리 예측하려고 노력한 사람에게는 어떤 징조가 먼저 보인다. 아니 땐 굴뚝에 연기가 날 수 없는 것이다. 예측한 사람에게도 이런 상황은 충격이겠지만 준비가 안 된 사람한테는 더 큰 충격이 다가온다. 이런 충격은 죽음에까지 이를 수 있다.

그런데 예측을 하는 것과 대비를 하는 것은 별개의 문제다. 예측을 잘한다고 해서 대비를 잘한다는 말은 결코 아니기 때문이다. 예측은 누구나 관심을 가지면 할 수 있는 문제이다. 하지만 대비한다는 것에는 인적 물적 자원이 투여되어야 한다. 물론 그 자원은 시련이 왔을 때 하는 직접 방어 비용보다는 돈이 적게 든다. 하지만 시련이 오지 않으면 모두 날려야 하는 비용이다.

1993년 프랑크푸르트 선언이 있고, 아이러니하게도 1995년은 삼성의 경영실적이 역대 최고치를 경신한 해였다. 그때만 보면 이건희 회장이 쓸데없는 일을 한 것 같았다. 하지만 위기라는 말을 계속 심으면서 내부적으로는 일정 부분 대비를 했다. 1995년 당시를 본 게 아니라, 1997년을 부분적으로나마 예측했던 것이다. 그리고 이런 준비된 대비와 자극점이 있던 상태에서 IMF가 왔다. 그러자 그동안 추진해온 개혁의 효과가 한꺼번에 나타났다. 위기가 크면 클수록 위기의식이 강해지고, 위기의식이 강해지면 두 가지 양상이 나타난다. 이것을 극복하면 반드시 올라간다고 믿고 준비하는 자와 이젠 끝이라고 단념하는 자. 삼성은 매번 위기라는 바닥에 닿으면 그것을 기회의 발판으로 삼아 튀어 올라갔다. 위기의 순간을 기회를 전환하는 에너지로 바꾼 것이다.

두 번째 위기로 이야기되는 것이 애플 쇼크와 함께 온 글로벌 금융위기다. 삼성전자의 운명이 걸린 역사적인 큰 사건 둘은 엇비슷하게 겹쳐서 왔다. 애플 아이폰의 역사는 아마 이제 일반인들도 잘 알 것이다. 당시에 삼성 내부에서는 애플 제품이 들어올 것이라는 분위기를 이미 감지하고 있었다. 어떤 방식이 될지는 모르지만 가까운 시일 안에 들어올 것이므로 막을 때까지 막을 수 있는 구조를 준비해 둔다는 생각은 하고 있었다.

삼성전자가 애니콜 시리즈로 한국 핸드폰 시장의 과반을 안정적으로 확보하고 있던 2007년 1월 9일, 애플이 이동용 컴퓨터 역할을 하는 새로운 디자인과 성능을 갖춘 첫 번째 아이폰을 미국에서 출시했다. 초기에는 아이폰의 통화 품질 문제와 3G 통신망 인프라의 부족으로 큰 호응을 얻지 못했다. 하지만 곧이어 2008년 6월 9일 제대로 된 본격적인 스마트폰으로 불리는 아이폰 3G

로 지금까지의 핸드폰 시장 구조를 통째로 뒤흔드는 세계적인 돌풍을 일으켰다. 당연히 삼성의 해외 핸드폰 시장에 사상 최대의 위기가 닥쳤다.

애플에서 촉발된 스마트폰 시대가 열리던 2008년 5월 18일, 당시 CTO 예하에 소속된 디지털솔루션센터(DSC) 콘텐츠서비스 담당 상무였던 나는 전사 종합연구소 내 A사장과 함께 당시 경영진에게 호출되었다. 지금까지 하드웨어 개발과 제조 위주였던 삼성전자에서 모바일 전용 콘텐츠서비스 솔루션을 만들라는 구체적인 지시가 내려졌다. 2008년 6월 1일자로 이름만 정해지고 직원이 전혀 없는 모바일솔루션센터(MSC)에 발령을 받은 나와 A부사장은 합류한 다른 동료 임원인 B, C상무와 함께 MSC의 창립 작업을 시작했다.

당시 내가 맡았던 업무는 스마트폰 콘텐츠서비스 생태계를 만드는 일이었고 게임을 비롯한 음악, 영화, 교육, 도서, 헬스 콘텐츠서비스의 확보와 운영의 기초 시스템을 만드는 일이었다. 당시 내가 속한 MSC는 연구소 출신의 엔지니어와 함께 센터장의 지휘로 '바다(bada)'라는 새로운 운영체제를 갖춘 저가형 스마트폰을 준비하였고, 무선 사업부는 고가 스마트폰 OS를 가진 마이크로소프트의 윈도우 모바일을 채용한 옴니아(Omnia)를 준비하기 시작했다. 애플은 삼성전자가 MSC를 창설한 지 한 달 반 뒤인 2008년 7월 11일 522개의 앱을 갖춘 어플리케이션 거래 사이트인 애플의 앱스토어를 오픈했다. 이로써 애플은 모바일 게임 앱과 생활형 앱을 중심으로 한 콘텐츠서비스 주도의 마케팅을 이어갔고, 노키아나 모토로라, 삼성전자 등 전통적인 피처폰 방식의 핸드폰 제조사는 지금까지와는 격이 전혀 다른 싸움에서 전혀 힘을 못 쓰고 있었다. 대만의 신생기업인 HTC와 캐나다의 RIM이라는 회사가 블랙베리라는 사무용 스마트폰으로 애플과의 스마트폰 경쟁에 겨우 합류한 정도였다.

MSC는 2009년 1월 모바일뿐만 아니라 TV까지 지원하는 미디어솔루션센터 (MSC)로 개명되었고 2009년 1월 30일 모바일 셀러 숍(Seller Shop)을 필두로 2009년 3월 1일 세계 최초 TV용 앱스토어인 'TV 삼성 앱스'를 만들었다. 이어 각각 옴니아와 바다(bada)로 명명한 삼성의 새로운 스마트폰이 2009년 9월 IFA에서 전시되면서 9월 14일 모바일 삼성 앱스가 공식 오픈하였다. 애플의 앱스토어가 열린 지 14개월 만의 일이었다.

세계시장에서 돌풍을 일으킨 아이폰 3G는 한동안 국내 진출 소문만 무성하다가 결국 이듬해인 2009년 11월 28일 KT를 통하여 한국에 상륙했다. 이를 준비하고 있던 옴니아와 바다폰 모두 아이폰에 대응하기는 역부족이었다. 대항마로 내세웠던 옴니아보다도 오히려 저가 모델인 바다폰은 유럽, 특히 러시아와 터키 같은 오픈형 통신 시장에서 가능성을 보여주다가 나중에 타이젠이라는 새로운 운영체제로 발전하게 됐다.

여기서 삼성전자는 회사 존폐의 위기에서 대한민국은 물론 핸드폰 역사를 다시 쓰는 2차 리셋을 하게 된다. 그 리셋이 바로 당시로는 불확실하고 무명이던 안드로이드를 운용체제로 선택해 출발한 '갤럭시'였다.

2차 리셋의 발단은 의외로 개발보고회에서 출발했다. 대표이사 보고에 처음 옴니아를 들고 간 무선사업부 개발 책임자는 그야말로 박살이 났다. 보고를 요약하자면 이런 식이었다.

"우리 것이 아이폰보다 더 좋습니다. 그 이유가 멀티 프로세싱이라는 기능입니다. 애플은 기능이 두 가지밖에 없습니다. 우리 것은 6가지나 있습니다."

그랬더니 대표이사가 한숨을 푹 쉬면서 "휴대폰 가지고 인공위성 띄울 일 있습니까?"라고 했다. 개발 책임자가 만들어온 공급자 중심의 보고에 대한 대표이사의 이 질문은 당연히 소비자 중심의 질문이었다.

이런 우여곡절을 겪으면서 지금에 이른 것이 갤럭시 시리즈의 개발이다. 삼성은 기본적으로 디스플레이 회사이자 반도체 회사이며 통신회사이지 컴퓨터 회사가 아니었다. 그런데 그런 것과 세계의 흐름은 아무런 상관이 없었다. 위기에 대비하지 못했다는 말이고 결국 변명일 뿐이다. 대신 삼성은 이미 가진 장점을 극대화하고 거기서 출발해서 위기에 대응하는 강력한 시스템을 구축했다. 하드웨어 기술력이 무서운 뒷심을 발휘하는 원동력이 된 것이다.

삼성은 강력한 하드웨어 제조력과 새로운 운영체제인 안드로이드를 바탕으로 2010년 3월 첫 발표 후 5월에 갤럭시A, 6월에 갤럭시S를 출시한다. 아이폰에 대응할 수 있는 실질적인 첫 스마트폰인 갤럭시S가 탄생한 것이다. 옴니아를 포기한 후 새로 시작한 갤럭시S 개발은 인력을 총동원해서 아이폰이 국내에 상륙한 지 불과 6개월 만에 이루어진 성과였다. 삼성이 처음 반도체에 도전하던 시기의 DNA가 그대로 적용된 속도였다.

소프트웨어는 삼성의 주종목이 아니었음에도 불구하고 무명의 안드로이드 운영체제를 처음으로 채용하고 콘텐츠서비스 조직을 만들고 개발실의 모든 임직원이 거의 매일 밤을 새는 강행군의 연속으로 그 간극을 줄여나갔다. 여기에 삼성전자는 핵심 부품인 메모리 반도체, 디스플레이, 배터리 등 주요 부품을 자체 설계하고 생산하는 능력을 가지고 있어서 이후 더욱 정교하고 경쟁력 있는 개선된 모델을 발전시켜 갔다.

시간이 지나면서 갤럭시 노트라는 제품은 5인치 대화면과 S펜의 도입으로 아이폰과의 새로운 차별화에 성공을 거두었다. 5인치 이상 큰 화면의 스마트폰은 스티브 잡스가 살아생전에 절대로 만들지 않겠다던 것이었지만, 2015년 애플의 새로운 CEO 팀쿡이 5,6인치의 화면을 출시해 시장에서 대 성공을 거두는 아이러니가 발생하기도 했다.

몇 년 동안 분기당 10조 원에 이르는 엄청난 이익과, 중국을 포함한 세계 1위의 영광을 뒤로 하고 지금 다시 삼성전자 핸드폰 사업은 절체절명의 위기를 맞았다. 역설적으로 이것은 기회이기도 하다. 변화를 위한 절박한 여건이 충분히 갖추어져 있기 때문이다. 자고 일어나면 재빠르게 성장해가는 중국의 경쟁사들과 시장 환경, 빠르게 높아지는 소비자들의 수준, 살아남으려는 일본, 시장을 장악하려는 미국 외에도 무수한 변수가 삼성 앞에 있기 때문이다. 그러나 '준비한 자의 겨울은 결코 춥지 않다.'는 말처럼 위기는 늘 기회를 데리고 나타난다. 그것을 붙잡을 수 있는가 잡지 못하는가의 문제는 전적으로 자신에게 달려 있다.

삼성이 가르쳐 준 리셋 - 신경영

1993년 프랑크푸르트 선언, 이른바 신경영 선언 이후 어느새 20년이 훌쩍 넘었다. 10년이면 강산도 변한다는데 그렇다면 삼성의 신경영은 이제 끝난 것일까? 어제도 밥 먹었는데 오늘 또 밥을 먹어야만 하느냐는 말을 하지는 않는 것처럼 새로운 도전, 새로운 시장, 새로운 적, 새로운 기술 등으로 다가오는 미래는 결국 끝없는 신경영을 요구하고 있다. 어제의 밥은 어제의 진수성찬이었고, 오늘도 내일도 굶지 않으려면 신경영은 지속되어야 한다는 말이다.

그래서 이건희 삼성그룹 회장의 1993년 신경영 선언을 촉발시켰던 〈후쿠다 보고서〉의 주인공 후쿠다 다미오 전(前) 삼성전자 정보통신부문디자인 고문이 2015년 6월 삼성 사내 인터뷰에서 했던 "삼성은 지금까지 성공한 기억을 모두 잊어야 한다. 지금 필요한 것은 리셋(Reset)이다."라는 말은 의미심장하다. 과거에 매인 사람은 과거에 산다. 고개를 미래로 돌려야 한다. 신경영이 죽는 것은 그것이 다시 새롭게 태어나지 않을 때다. 날이 갈수록 새로워지는 것이 없으면 삼성은 일취월장(日就月將)할 수 없다.

은나라 시조인 탕왕은 임금이 매일 세수하는 대야에 반명(盤銘)으로 '구일신(苟日新) 일일신(日日新) 우일신(又日新)'이라고 새겨 놓았다. 반명이란 대야에 새겨 놓고 좌우명으로 삼은 문장을 말한다. 일신우일신(日新又日新)이라는 표현으로도 흔히 알려진 이 말은 '진실로 새로워지기 위해서는, 날마다 새로워야 하고 또 새로워야 한다.'는 뜻이다. 왜 그 문장을 매일 목욕하거나 세수하는 금속 그릇에 새겼겠는가. 매일 세수를 하면서 보고 또 보고 다짐했던 것이다. 방향성도 변화도 없이 매일매일 기계적으로는 살지 않겠다는 각오다. 매일매일 성실하게 학문을 배우고 익히며 백성을 위하겠다는 다짐이다. 곧 성공했던 초심(初心)을 끝까지 유지한다는 의지다. 이것이 담긴 말이 바로 일신우일신(日新又日新)인 것이다.

삼성 신경영의 요지가 무엇인가. 제품과 그것을 만드는 인재가 세계에서 1등을 하고 경영 시스템이 세계 최고의 수준이 되도록 꾸준히 개혁하자는 것이다. 그렇다면 그 변화와 개혁의 바람이 단지 태풍 하나가 발생하고 지나가는 것으로 정리되고 끝나는 개념은 아닐 것이다. 오히려 신경영은 역으로 생각하면 지구라는 생태계를 순환시키기 위해서 자연이 만든 태풍, 그 자체에 가깝다. 적도 근방에서 지속적으로 발생해서 지구 곳곳을 돌면서 대지를 파괴하기도 하지만 순환시키며 경각심을 일깨우는 생태 에너지인 것이다.

왜 삼성은 매번 신경영과 같은 개념을 이야기할까. 기업의 눈은 항상 미래에 조준되어 있기 때문이다. 당장 회사의 경영 실적이 나빠지는 근거가 보이지 않아도, 멀리 보면 보이는 것이 있다. 태풍이다. 변화의 거센 바람이 불어오는 것이 보이는 것이다. 이건희 회장이 강조한 것처럼 '가만히 회사의 미래를 생각해 보면 등에 식은땀이 나게 만드는' 그런 태풍이 보이기 때문이다. 그래서 남들이 보기에는 잘나가고 있는 삼성전자가 암이 걸린 환자처럼 보이고, 대한민국의 시장점유율 60%를 가진 삼성생명도 완전 병이 들었다고 극언까지 하는 것이다.

현재는 잘나가더라도 오너의 입장에서 현재가 아닌 미래를 보면, 이 상태로 가면 분명히 회사의 시스템이 다운되고 말 것이라 직감하는 것이다. 5년이나 10년 뒤가 아니라 당장 3~4년 뒤에도 지금의 1등은 다 없어질 수 있다고 생각하는 것이다.

리셋하기 전에 반드시 할 일은 백업이다. 컴퓨터가 시스템 다운되기 전에는 이상 징후가 온다. 그럴 때 빨리 알아차리고 확실하게 백업한 뒤, 미련 없이 포맷하고 리셋하는 것이 컴퓨터도 살리고 데이터도 살리고 나도 사는 길이다.

지금 별 문제없이 돌아가고 가끔씩만 말썽이 있다고 해서 그냥 내버려 두면 한 순간에 픽 하고 나가버린다. 초일류 기업, 나아가 지속적으로 성장하는 글로벌 기업이 되기 위해서는 이런 태풍을 스스로 만들어내고, 스스로 정화하며, 스스로 정돈하고, 스스로 강화하는, 모든 것을 갖추어야 할 것이다. 당장 올해의 풍년 농사에 안주하는 1년짜리 하루살이가 아니라 10년, 100년 후 미래에 뭘 먹고 살 것인지를 준비해야만 하는 것이다.

과거 《이코노미스트》, 《비즈니스위크》, 《포춘》, 《뉴스위크》, 《타임》 같은 해외 언론들은 삼성의 성공 요인으로 경영 환경에 민첩하게 대응할 수 있는 삼성 특유의 경영 시스템을 꼽았다. 흔히들 삼성의 경영 시스템을 사람이 아닌 조직이 움직이는 경영이라고 말한다. 그런데 그 조직도 끊임없는 일신우일신을 통해서 변화하고 성장한다. 따라서 과거 해외 언론에서 이야기했던 '삼성만의 독특한 경영 시스템'이란 이제 더 이상 없다고 보아야 한다. 한층 더 경쟁력 있고, 살아남고 성장하는 쪽으로 진화했기 때문이다.

불과 4~5년 전에는 눈에 보이지도 않던 스마트폰 시장의 등장 이후 산업의 패러다임이 급격히 변하고 있다. 매 순간 신조어가 나오고 있다. 전문가들도 채 익히기 전에 사라지는 말과 개념, 시장도 존재한다. 와이파이, 테더링, 어플리케이션, 젤리빈, 롤리팝, 마쉬멜로, 윈도모바일, 클라우드 컴퓨팅, SNS, IoT 등을 채 학습하기도 전에 로봇이나 바이오칩, 미래 에너지 등도 튀어나오고 있다. 칙센트미하이의 조직 몰입의 비유를 빌어 말하자면 기업은 지금 에베레스트를 향해 오르는 산악인에 가깝다. 힘들다고 해서 자칫 방심하는 순간 크레바스로 떨어지는 신세가 되고 마는 것이다. 죽음을 건 사투를 벌이면서도 스스로를 정비하고 매 순간 현재의 고도보다 조금 더 높은 정상을 향해 한 걸음 한 걸음 일신우일신 하면서 나아가야 한다.

물론 이것을 가능하게 하는 가장 큰 책임은 해당 기업의 리더에게 있다. 그래서 이건희 회장은 그런 판단력과 결정력의 리더를 키우는 일에 그토록 집착한 것이다. 《좋은 기업을 넘어 위대한 기업으로》의 저자인 짐 콜린스는 좋은 회사가 어떻게 위대한 회사가 될 수 있는지를 연구하던 중 '단계 5의 리더'라 불리는 사람들이 존재하는 것을 알게 됐다. 좋은 회사를 넘어 위대한 회사가 되는 과정에는 반드시 이러한 리더가 존재한다는 것이다. 그리고 이 리더의 특징은 '이 정도면 됐다.'고 만족하는 사람들을 용서하지 않으며, 스스로에게 항상 최고의 기준을 설정하고 부여하는 최고의 실력을 가진 사람들을 데

려와서는 최고의 경영 능력을 발휘토록 한다는 것이다. 더 중요한 사실은 그렇게 해서 성과가 좋으면 그것은 철저하게 남에게 돌리고 만일 성과가 기대 이하라면 환경이나 남의 탓을 하는 것이 아니라 자신을 들여다보는 일신우일신의 책임감을 가진다는 것이다.

기업의 생존 역사가 갈수록 짧아지는 것은 어떻게 보면 이런 리더가 점점 더 사라지고 있다는 방증이기도 하다. 일이 잘 풀리지 않을 때 손가락은 밖으로 향하며, 자신을 돌아보지 않고, 일이 잘 풀리면 엄지를 들어서 자신을 치켜세우는 사람이 있는 기업은 신경영에 실패하고 만다.

옛말에 '강을 건너고 나면 뗏목을 버리라.'는 것이 있다. 《금강경》에 나오는 말로 진리의 세계에 도달하면 그 세계에 도달하기 위해 그동안 사용했던 도구를 다 버린다는 것이다. '사벌등안(捨筏登岸)'도 유사한 말인데, 뗏목을 버리고 언덕을 오른다는 의미이다. 언덕을 오르는 것은 진리가 있는 곳이기도 하지만 또 다른 진리를 향해 나아가는 곳이기도 할 것이다. 《장자》에서는 '득어망전(得魚忘筌)'이라고 했다. 물고기를 잡으면 통발을 잊어야 한다는 말이다. 어떻게 보면 신경영을 잊으라고 한 후쿠다 고문의 말과 일맥상통한다.

강을 건너려면 뗏목이 필요했고, 물고기를 잡기 위해서는 통발이 필요했다. 그러나 그것은 철저히 과거의 도구다. 산 정상에 올라서서 더 이상 움직이지 않고 과거에 취해서 살던 사람은 모두 망했다. 노키아, 코닥 등 수많은 대기업의 몰락은 통발과 뗏목을 버리지 못한 자의 최후다. 지금 시대는 또 다른 방법으로 강을 건너야 한다. 또 다른 방법으로 물고기를 잡아야 한다. 매번 같은 식으로 똑같이 좋은 성과를 얻으리라는 보장은 어디에도 없다. 그래서 삼성의 신경영은 매번 새로운 것일 수밖에 없다.

어디 이것이 비단 삼성이란 기업에만 해당하는 일이겠는가? 개인이든 기업이든 광속으로 변화하는 바깥세상의 속도를 따라가지 못하거나 뒤쳐지면 결국 낙오하는 것이다. 남의 이야기가 아니다.

리셋의 J커브를 두려워 말자

과거에 매인 사람은 과거만을 회상하며 산다. 지금까지 하던 방식대로 살던 사람도 과거부터 살아오면서 익숙한 관성 속에서 살아간다. 하지만 이제는 단순한 과거의 회상이 아니라 오랫동안 증명된 과거에서 새로운 것을 찾아내는 지혜가 필요하다. 스마트폰 시대를 급격히 확산시키고 세상을 바꾼 스티브 잡스의 성공 요인이라고 알려진 인문학의 새로운 이해가 유행된 후, 많은 인문학자들을 초청해서 강의를 하지만 대중에게 인문학은 여전히 어렵고 따분한 존재다.

인문학이 어렵거나 따분한 것은 인문학이 주로 문학, 역사, 철학을 주제로 하는 과거의 이야기이기 때문이다. 우리들이 익히 다 아는 것이고 들었던 것, 아니면 한자나 고어로 쓰여 너무 어려워서 알기를 일찍이 포기했던 것들이 대부분이다. 하지만 오래되어 방치된 폐금광에 다시 찾아가서 혹시나 남아있을 금은을 찾는 것이 아니라, 예전에는 거들떠보지도 않던 희토류를 찾아야 하는 것처럼, 과거를 다시 공부한다는 것은 과거의 역사나 문학이 오랜 세월을 거쳐서 증명한 진리나 원리를 찾아 새로운 미래에 적용하여야 한다는 뜻을 가지고 있다.

공자가 《논어》〈위정(爲政)〉편에서 언급한 '온고지신(溫故知新)'을 나는 오랫동안 잘못 해석하며 살아왔다. 옛것을 익히고 새로움을 알아낸다고 해석하는 한 과거 회귀나 구태(舊態)에 함몰되는 오류에 빠지기 쉽다. 그래서 공자가 죽어야 나라가 산다는 말까지 나온 것이다. 온고지신의 고(故)는 과거[古]나 낡은[舊] 것이 아니다. 서울대 중어중문학과 김월회 교수의 재해석에 따르면 여기서 고(故)는 사물의 이치나 원리, 또는 근본이나 기본을 말한다고 한다. 곧 단순히 옛것[古, 舊]을 알고 익혀 새로움을 찾는 것이 아니라 원리[故]를 찾아 새로움을 찾으라는 이야기란 말이 된다. 결국 그 대상이 과거든 현재든 원리나 진리를 찾아 앞서간 사람들이 미처 발견하지 못한 새로움을 찾아내는 것이다. 곧 기본으로 돌아가는 리셋으로 새로움을 발견하여 변화하고 혁신하자는 뜻이다.

'J커브 효과(J Curve Effect)'라는 경제학 이론이 있다. 이는 어떤 변화나 정책을 쓰더라도 즉시 좋은 방향으로 개선되지는 않고 체질이 바뀌는 과정 때문에 오히려 처음보다 나빠졌다가 바닥에 다다른 후에 다시 상승 곡선으로 바뀌어 급기야는 처음보다 더 좋아진다는 이론이다. 그 곡선의 형태가 마치 낚시 바늘이나 알파벳 J처럼 생겼다고 해서 J커브 효과라고 부른다. 이것은 평소에 운동을 안 하던 사람이 체력 상승이나 다이어트를 위해 운동을 시작하면 처음에는 더 피곤하고 살도 더 찌는 것 같은 현상이 나타났다가, 이후에도 계속하면 더 좋아지는 것과 같다. J커브 효과란 원래 경제학 용어로 시작했지만 이제는 모든 사회 현상에 두루 쓰인다. J커브라는 명칭은 과거 영국 파운드화가 절하될 때 무역수지가 변동되는 모습이 J자형 곡선을 그리는 모습으로 변동되는 모습에서 유래됐다. 환율의 변동과 무역수지와의 관계를 나타낸 것으로, 무역수지 개선을 위해 환율 상승을 유도하더라도 그 초기에는 무역수지가 오히려 악화되다가 상당 기간이 지난 후에야 개선되는 현상이다. 환율 상승 초기에는 수출입 물량에 큰 변동이 없는 반면, 수출품 가격은 하락하고 수입물 가격은 상승함으로써 무역수지가 악화되지만 어느 정도 기간이 경과한 후 수출입 상품의 가격 경쟁력 변화에 맞추어 물량 조정이 일어나 무역수지가 개선되는 것이다.

지금까지 성공적으로 잘 해왔던 방식을 버리고 그동안 쌓인 지식이나 관습에서 벗어나 기본부터 새로 시작하는 리셋을 하면 반드시 J커브 현상이 나타난다. 상황도 처음보다 더 나빠지고 그동안 축적되었던 자산도 무효화가 되어 함께 달리던 경쟁자와 차이가 더 벌어져서 마치 역주행을 하는 것처럼 느껴질 것이다.

학교를 졸업 후 진학을 꿈꾸다가 졸업도 하기 전에 우연히 시작한 직장생활. 3년만 다니기로 작정하고 출발한 직장생활이 같은 직장에서만 33년을 훌쩍 넘겼다. 오랜 직장생활과 사회생활 그리고 신앙생활과 가정생활을 통해 많은 일들이 있었지만, 단순한 과거의 회상이 아니라 앞으로 또 다른 30년을 어떻게 보낼까 생각하면서 누구에게 훈수하기 위함이 아니라 내 지난 일을 돌이켜보고 다가올 미래를 준비하기 위해 곱씹어 본 일들에서 이제야 겨우 조심스럽게 아는 것과 실천의 뚜렷한 차이를 어렴풋이 느낀다.

이 느낌을 한마디로 말하면 "목표와 비전은 크게, 실행과 실천은 작게, 아주 작게 잘라서 계속 반복하면서 쌓아 나가는 것"이다. 목표와 비전은 세우는 것만으로는 결코 내 것이 될 수 없다. 결국 목적과 비전이 바탕이 된 나의 목표를 한 입으로 먹고, 한 발자국으로 걸을 수 있게 잘게 쪼개서 매일 실천하면서 내 것으로 만들어야 한다.

빅 씽(Big Thing), 대박, 또는 큰 성공은 마차(馬車)와 같다. 결코 마차를 실천이라는 말(馬) 앞에 세워서는 안 되겠다. 나만의 힘으로 할 수 있는 게 아무것도 없으며 나와 주위의 합이야말로 진정한 나의 모습이라는 것이 솔직한 나의 고백이다. 굳이 마키아벨리의 말을 빌리지 않더라도 '진정한 나'는 나 혼자가 아닌, '천운(하늘의 뜻)과 나(기술)와 이웃(대중의 필요)의 합(合)'이라고나 할까.

1970~80년대 즐겨보던 인기 외화 드라마가 있었다. 요즘 젊은이들이 좋아하는 소위 '미드(미국 드라마)'인 셈이다. 〈맥가이버〉와 〈원더우먼〉, 그리고 〈600만 불의 사나이〉 등 모두가 영웅담을 다룬 드라마들이다. 동서양을 막론하고 영웅은 소설이나 영화에서 단골 메뉴인데, 내가 현실에서 못하는 것을 TV를 통해서나마 대리 만족을 느끼는 것이다. 이 중에서도 〈맥가이버〉는 나에게 특별한 드라마다.

인기 드라마 〈맥가이버〉는 1985년 가을부터 1992년 봄까지 총 7시즌 139회라는 대장정을 달성하며 미국 ABC방송국에서 높은 시청률을 올렸고 한국에서도 대단한 인기를 누린 작품이다. 최근에 인터넷에서 언뜻 보니 맥가이버역의 주인공 리처드 딘 앤더슨은 이제 나이가 들어 중후한 모습의 중장년이되어 있었다.

이 드라마의 첫 장면은 대개 이렇다. 적에게 납치된 맥가이버는 매를 맞고발길로 차여 상처투성이 얼굴과 거의 실신 상태의 몸으로 먼지 가득한 사막이나 황량한 들판에 버려지거나 역류 상태에서 수송되는 차량에서 묶인 채로탈출하는 것으로 시작한다. 초능력으로 상대방을 제어하는 원더우먼이나 6백만 불의 사나이와는 사뭇 다른 모습이다. 밧줄에 묶인 상태에서 탈출할 때 맥가이버는 만능 칼이나 초능력으로 문제를 해결하진 않는다. 밧줄에 묶인 채로주위를 두리번거리다가 주위에 있는 깨진 유리조각이나 녹슨 철사, 아니면 모난 돌조각을 이용하여 밧줄부터 푼다. 그 다음에 첨단 핸드폰으로 구조를 요청하거나 지나가는 힘세고 무장한 군인에게 도움을 요청하지도 않는다. 당장자신의 눈앞에 보이는 것, 손으로 잡을 수 있는 것의 모든 합(合)을 이용해서문제를 해결한다.

우리는 대부분 일이 잘 안 될 때에 내 탓이 아닌 환경이나 조직이나 다른사람 탓을 하면서 살아간다. 학교나 선배, 또는 책에서 배운 대로 실천하려고해도 뭔가 늘 부족하다. 시간이 부족하고, 자원이나 돈이 부족하고, 사람이 부족하다. 이런 저런 준비가 안 되어서 무엇을 할 수 없다고 한다. 하지만 〈맥가이버〉 드라마에서 본 것처럼 주위에 있는 것들로 시작하면 얼마나 좋을까? 물론 깨진 유리 조각은 잘 드는 칼이나 좋은 도구보다는 사용도 불편하고 오히려 손에 상처가 날 수도 있다. 하지만 좋은 도구를 무작정 기다리거나 아무 것도 하지 않으면 다시 붙잡히거나 굶어 죽을 수도 있다.

오래전 출장을 가서 어떤 회사를 방문했는데, 그 회사 회의실 벽에 걸려 있던 '개선'이란 말의 정의를 보고 큰 충격을 받은 적이 있었다. "개선이란 돈을 들이지 않고 생각이나 순서를 바꿔 이전보다 더 좋게 하는 것이다."라는 이상한(?) 정의를 본 것이다. 처음에는 뭐 이런 말이 있나 싶었지만 생각할수록 맞는 말이었다. 돈을 들이고 주위의 도움을 받으면 단기간에 이전보다 더 좋아지겠지만, 늘 문제는 지속성이다. 좋아진 것이 지속되지 않는다는 것이다. 예산이 줄어들거나 없어지면 개선이라는 것은 다시 원점으로 돌아간다. 원점으로 돌아가는 것까지는 문제 없을 수 있지만, 오히려 더 나빠지는 경우를 주위에서 많이 본다.

우리가 잘 알면서도 실천하지 못하는 것은, 늘 나로부터 멀리 있는 것을 찾는 데 시간을 낭비하기 때문이 아닐까 생각한다. 일이나 공부가 너무 바빠서 시간을 못 내고, 돈이 없어서 살 수가 없고, 환경이 안 되어 공부나 운동도 못 하고, 그러다 보면 해가 저물고 인생의 황혼이 찾아온다. 업무로 바쁜 와중에 헬스클럽까지 차를 타고 가서 엘리베이터 가까운 곳에 주차 공간을 찾다가 뱅글뱅글, 시간 다 쓰고 정작 문을 닫는 시간 때문에 운동을 하는 둥 마는 둥 하면서 운동하기 어렵다는 핑계를 만들고 있는 것이다.

직장인은 이래저래 바쁘다. 바빠서 따로 시간을 내서 공부하기도 어렵고 운동하기도 어렵다. 그렇지만 '바쁨에도 불구하고' 운동이나 공부를 하는 사람이 있다. 참 신기한 사람들이다. 그런데 이렇게 문장을 바꾸어보자. '바쁨에도 불구하고'를 '바쁘기 때문에'로. 그 바쁨을 통해 뛰어 다니고 바쁨을 통해 이것저것 부딪쳐서 삶의 현장에서 배운 것인지도 모른다. 같은 논리로 '자원이 부족함에도 불구하고'가 아니라 '자원이 부족하기 때문에'로 생각을 전환해야 한다. '가난함에도 불구하고' 성공을 한 사람은, 어쩌면 '가난함 때문에' 그 절실함으로 삶이 바뀌지 않았을까?

필자의 전 직장 사무실은 수원에 있는 건물 4층에 위치해 있었다. 4층은 계단으로 걸어서 다니기에 아주 적당한 높이다. 그 사무실은 예전에 공장으로 쓰던 건물을 개조하여 사무공간으로 만든 곳이었는데, 층고가 높아서 한 층당 계단이 30개씩이고 3층에서 작은 계단이 하나 더 있어서 4층까지 계단이 모두 91개 계단이었다. 출근과 퇴근을 걸어서 하고, 식당에 점심을 먹으려 오르내리면 그것만으로도 네 번씩 왕복이니 364계단을 반드시 걷게 된다. 거기다 아래층과의 업무회의나 다른 빌딩 사무실 갈 때도 걷고, 출근 시 승용차를 안타고 지하철과 버스를 타면 따로 운동할 필요가 없었다.

그다음 사무실은 27층 건물의 24층에 있었다. 매일 24층까지 걸어서 오르내리기는 다소 부담스럽지만, 이사 첫날부터 점심식사 후에는 대개 걸어서 올라왔다. 계단도 당연히 많아져서 매우 힘들었다. 하지만 일주일에 4~5차례 걸어서 올라 다니다보니 금방 익숙해지고 자연스럽게 운동도 되었다. 계단 573개는 사실 작은 수지만 쌓여서 하루 1만 보가 되고 일주일이면 5만 보 이상이 된다. 지금 사는 집도 교회와 가까워서 걸어서 10분 정도 걸리니 걸어서 다니기가 아주 적당하다. 새벽기도를 다닐 때나 주일 예배에 참석할 때 걸어서 다니니 자연히 운동이 되고 습관을 통해 걷는 것에 익숙한 몸이 만들어진다.

회사를 떠난 작년부터는 신촌에 있는 대학교가 새로운 직장이 되었다. 수원에서 자동차를 타고 가면 최소 45분에서 최고 3시간 30분이 걸리기 때문에 강의가 있거나 교수회의, 기업 멘토링이 약속되어 있는 날에는 시간을 제대로 맞출 수가 없다. 그래서 임용된 지 2학기 째부터 지금까지 특별한 일이 없으면 자가용이 아닌 버스와 전철을 4번씩 갈아타고 출퇴근을 한다. 집에서 사무실까지 도어 투 도어(Door-to-door)로 1시간 30분이 걸리지만 오차는 겨우 5~10분에 불과하다. 강의 시간이나 약속 시간도 정확히 맞출 수가 있고 손발이 자유로워 독서나 메일 확인이 가능할 뿐만 아니라 굳이 24층 건물을 찾아 오르락내리락 할 필요도 없을 정도로 충분한 걷기 운동이 가능하다.

우리가 이미 배워서 알고 있는 지식이 실행으로 이어지지 않는 것은 바로 환경을 탓하는 습관 때문이 아닐까 생각된다. 우리가 주위에서 흔히 구하거나 쓸 수 있는 재료와 시간, 공간들을 얼마나 자유롭고 능숙하게 사용할 줄 아느냐는 매우 중요하다. 특수한 재료나 도구는 기능이 우수하고 구하기가 어렵기 때문에 가진 자와 갖지 못한 자의 승패가 애초에 갈린다. 하지만 들풀이나 자갈처럼 주위에 흔한 것은 누구나 가질 수 있기 때문에 이러한 재료를 얼마나 능숙하게 잘 사용하느냐는 환경이 아닌 나의 노력과 능력에 달려 있는 문제가 된다.

좋은 재료나 도구는 나쁜 도구나 재료보다 더 좋은 결과를 만들어낼 수 있다. 하지만 외부로부터 구하는 이러한 좋은 재료에는 지속성, 연속성의 한계가 있다. 좋은 재료를 주면 잘 할 수 있고, 나쁜 재료를 주면 잘 못하는 것은 차별화가 아니다. 우리가 실천하지 못하는 것에 대해 더 이상 외부 상황을 핑계로 대면 안 된다고 생각한다.

누구나 다 아는 다윗과 골리앗 이야기가 있다. 그런데 참 안타까운 것은 우리가 대부분 '다윗=작고 약한 자', '골리앗=크고 강한 자'로 단순히 정의하는 것이다. 다윗이 골리앗을 이기면 단순히 '작고 약한 자'가 '크고 강한 자'를 이긴 것으로 본다. 그래서 작은 벤처기업이 대기업을 대항하여 이길 때 흔히 다윗과 골리앗으로 비유한다.

그러나 현실은 그렇지 않다. 다윗은 작지만 결코 약하지만은 않다. 비록 골리앗이 가지고 있는 근육과 갑옷, 큰 칼은 없지만 골리앗이 가지고 있지 않은 다윗만의 무기가 있기 때문이다. 바로 양털로 엮어 만든 물매(무릿매, Sling)와 엘라 골짜기에 널려 있는 작지만 반질반질한 강한 돌 다섯 개다. 그 무기는 비싸거나 구하기 힘든 것이 아니고 주변에 흔한 것이다. 중요한 사실은 다윗이 그 흔한 것을 잘 다룰 만큼 훈련을 충분히 했다는 것이다. 블레셋 군대의 대장 골리앗과 이스라엘 군대의 사울 왕이 가지고 있는 갑옷과 창과 칼 같은 무기는 없지만 다윗은 그에 대응할 충분히 다른 무기가 있었다. 그것은 곧 창조주를 믿는 굳은 믿음과 평소에 자기가 양을 치고 맹수로부터 보호하면서 수없이 연습하고 사용했던 하찮지만 강한 무기인 '물매'와 '자갈돌'을 잘 던질 수 있는 고도의 숙련된 기술이었다. 그래서 골리앗을 이길 수 있었다.

"다윗이 칼을 군복 위에 차고는 익숙하지 못하므로 시험적으로 걸어보다가 사울에게 말하되 익숙하지 못하니 이것을 입고 가지 못하겠나이다 하고 곧 벗고 손에 막대기를 가지고 시내에서 매끄러운 돌 다섯을 골라서 자기 목자의 제구 곧 주머니에 넣고 손에 물매를 가지고 블레셋 사람에게로 나아가니라."(〈사무엘상〉 17:39-40)

골리앗을 넘어뜨리기를 간절히 원하는 이 땅의 다윗이고 싶은 친구들이여 그대들은 다윗의 물매와 시냇가의 작은 돌멩이를 자유롭게 다룰 수 있는 기술과 고유한 삶의 이야기가 지금 있는가? 간절히 묻고 싶다.

삼성처럼 리셋하라

초판 1쇄 인쇄 | 2016년 8월 30일
초판 1쇄 발행 | 2016년 9월 07일

지은이 | 권강현
발행인 | 한정희
발행처 | 종이와나무
출판신고 | 2015년 12월 21일 제406-2007-000158호
주소 | 경기도 파주시 회동길 445-1 경인빌딩 B동 4층
전화 | 031-955-9300
팩스 | 031-955-9310
홈페이지 | http://www.kyunginp.co.kr
이메일 | kyunginp@chol.com

ISBN 979-11-957602-3-7 03320
값은 뒤표지에 있습니다.

종이와나무는 경인문화사의 브랜드입니다.